정역正易과 산책

정역正易과 산책

발행일 2019년 7월 12일 초판 1쇄
2021년 3월 2일 2쇄
지은이 김재홍
발행처 상생출판
주소 대전시 중구 선화서로 29번길 36(선화동)
전화 070-8644-3156
팩스 0303-0799-1735
출판등록 2005년 3월 11일(175호)

ISBN 979-11-90133-00-5

가격은 뒷표지에 있습니다.

이 도서의 국립중앙도서관 출판예정도서목록(CIP)은 서지정보유통지원시스템 홈페이지(http://seoji.nl.go.kr)와 국가자료종합목록 구축시스템(http://kolis-net.nl.go.kr)에서 이용하실 수 있습니다.
(CIP제어번호 : CIP2019022599)

正 易

정역과 산책

金在弘 著

상생출판

君子 所居而安者 易之序也

君子 所樂而玩者 爻之辭也

| 책을 발간하면서 |

STB 상생방송에서 '주역과 소통', '소통의 인문학 주역'의 방송에 이어서 『정역正易』에 대한 방송 강의를 요청받고 무척 망설였다. 과연 『주역』에 비해 공부가 부족하고, 빈약한 논거를 바탕으로 많은 분들이 공부 내용을 이해하기가 쉽도록 강의할 수 있을까? 또한 논리적인 정합성을 가진 자료를 제시할 수 있을 것인가에 대해 많은 고민을 하였다.

그러나 정역이 처한 현실에서 진정한 정역의 가치와 의미를 알려서 정역에 대한 인식을 재정립하고, 대중들에게 일반화 할 수 있는 기회가 될 수 있도록 하자는 두려운 마음으로 용기를 내었다. 그리고 효과적인 방송을 위해 방송용 교재가 필요하다는 권고에 따라 다음과 같이 방송용 교재인 『정역과 산책』을 심혈을 기울여 편집하였다.

1. 『정역과 산책』에서 정역경문 해석과 그 역학적인 논거에 대해서는 먼저, 학산 이정호 선생의 저서인 『정역연구』, 『정역과 일부一夫』를 참고하였다. 다음으로 관중 유남상 선생의 '정역강독', 다수의 「논문」을 인용·참고하였고, 정역경문의 현토는 선생께서 생전에 남기신 『주·정역경합편』의 현토를 그대로 인용하였다. 마지막으로 『정역正易』을 공부하신 분들께서 남긴 연구 성과 중에서 『주역·정역』, 『정역구해』, 『정역과 천문력』, 『정역집주보해』, 『금화정역현토조해』 등을 인용·참조하였다. 『정역과 산책』이 방송용 강의교재라 일일이 주석을 달지 못했음을 양해 바란다.

2. 『정역과 산책』에서는 내용이 난해한 『정역正易』에 대한 역학적 논거의 정합성을 보완하고, 필요한 구절에 대해서는 『주역』과 상관성을 비교하였다. 그리고 시청자분들의 내용 이해를 돕고, 『정역』에 대한 이해를 일반화하기 위해서 가능한 범위 안에서 정역 구절의 내용을 도식화하여 학습효과를 극대화하고자 하였다.

3. 『정역正易』의 원문原文은 일부一夫선생께서 각 장張의 전후前後마다 팔행八行으로 작성하였다. 그러나 본서本書에서는 원문原文의 해설解說상 효율성을 감안하여 정역의 구성 내용을 강의의 효율성에 따라 구분하여 편집하였다.

필자는 부족한 공부로 늘 송구한 마음을 가지고 있다. 다만 『주역』과 『정역正易』에 대한 열정과 주변 분들의 많은 격려에 용기를 내었다. 다만 열심히 공부하겠다는 약속으로 그 부끄러움을 대신하고자 한다. 오로지 선배 제현들의 질정叱正을 부탁드린다.

어리석은 제자에게 역학에 관한 고귀한 가르침을 주신 고故 관중 유남상 선생과 대학원 석사, 박사 과정에서 많은 가르침을 주신 은사님들께 감사드린다. 그리고 만학도의 역학공부에 대학원 전 학기 등록금과 교재비 등을 지원해주신 학원계 선후배님들과 많은 분들께 진심으로 감사드린다.

가난한 철학도의 길을 선택한 필자로 인해 어려운 살림에 마음 고생을 많이한 사랑하는 아내 이옥주 권사와 두 아들 내외, 손녀·손자들 그리고 사랑하는 동생들에게 공부를 한다는 명분으로 못난 모습을 감추고 있었던 작은 위선에 대해 진심어린 사과와 함께 진정 고마운 마음을 전하고자 한다.

끝으로 이 책의 출판을 허락해주신 상생출판 사장님과 편집을 맡아 고생하신 강경업 팀장님께 감사한 마음을 전한다.

2019년 4월 갈마동 공부방에서

김재홍 올림

차례

1. 『정역』의 저자와 연원

가. 『정역』의 저자인 일부一夫 선생의 생애

『정역正易』은 19세기말 김항金恒 선생(1826~1898)의 작作이다. 선생의 본관은 광산光山이며, 자는 도심道心, 호는 일부一夫이다. 그는 출생지인 충남忠南 논산論山 양촌陽村이다.

나. 『정역』의 학문적 연원

- 일부 선생은 모촌 마을에 은거중인 이운규李雲圭 선생 문하에서 수련(1861년, 36세)
- 이운규李雲圭 선생에게 일월변화日月變化의 명제인 '영동천심월影動天心月'을 화두話頭로 받음(관담막여수觀淡莫如水 호덕의행인好德宜行仁 영동천심월影動天心月 권군심차진勸君尋此眞).
- 정역팔괘도正易八卦圖(54세)와 대역서(1881년, 56세) 완성

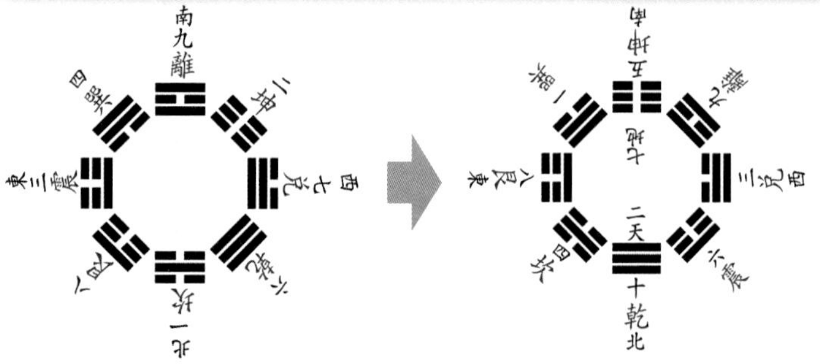

문왕팔괘도 정역팔괘도

- 「십오일언十五一言」에서 「무위시无位詩」까지 완성(1884년/59세)
- 「정역시正易時」와 「포도시布圖詩」 하편下篇 「십일일언十一一言」, 「십일음十一吟」 완성(1885년/60세)
- 1898년 향년 73세 종명終命

다. 『정역』의 구성

구분	내용	비고
대역서 大易序	❍대역서大易序 ❍일부사실一夫事實 ❍일부사적一夫事蹟	서문 序文
십오일언 十五一言	❍금화일송金火一頌 ❍금화이송金火二頌 ❍금화삼송金火三頌 ❍금화사송金火四頌 ❍금화오송金火五頌 ❍일세주천율여도수一歲周天律呂度數 ❍화무상제언化无上帝言 ❍화무상제중언化无上帝重言 ❍화옹친시감화사化翁親視監化事 ❍무극체위도수无極體位度數 ❍황극체위도수皇極體位度數 ❍월극체위도수月極體位度數 ❍일극체위도수日極體位度數 ❍화옹무위원천화化翁无位原天火 ❍상원축회간지도上元丑會干支圖 ❍이십팔수운기도二十八宿運氣圖 ❍항각이수존공시亢角二宿存空詩 ❍구구음九九吟 ❍십오가十五歌 ❍선후천정윤도수先后天正閏度數 ❍선후천주회도수先后天周回度數 ❍입도시立道詩 ❍무위시无位詩 ❍정역시正易詩 ❍포도시布圖詩 ❍금화정역도金火正易圖	상편 上篇

구분	내용	비고
십일일언 十一一言	❍낙서구궁생성수洛書九宮生成數 ❍삼오착종삼원수三五錯綜三元數 ❍하도팔괘생성수河圖八卦生成數 ❍구이착종오원수九二錯綜五元數 ❍십일귀체시十一歸體詩 ❍뇌풍정위용정수雷風正位用政數 ❍사정칠수四正七宿 용중수用中數 ❍십일음十一吟 ❍십이월十二月 이십사절二十四節 기후도수氣候度數	하편 下篇
	❍하도河圖·낙서洛書 ❍복희팔괘도伏羲八卦圖 ❍문왕팔괘도文王八卦圖 ❍정역팔괘도正易八卦圖 ❍십간원도수十干原度數	

라. 『정역』의 사승관계

일부一夫 김항 선생

↓

덕당德堂 김홍현金洪鉉 선생 외 다수

↓

학산鶴山 이정호 선생 외 다수
『정역연구』(1976), 『주역정의』(1980), 『정역과 一夫』(1985), 『제3의 역학』(1992)을 통해서 『정역』을 학계에 소개

↓

관중觀中 유남상 선생 외 다수

1. 「정역사상의 연구」(한국종교 제1집 1971)
2. 「주체적 민족사관의 체계화를 위한 한국역학적 연구」 (충남대 『인문과학논문집』 제13권 1호 1974)
3. 「정역사상의 연구」(『철학연구』 23집, 한국철학회, 1976),
4. 「일부 김항선생의 묘갈문」(일부선생기념사업회, 1978)
5. 「하락상수론에 관한 연구」(충남대 『인문과학논문집』 제5권 1호, 1978)
6. 「정역사상의 근본문제」(충남대 『인문과학논문집』 제7권 2호, 1980)
7. 「정역의 도서상수원리에 관한 연구」 (충남대 『인문과학논문집』 제8권 2호, 1981)
8. 「역학의 역수성통원리에 관한 연구」(충남대 『인문과학논문집』 제11권 1호, 1984),
9. 「일부 김항의 정역사상」(원광대 출판부, 1984)
10. 「易과 曆」(『백제연구』 제17집, 충남대 백제연구소, 1986)
11. 「도서역학의 시간관 서설」(충남대학교 인문과학연구소, 1989)
12. 『주정역 합본편』(연경원, 2009)

등을 통해 정역의 체계적 연구와 제자들을 양성

마. 『정역』의 관점에서 본 주역과 정역의 비교

周易	正易
괘효역卦爻易 중심	도서역圖書易 중심
선천심법先天心法의 學	후천성리后天性理의 道
천인天人중심의 중정지도를 표상	천지天地 중심의 역도易道를 재구성
용육用六작용원리, 복희역을 극복한 생장역生長易(문왕역文王易-주역)	用九작용원리, 주역을 극복한 완성역
억음존양抑陰尊陽 - 봉건질서	정음정양正陰正陽 - 평등질서
윤역閏曆, 구수괘도九數卦圖(문왕역) 유형지리有形之理(성명지리性命之理)	무윤역無閏曆, 십수괘도十數卦圖(정역), 무형지리無形之理(일월지도日月之道)
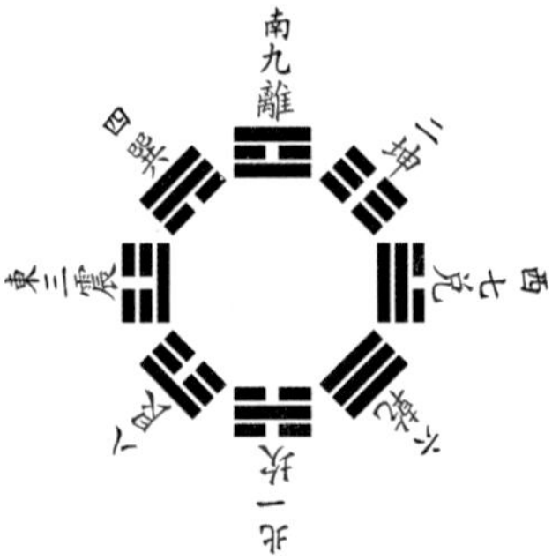	

주역周易(괘효역)과 정역正易(도서역)은 체용體用의 선후先後 관계이다.
주역周易은 괘효역이지만 도서역이 근간이 되고 있다.(상보적 관계)

정역에서의 지축변화와 선후천

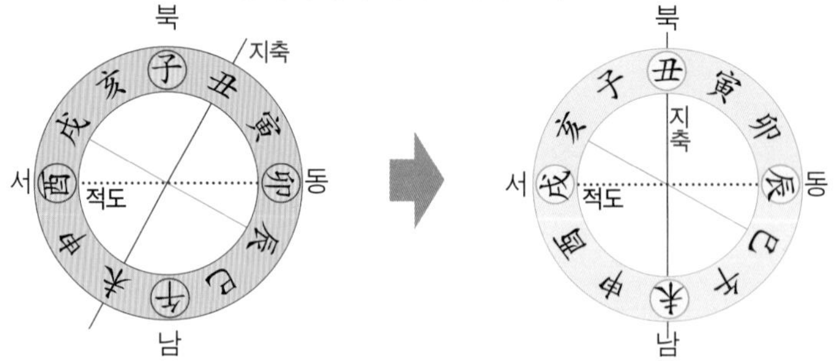

선천先天(자오묘유子午卯酉) 후천后天(진술축미辰戌丑未)

바. 『정역』 공부의 방향과 참고서적

1) 『정역』 공부의 방향과 기대효과

정역의 중점적 내용인 천지역수원리, 금화교역, 선후천변화원리, 금화정역의 이상사회에 대해서 보다 쉽고, 체계적인 이해를 통해서 정역에 대한 이해 증진과 일반화의 계기를 삼고자 한다.

2) 참고서적

본 강의 내용은 첫째로, 학산 이정호 선생의 저서인 『정역연구』(1976), 『주역정의』(1980), 『정역과 일부一夫』(1985)를 참고하였다.

둘째로, 관중 유남상 선생의 정역강독 내용과 다수의 관련 논문을 인용하였다. 그리고 현토는 선생께서 남기신 『주정역경합편』의 현토를 그대로 인용하였다.

셋째로, 그밖에 한장경 『주역·정역』(2001), 권영원 『정역과 천문력』, 김주성 『정역집주보해』(1999), 강병석 『금화정역현토조해』 등을 참고하였다.

2. 대역서大易序

03 講

聖哉라 **易之爲易**이여
성 재 역 지 위 역
易者는 **曆也**니 **無曆**이면 **無聖**이오
역 자 역 야 무 역 무 성
無聖이면 **無易**이라
무 성 무 역
是故로 **初初之易**과 **來來之易**이 **所以作也**시니라.
시 고 초 초 지 역 래 래 지 역 소 이 작 야

○ 聖(성스러울 성) 哉(어조사 재) 易(바꿀 역) 爲(할 위) 曆(책력 역{력}) 者(놈 자) 也(어조사 야) 無(없을 무) 易(바꿀 역) 是(옳을 시) 故(연고 고) 初(처음 초) 來(올 래{내}) 所(바 소) 作(지을 작) 以(써 이)

성스럽도다. 역易이 역易됨이여, 역易은 력曆을 말함이니, 역易이 없으면 성인聖人도 없고 성인聖人이 없으면 역易도 없다. 이런 까닭으로 초초初初의 역과 래래來來의 역을 지으시게 된 것이다.

개요概要

『정역正易』의 서문序文인 대역서大易序에서 역학의 근본문제와 천지역수天之曆數에 대한 설명이다.

각설各說

1) 대역서大易序

대역서大易序란? 크게 역易을 펼친다는 의미이다. 『정역』의 새로운 명제命題인 '역자易者는 역야曆也'의 역曆은 책력冊曆의 날수만을 의미하는 것이 아니라 하늘의 시간운행時間運行 원리를 표현하는 천도天道·천명天命의 구체적인 내용을 말한다.

『주역』에서는 '역易은 역수逆數야', '역易은 상야象也'라고 하였다.

2) 성재聖哉라 역지위역易之爲易이여

역학의 3대 근본문제를 제기하고 있다.

3) 역자易者는 역야曆也이니 무역無曆이면 무성無聖이요 무성無聖이면 무역無易이니라

제일명제 第一命題	천지역수天之曆數를 기본 명제로 하여 성인지도聖人之學의 근본명제가 천지역수天之曆數에 있음을 천명
제이명제 第二命題	역도易道를 자각한 주체主體로서 성인聖人을 제시하고 있다. 천지역수天之曆數가 없으면 성인聖人도 없다
제삼명제 第三命題	역수성통曆數聖統에 선천先天이 성인聖人으로 전승傳承되지 않았다면 성학聖學으로서 역학易學은 성립되지 않았다. 그러므로 성인聖人이 없다면 역학易學도 없다.

역학易學은 성학聖學이라는 결론結論을 내릴 수 있다.

❐ 『정역正易』에서의 십사성인十四聖人

유소有巢 ⇨ 수인燧人 ⇨ 복희伏義 ⇨ 신농神農 ⇨ 황제黃帝 ⇨ 요堯 ⇨ 순舜 ⇨ 우禹 ⇨ 탕湯 ⇨ 기자箕子 ⇨ 문왕文王 ⇨ 무왕武王 ⇨ 주공周公 ⇨ 공자孔子

천지역수天之曆數란?

1. 천지역수天之曆數의 학문적 어원

천지역수天之曆數의 개념은 아래와 같이 언급되고 있다.

① 『논어論語』 「요왈」편 "천지역수재이궁天之曆數在爾躬 윤집기중允執其中"

② 『서경書經』 「대우모」편 "천지역수재여궁天之曆數在汝躬"

③ 『서경書經』 「홍범」편 "세월일성진역수歲月日星辰曆數"

2. 천지역수天之曆數에 대한 선유先儒들의 견해와 한계

가. 위魏·진晉· 당유唐儒들의 천지역수天之曆數에 대한 견해

① 하안何晏(193-249)은 『논어집해論語集解』에서 천지역수에 대해 "역수曆數를 왕위 계승의 순서(曆數謂列次也)"로 해석하였다.

② 공안국孔安國(未詳)은 『상서공씨전尙書孔氏傳』 「대우모大禹謨」편과 『상수주해象數註解』에서 "역수曆數를 천도天道(曆數謂天道)가 이른 것이다."라고 하였다. 그러나 천지역수를 천명天命의 존재 근거로 보지 않고, 단순히 하늘의 뜻에 의한 왕위계승의 운수運數로만 보았다.

③ 공영달孔穎達(B.C574-648)도 『상서정의尙書正義』에서 역수曆數를 "천자위天子位에 오를 수 있는 하늘이 정한 운수運數(天之歷運之數)이다."라고 하였다.

나. 송宋·명明·청유淸儒들의 천지역수天之曆數에 대한 견해

① 형욱邢昺(未詳)도 "역수曆數와 천명天命을 분리시켜서, 역수曆數는 왕위계승의 순서(曆數謂列次也)로, 천명天命은 다만 천자天子의 직위이다."라고 하였다.

② 주희朱熹(1130-1200)는 『주자어류朱子語類』에서 "역수曆數는 제왕帝王들이 서로 그 위位를 계승繼承하는 차례로 세시기절歲時氣節의 선후先後와

같은 것이다.(曆數, 帝王相繼之次第, 猶歲時氣節之先後也.)"라고 하였다.

③ 왕부지王夫之(1619-1692)도 『선산전집船山全集』에서 역수曆數에 대하여 다음과 같이 밝히고 있다. "역수曆數는 제왕의 계승의 차서요, 세시기절歲時氣節의 선후先後를 말함이다.(曆數, 帝王相繼之次第 猶歲時節氣之先後也)"라고 하였다.

다. 천지역수天之曆數의 해석에 대한 선유先儒들의 한계

선유先儒들은 대다수 역수曆數를 제왕帝王의 위를 계승하는 차서次序이거나, 일년 사시기절四時氣節의 변화순서 정도로 이해한 한계를 찾아볼 수 있다.

3. 정역의 관점에서 천지역수天之曆數의 의미

천지역수天之曆數에 관해 체계적인 논명論明을 한 것은 『정역』의 서문序文인 '대역서大易序'이다. "역易은 역曆이니, 역曆이 없으면 성인聖人도 없고, 성인聖人이 없으면 역易도 없다.(易者曆也, 无曆无聖, 无聖无易")라고 하였다. 이것은 역수曆數는 성인지도聖人之道 위주로서 역수曆數를 깨닫지 못하면 성인지도聖人之道를 알 수 없다는 것이다. 즉 역수曆數를 중심으로 전개된 역학易學이 바로 성학聖學이라는 결론을 내리고 있다.

『정역』의 관점에서 천지역수天之曆數의 의미를 살펴보면 다음과 같다.

첫째, 천지역수天之曆數는 하늘의 역수曆數를 의미하는 것이며, 단순히 역사적인 왕위계승의 순서나 차례를 의미하는 것은 아니다.

천지역수天之曆數는 하늘이 왕의 순서로 정해진 수가 아니라 하늘의 시간운행의 상징이다. 그럼에도 불구하고 천지역수天之曆數를 과학적 입장에서 단순한 현상적인 책력冊曆으로만 생각하여 천명天命과 책력冊曆을 분리함으로서 천명天命적인 해석이 아닌 완전히 천문적 과학으로 인식하는 한계가 있다.

05 講

둘째, '천지역수재이궁天之曆數在爾躬'이란 하늘의 명이 내재화되어 있으니 그 천명을 자각하라는 것이다.

하늘의 명命(시간운행의 원리)이 내재화되었다는 의미이지 현실적인 왕위계승의 운수가 그 몸 안에 있다는 것은 아니다. 천명天命이란? 왕위王位의 명命이 아니라 하늘의 시간원리, 뜻으로서의 시간이 인간에게 주어졌다는 것이다.

셋째, 천지역수는 하늘(天)의 시간운행원리이다.

시간운행을 수數로써 표현한 것이 천지역수天之曆數이다. 종래의 학자들은 '수數'만 보고 '력曆'은 시간이 흘러가는 것으로 보았다. 그러므로 천지역수天之曆數를 시간이 흘러가는 차례次例나 사시기절四時氣節의 변화로만 보았던 것이다. 시간운행원리로써 천명天命인 역수曆數는 인간이 시간의식에 의해 천명天命을 자각한다. 천명天命은 하늘의 운행원리인 시간성이 내재화하였기 때문에 인간이 시간의식을 통하여 천명天命을 자각하게 되는 것이다. 천지역수天之曆數란 천도天道의 구체적인 내용이며, 중정지도中正之道의 핵심核心이다.

4. 천지역수天之曆數의 표상체계인 하도낙서

『정역』에서는 천지역수天之曆數의 표상체계가 하도·낙서 도상임을 밝히고 있다. 왜냐하면 하도·낙서의 도상에 나타난 수리數理는 천지역수天之曆數의 논리로 구성되어 있기 때문이다.

① 하도·낙서의 수數는 존재의 근원적인 구조 원리와 변화지도를 나타내는 철학적인 상징수이다. 천지역수天之曆數는 ㉠하도·낙서의 상수象數와 ㉡괘효상수卦爻象數를 통하여 역도易道로 드러내고 있다.

② 하도·낙서의 도상에서 천지天地의 수數는 기우奇遇의 수로 나타내며, ㉠기수奇數(1, 3, 5, 7, 9)는 천도天道를 표상하며, ㉡우수偶數(2, 4, 6, 8, 10)는

지도地道를 표상한다.

③ 천지의 도道를 구분하여 나타내면 ㉠천도天道는 분생分生원리가 그 내용이며, ㉡지도地道는 합덕合德원리가 그 내용이다.

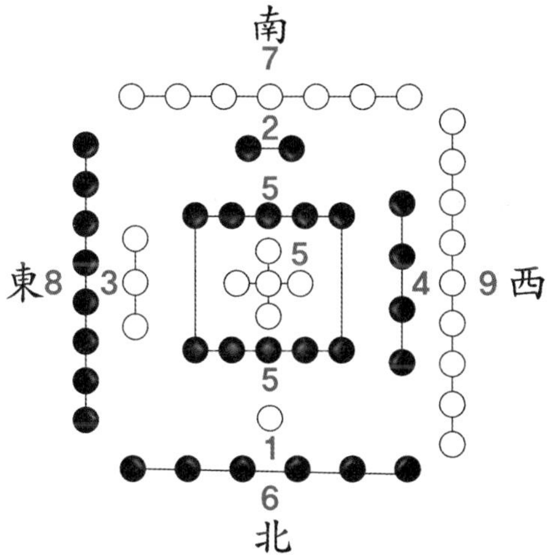

하도河圖는 본체本體 원리를 중심으로 역수曆數를 표상한 도상이다.

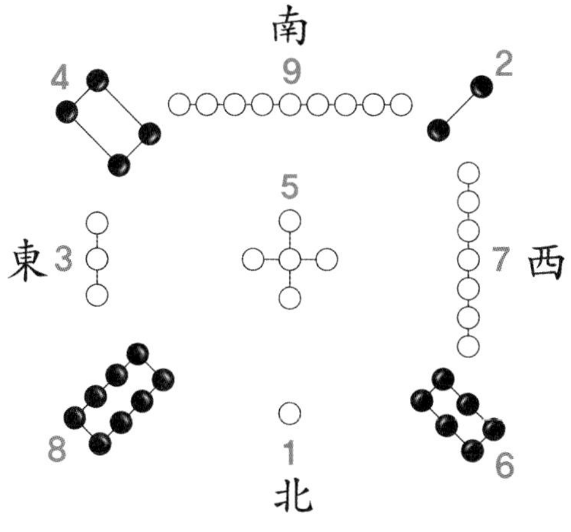

낙서洛書는 작용作用원리를 중심으로 역수曆數를 표상한 도상이다.

4) 시고是故로 초초지역初初之易과 래래지역來來之易이 소이작야所以作也시니라.

선천先天의 역易인 복희역伏羲易·문왕역文王易과 후천后天의 역易인 정역正易에 대한 설명이다.

가) 정역과 선후천역

선천의 선천역	선천의 후천역	후천역
복희역	문왕역	정역

나) 초초지역初初之易·래래지역來來之易과 기수변화朞數變化

역易의 명칭	원력原曆 375도度	윤력閏曆 366도度	윤력閏曆 365¼도度	정력正曆 360도度
기朞의 명칭	일부지기 一夫之朞	제요지기 帝堯之朞	제순지기 帝舜之朞	공자지기 孔子之朞
	초초지역 初初之易			래래지역 來來之易

① 『서경書經』, 「우서虞書 요전堯典」 제1편, "임금이 이르기를 그대들 회씨와 화씨여 일년은 366이며, 윤달이 있음으로서 사계절이 1년을 이루게 된다.(帝日咨汝羲曁和, 朞, 三百有六旬有六日, 以閏月定四時成歲.)"

다) 원력原曆과 공자지기孔子之朞

일원추연수 一元推衍數 216	4×9=36×6爻=216 ⬇ 건책수乾策數	일부지기 一夫之朞 375 (원력原曆)	십오존공 十五尊空 ⬇ 공자지기 孔子之朞 360
사상분체도수 四象分體度數 159	무극체위도수无極體位度數 61 황극체위도수皇極體位度數 32 일극체위도수日極體位度數 36 월극체위도수月極體位度數 30		

① **주역周易 : 당기지일當朞之日 삼백육십일三百六十日**

㉠ 4×9=36×6爻=216 (건책수乾策數)

㉡ 4×6=24×6爻=144 (곤책수坤策數)

夫子親筆吾已藏하니 **道通天地無形外**로다.
부 자 친 필 오 이 장　　　도 통 천 지 무 형 외
伏羲粗畫文王巧하니 **天地傾危二千八百年**이라
복 희 조 획 문 왕 교　　　천 지 경 위 이 천 팔 백 년

○ 夫(스승 부) 子(사람 자) 親(친할 친) 筆(붓 필) 吾(나 오) 已(이미 이) 藏(감출 장) 道(길 도) 通(통할 통) 天(하늘 천) 地(땅 지) 無(없을 무) 形(모양 형) 外(밖 외) 伏(엎드릴 복) 羲(숨 희) 粗(괘강 조) 畫(가를 획) 巧(공교할 교) 傾(기울 경) 危(위태할 위)

공부자의 친필을 내 몸에 간직하니, 천지만물과 현상이 없는 밖(우주)까지 일관하는 도를 통달함이로다. 복희씨伏羲氏는 음양陰陽의 양의兩義와 팔괘八卦를 간략하게 그리시고, 문왕文王은 낙서구궁洛書九宮에 의하여 괘도卦圖를 정교하게 그렸으니 천지天地가 기울어 크게 위태롭게 된 것이 2,800년이라.

개요槪要

일부一夫께서 공자孔子의 십익원리十翼原理를 모두 자각自覺(체득體得)하고, 계승繼承했음을 말한다.

각설各說

1) 부자친필오이장夫子親筆吾已藏

일부一夫선생이 공자孔子의 역학적易學的인 뜻을 계승繼承하고 있다는 것이다. 장藏은 『주역周易』의 퇴장어밀退藏於密의 장藏으로 물러나 은밀하게 간직한다는 의미로 보인다.

2) 도통천지무형외道通天地無形外

일부一夫선생이 형이상학적形而上學的인 무형無形의 원리原理를 체득體得하였음을 말한다. 공간空間上의 천지만물天地萬物은 형상形象이 없다는 것이다. 도道는 공간空間을 점유하는 존재存在가 아니라 ①무형외無形外: 우주밖 외사(공空인 십십十十). 무무수无无數 육십六十, 금화정역도金化正易

圖의 외곽 / 형체가 없는 리理 → 십무극十无極 ②무중벽無中碧: 우주내內 중심中心(중中인 일일一一), 하도의 중앙, 금화정역도金化正易圖의 중앙 사각을 말한다.

① 도道는 주체적主體的 존재存在이기 때문에 사물적事物的 차원을 완전히 넘어선 것이다.

② 외外는 물리적인 차원을 넘어서 형이상학적形而上學的인 방향으로 나아간 것이다.

3) 복희조획문왕교伏羲粗畫文王巧

복희괘도伏羲卦圖를 조획粗畫이라 칭하고, 복희괘도伏羲卦圖와 낙서원리洛書原理를 바탕으로 문왕괘도文王卦圖를 오묘하게 완성完成한 것을 교巧라고 하였다.

복희팔괘도伏羲八卦圖

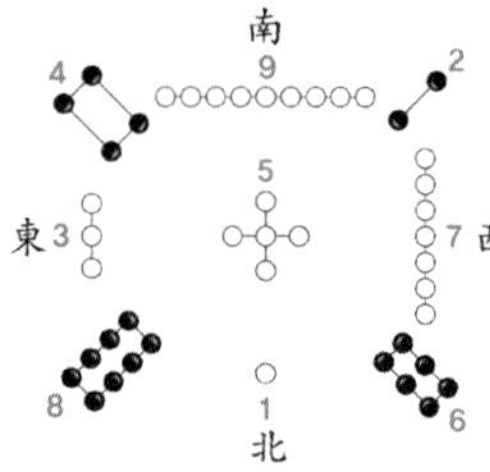

낙서洛書

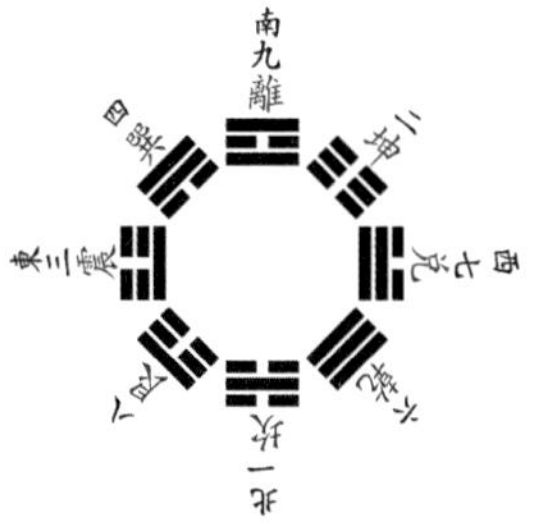

문왕팔괘도文王八卦圖

4) 천지경위이천팔백년天地傾危二千八百年

천지경위天地傾危란 문왕괘도文王卦圖에서는 서남西南에 곤괘坤卦가 있고, 서북西北에 건괘乾卦가 위치하고 있어 천지건곤天地乾坤 부모가 경위傾危되어 있음을 말한다. 2,800년이란? 『정역正易』이 나오기 전前까지를 의미한다.

嗚呼聖哉라 **夫子之聖乎**신져
오 호 성 재　부 자 지 성 호
知天之聖도 **聖也**요 **樂天之聖**도 **聖也**시니
지 천 지 성　성 야　낙 천 지 성　성 야
親天之聖은 **其惟夫子之聖乎**신져
친 천 지 성　기 유 부 자 지 성 호

○ 嗚(탄식소리 오) 呼(부를 호) 聖(성스러울 성) 哉(어조사 재) 知(알 지) 樂(즐길 락) 親(친할 친) 其(그 기) 惟(생각할 유) 夫(사나이 부) 子(스승 자) 之(갈 지) 聖(성스러울 성) 乎(어조사 호)

아, 성스럽다. 공부자의 성인聖人이 되심이여. 하늘의 도를 아시는 성인聖人도 성인聖人이시고, 또한 하늘의 도를 즐기는 성인聖人도 성인聖人이시니, 하늘의 도를 친하신 성인聖人은 그 오직 공부자만이 그 경지에 이르신 성인聖人이신저.

개요概要

공자孔子 성인聖人의 위대함을 설명하고 있다.

각설各說

1) 오호성재嗚呼聖哉 부자지성호夫子之聖乎

성재聖哉란? 성인聖人을 지칭하며, 천지天地간에 있어서 위대한 학문은 공자孔子가 밝힌 성인지도聖人之道 뿐이라는 것이다.

2) 지천지성성야知天之聖聖也 낙천지성성야樂天之聖聖也

지천지성知天之聖인 복희伏羲씨가 시작팔괘始作八卦하고, 낙천성인樂天之聖인 문왕文王이 천명天命을 헤아린 성인聖人이라는 것이다. 즉 하늘의 뜻을 안다는 것이다.

3) 친천지성親天之聖 기유부자지성호其惟夫子之聖乎

공자孔子는 하늘을 어버이로 섬기는 성인聖人이라는 설명이다.

08 講

洞觀天地無形之景은 **一夫能之**하고
통관천지무형지경 일부능지
方達天地有形之理는 **夫子先之**시니라
방달천지유형지리 부자선지

○ 洞(꿰뚫을 통, 골 동) 觀(볼 관) 無(없을 무) 形(모양 형) 景(볕 경) 能(능할 능) 方(바야흐르 방, 모 방) 達(통달할 달) 有(있을 유) 形(모양 형) 之(갈 지) 理(이치 이) 先(먼저 선)

천지의 형상이 없는 경지를 통달하신 것은 일부一夫가 능히 행하였고, 바야흐르 천지의 유형한 이치를 통달하심은 공부자께서 먼저 하셨느니라.

개요概要

천지유형지리天地有形之理와 무형지경無形之景에 통달한 사람이 일부一夫선생임을 밝히고 있다.

각설各說

1) 통관천지무형지경洞觀天地無形之景 일부능지一夫能之

통관천지무형지경洞觀天地無形之景이란? 즉 무극세계无極世界, 미래의 후천적后天的 원리를 말한다.

① 통洞은 속으로 구멍이 뚫린 것을 말하며 마음속으로 도道를 깨닫는다는 것이다.

② 경景이란? 만물이 존재하게끔 하는 원리 자체로서 무형無形의 원리적인 입장에서 유형세계有形世界를 바라보는 것을 일부一夫선생이 능히 행했다는 것이다.

2) 방달천지유형지리方達天地有形之理 부자선지夫子先之

공자께서 먼저 천지天地간 생성변화生成變化하는 만물의 이치를 밝히셨다는 것이다. ①방달方達은 공간적空間的 개념槪念이요, 유형지리有形之

理는 실천의 원리를 말한다. '유형지리有形之理는 인도人道로서 실존적인 인간이 걸어가야 할 길이다. ②부자선지夫子先之는 일부一夫께서 무형지경無形之景인 십무극十无極의 이치를 밝히기 이전에 공자께서 십익을 쓰시어 유형지리有形之理인 일태극一太極 이치를 밝히심을 말한다.

嗚呼聖哉라 **夫子之聖乎**신져
오호성재 부자지성호
文學宗長은 **孔丘是也**요 **治政宗長**은 **孟軻是也**시니
문학종장 공구시야 치정종장 맹가시야
嗚呼라 **兩夫子**시여 **萬古聖人也**시니라.
오호 양부자 만고성인야

○ 嗚(탄식 소리 오) 呼(부를 호) 學(배울 학) 宗(마루 종) 長(길 장) 孔(구멍 공) 丘(언덕 구) 是(이 시) 治(다스릴 치) 政(정사 정) 孟(맏 맹) 軻(굴대 가) 兩(두 양(량))

아 성스럽도다, 공부자의 성인이심이여.
문학의 종장은 공자孔子이시요, 치정의 종장은 맹자孟子이시니,
아 공자와 맹자 두 분은 만고의 성인이시니라.

개요概要

공자孔子는 인예仁禮를 바탕으로 한 인륜人倫의 대도大道를 밝히시니 문학文學의 으뜸이시고, 맹자孟子는 인의仁義를 바탕으로 왕도정치원리의 치도治道를 밝히시니 치정治政의 으뜸임을 밝히고 있다.

각설各說

1) 오호성재嗚呼聖哉 부자지성호夫子之聖乎

'오호성재嗚呼聖哉'라 하고 재차 감탄하신 것은 공부자孔夫子께서 십이익지十而翼之하시고 태극지리太極之理를 밝혀 전傳하셨고, 일부一夫께서는

이를 바탕으로 하여 십무극十无極의 이치理致를 밝히게 되었으므로 공부자孔夫子의 위대한 성업聖業을 찬미讚美하시어 재차 감탄하신 것이다.

2) 문학종장文學宗長 공구시야孔丘是也

문학文學은 역학易學을 의미한다. 천도天道를 인도人道의 근원으로 삼고자 한 성인聖人이 공자라는 것이다.

3) 치정종장治政宗長 맹가시야孟軻是也

치정종장治政宗長은 원형이정元亨利貞의 세계로 인도引渡함을 말한다. 역도易道를 현실사회에서 실천하는 인격주체人格主體로서의 맹자孟子를 치정종장治政宗長이라고 한다. 왕도정치원리王道政治原理에 있어서 종장宗長은 맹자孟子요, 치정治政은 의義라고 할 수 있다.

4) 오호嗚呼 양부자만고성인야兩夫子萬古聖人也

문학종장文學宗長, 치정종장治政宗長을 말씀하심은 후천문학后天文學에는 공자孔子의 학문이 으뜸이요, 치정治政에는 맹자孟子의 정치원리政治原理가 으뜸이라는 의미이다.

○일부사실一夫事實

淵源은 **天地無窮化无翁**이오
연원 천지무궁화무옹

來歷은 **新羅三十七王孫**이라
내력 신라삼십칠왕손

淵源은 **無窮**이오 **來歷**은 **長遠兮**여
연원 무궁 내력 장원혜

道通天地無形之外也니라
도통천지무형지외야

我馬頭通天地第一元은 **金一夫**로다.
아마두통천지제일원 김일부

○ 夫(지아비 부) 事(일 사) 實(열매 실) 化(될 화) 无(없을 무) 翁(늙은이 옹) 來(올 래{내}) 歷(지낼 력{역}) 新(새 신) 羅(새그물 라, 펼 라, 비단 라) 淵(못 연) 源(근원 원) 無(없을 무) 窮(다할 궁) 長(길 장) 遠(멀 원) 兮(어조사 혜) 道(길 도) 通(통할 통) 我(나 아) 馬(말 마) 頭(머리 두) 第(차례 제) 元(으뜸 원).

일부一夫사실은 도학의 연원은 천지의 무한한 조화를 주관하는 화무옹이오, 선대의 내력은 신라 삼십칠대 후손이라.

연원은 무궁하고 내력은 장원함이여. 하늘과 땅 그리고 형상이 없는 밖까지 통달한지라. 아마두 천지(천지만물의 이치)를 통달한 제일원은 김일부이로다.

개요概要

일부선생一夫先生의 학통學統의 연원淵源과 혈통血統의 내력에 대한 설명이다.

각설各說

1) 일부사실一夫事實

일부사실一夫事實의 학통學統의 연원淵源과 혈통血統의 내력來歷에 대한

사실事實을 말한다.

2) 연원淵源 천지무궁화무옹天地無窮化无翁

일부선생一夫先生이 받은 천명天命의 내용內用을 말한 것으로 성인지학聖人之學의 연원淵源은 천지天地의 무궁無窮한 조화調和를 주재主宰하는 화무옹化无翁(상제上帝)에게 있다는 것이다.

3) 내력來歷 신라삼십칠왕손新羅三十七王孫

혈연血緣으로는 신라新羅 왕손王孫의 후손後孫임을 말하고 있다.

4) 연원무궁淵源無窮 내력장원혜來歷長遠兮

일부선생은 도학道學으로는 연원이 무궁하여 성인지학聖人之學의 뿌리를 깊이 내리고 있고, 혈통血統으로는 그 내력이 장원함을 말하고 있다.

5) 도통천지무형지외야道通天地無形之外也

일부선생은 하늘과 땅 그리고 형상이 없는 밖까지 통달하였다는 것이다.

6) 아마두통천지제일원我馬頭通天地第一元 김일부金一夫

아마두我馬頭는 곤괘坤卦의 빈마지정牝馬之貞과 관련이 있으며, 천지天地를 통찰洞察하여 학문의 연원淵源이 무궁無窮함과 조상祖上의 내력이 장원長遠함이 천지天地를 통通하여 봐도 으뜸(원元)이 김일부金一夫라는 것이다.

○일부사적一夫事蹟

三千年積德之家에 **通天地第一福祿云者**는 **神告也**시요.
삼천년적덕지가 통천지제일복록운자 신고야
六十年率性之工이
육십년솔성지공
秉義理大著春秋事者는 **上敎也**시니라.
병의리대저춘추사자 상교야
一夫敬書하노니 **庶幾逃罪乎**인져
일부경서 서기도죄호
辛巳 六月 二十二日 一夫
신사 육월 이십이일 일부

○ 事(일 사) 蹟(자취 적) 積(쌓을 적) 通(통할 통) 第(차례 제) 福(복 복) 祿(복 록{녹}) 云(이를 운) 告(알릴 고) 率(거느릴솔) 性(성품 성) 秉(잡을 병) 義(옳을 의) 理(이치 리) 著(분명할 저) 春(봄 춘) 秋(가을 추) 敎(가르침 교) 敬(공경할 경) 庶(여러 서) 幾(기미 기) 逃(피할 도, 면할 도) 罪(허물 죄)

일부의 사적이라. 삼천년 동안 덕을 쌓은 가문이 제일 복록이라 말하는 자는 신께서 고해 주심이요, 육십년 솔성의 공덕과 의리를 잡고 춘추의 일을 크게 나타낸 것은 상천의 가르침이라.

일부一夫가 경건하게 쓴 것이니, 거의 죄를 면할 수 있을진져

신사년 유월 이십일 일부一夫가 서하다.

개요概要

일부一夫선생의 업적에 대한 설명이다.

각설各說

1) 삼천년적덕지가三千年積德之家

통천지제일복록운자신고야通天地第一福祿云者神告也

천지경위 2,800년과 상응하여 성통이 단절된 지 2,800년이다. 자신自

身은 3,000년 적덕積德으로 천지天地간의 제일복록第一福祿을 통通했다고 이른 것이다.

2) 육십년솔성지공六十年率性之工

일부一夫 자신이 60년 솔성率性으로 성인지학聖人之學을 공부하였음을 밝히고 있다. 연담의 문하門下 3년 이후 18년간 공부하여 56세에 정역팔괘도正易八卦圖를 작성하고, 그 후 2년간 「대역서大易序」를 저작著作하고, 1884년에 『정역正易』 「상편上篇」인 십오일언十五一言과 다음해인 1885년에 『정역正易』 「하편下篇」인 십일일언十一一言을 저작著作한 기간을 말한다.

3) 병의리대저춘추사자秉義理大著春秋事者

의리義理(대의)를 붙들고 춘추원리春秋原理(천지역수天之曆數)를 드러냈다는 말이다. 이것은 천지역수天之曆數의 논명論明 없이는 역도易道가 구명究明될 수 없다는 것이다.

4) 상교야上敎也

상교上敎는 하느님의 명命으로 보인다. 또한 천지天地의 인격성人格性을 상징하는 상제上帝의 가르침을 의미하기도 한다. 군자君子로 하여금 천지역수天之曆數 원리를 깨닫게 하는 것이 일부一夫의 성학적聖學的인 사명인 것이다.

5) 일부경서一夫敬書 서기도죄호庶幾逃罪乎

일부선생一夫先生이 겸허한 마음으로 쓰니 하늘의 뜻을 거스른 죄罪는 면免하게 될 것임을 밝히고 있다.

3. 십오일언十五一言

십오일언十五一言은

① 『정역正易』 상편이 십오원리十五原理가 중심이라 십오일언十五一言이라고 한 것이다.

십오일언十五一言	십일일언十一一言
십오원리十五原理 중심	십일원리十一原理 중심
십오十五는 본체도수本體度數 중심	십일十一은 작용도수作用度數 중심
천간天干 중심	지지地支 중심
십오존공원리十五尊空原理	십일귀체원리十一歸體原理
정역正易 상편上篇	정역正易 하편下篇

② 십오일언十五一言의 십十과 오五를 십오성통원리十五聖統原理를 결부시켜 말하기도 한다. 이것은 일부一夫선생이 유소有巢, 수인燧人, 복희伏羲, 신농神農, 황제黃帝, 요堯, 순舜, 우禹, 탕湯, 문왕文王, 무왕武王, 기자箕子, 주공周公, 공자孔子 등 성인聖人들의 학통을 계승했다는 의미로 볼 수 있다.

11 講

一張-前

嗚呼라 **盤古化**하시니
오호　반고화
天皇无爲시고 **地皇載德**하시고 **人皇作**이로다.
천황무위　지황재덕　인황작
有巢旣巢하시고 **燧人乃燧**로다.
유소기소　수인내수
神哉라 **伏羲劃結**하시고 **聖哉**라 **神農耕市**로다.
신재　복희획결　성재　신농경시

○ 嗚(탄식 소리 오) 呼(부를 호) 盤(소반 반) 古(옛 고) 化(될 화) 天(하늘 천) 皇(임금 황) 无(없을 무) 爲(할 위) 地(땅 지) 載(실을 재) 德(덕 덕) 作(지을 작) 巢(집 소) 旣(이미 기) 燧(부싯돌 수) 人(사람 인) 乃(이에 내) 哉(어조사 재) 伏(엎드릴 복) 羲(숨 희) 劃(그을 획) 結(맺을 결) 聖(성스러울 성) 神(귀신 신) 農(농사 농) 耕(밭갈 경) 市(저자 시)

오호라, 반고께서 화하시니 천황은 아무런 함이 없으시고, 지황은 덕을 실으시니 인황이 지으셨도다(일어남이로다). 유소는 이미 (나무로) 집을 지었고 수인燧人은 불을 만들었다. 신묘함이라 복희伏羲께서는 팔괘八卦를 획정劃定하시고, 성스러움이라 신농神農은 밭을 갈고 저자(시장)를 이룸이로다.

개요概要

「십오일언十五一言」은 삼극지도三極之道를 표상한다. 삼극지도三極之道는 십무극十无極과 오황극五皇極, 일태극一太極으로서 천인지天人地를 의미한다. 그러므로 「십오일언十五一言」은 삼극지도三極之道가 한 자리에서 합친다는 의미이다.

각설各說

1) 십오일언十五一言

건곤乾坤의 한 말씀으로 십十과 오五, 일一은 씨(미래未來)와 열매(과거過

去)를 상징한다. 이러한 생성生成작용은 구육합덕九六合德 작용원리로 이루어진다. 그리고 십오十五는 십무극十无極과 오황극五皇極이 하나로 합쳐 천인합일天人合一에 대한 말씀이라는 의미가 있다.

2) 반고화盤古化

반고화盤古化는 우주생성宇宙生成의 조화造化와 천지만물天地萬物의 조화주造化主로서 천지만물天地萬物의 창조적創造的인 근원根源을 의인화擬人化로 표상하고 있다.

①조화주造化主 측면에서 ㉠화무옹化无翁(하늘의 입장, 스승의 격), ㉡화옹化翁, 화화옹化化翁은 조화옹의 입장에서 동일한 의미이다.

②주재적主宰的 측면에서 ㉠반고盤古(땅의 입장과 부모격), ㉡화무상제火无上帝(군주격君主格)이다.

3) 천황무위天皇无爲 지황재덕地皇載德 인황작人皇作

①천황무위의 무위无爲는 건곤乾坤의 도道로서 황제와 요순의 정치를 무위라고 한다. 『주역』「계사하」편 제2장, '황제요순이 의상을 드리워서 천하를 다스렸는데, 대개 모두 건곤乾坤에서 취했다.(황제요순수의상이천하치黃帝堯舜垂衣裳而天下治 개취저건곤蓋取諸乾坤)'

②지황재덕地皇載德은 곤坤의 덕德을 실었다는 것이다. 『주역』 곤괘坤卦「단사彖辭」에 '땅은 만물을 실음이 두터워 덕을 합하는 데 지경이 없다.(곤후재물坤厚載物 덕합무강德合无彊)'라 하였다.

③인황작人皇作은 인류의 조상인 인황人皇에서 시작한다는 것이다.

4) 유소기소有巢旣巢 수인내수燧人乃燧

유소씨가 집에서 주거생활을 가르치고, 수인씨는 음식을 불에 익혀 먹는 것을 가르쳤다고 한다.

5) 신재神哉 복희획결伏羲劃結

복희씨가 복희팔괘도를 통해 팔괘八卦와 64괘로 세상을 이롭게 했다는 것이다.

6) 성재聖哉 신농경시神農耕市

신농씨가 농사짓는 법을 가르치고, 시장을 형성하여 물물교환이 이루어지도록 했다는 것이다.

黃帝甲子星斗요 **神堯日月甲辰**이로다.
황 제 갑 자 성 두　신 요 일 월 갑 진
帝舜七政玉衡이오 **大禹九州玄龜**로다.
제 순 칠 정 옥 형　대 우 구 주 현 귀
殷廟에 **可以觀德**이오 **箕聖乃聖**이시니
은 묘　가 이 관 덕　기 성 내 성
周德在茲하야 **二南七月**이로다.
주 덕 재 자　이 남 칠 월

○ 黃(누를 황) 帝(임금 제) 甲(천간 갑) 子(사람 자) 星(별 성) 斗(말 두) 神(귀신 신) 堯(요임금 요) 辰(지지 진) 帝(임금 제) 舜(순임금 순) 七(일곱 칠) 政(정사 정) 玉(옥 옥) 衡(저울대 형) 禹(하우씨 우) 州(고을 주) 玄(검을 현) 龜(거북 귀) 殷(성할 은) 廟(사당 묘) 觀(볼 관) 德(덕 덕) 箕(키 기) 聖(성스러울 성) 周(두루 주) 德(덕 덕) 玆(이 자) 二(두 이) 南(남녘 남)

황제黃帝가 별자리와 북두北斗의 이치를 밝히시어 육십갑자六十甲子를 지으시고, 신神과 같은 요堯임금은 갑진甲辰에 등극해서 일월日月의 역법曆法을 마련하시니라.

순舜임금은 칠정七政을 정사政事하시고 선기옥형璇璣玉衡을 지으시니, 우禹임금은 현묘한 거북이 등에 글을 지고 나오니 이를 근거로 낙서구주洛書九州를 만드셨다.

은나라 종묘에 덕은 가히 볼만하고, 기자箕子 성인聖人도 성인이시라. 주周나라의 성덕聖德이 여기 있어 이남二南과 칠월七月의 덕화德化가 이것이다.

개요概要

황제黃帝로부터 시작한 성통聖統에 대한 설명이다.

각설各說

1) 황제갑자성두黃帝甲子星斗

황제黃帝가 북두칠성北斗七星을 비롯한 별자리를 보고 육십갑자六十甲子를 만든 것을 설명하고 있다.

2) 신요일월갑진神堯日月甲辰 제순칠정옥형帝舜七政玉衡

요순堯舜임금의 성덕聖德을 밝히고 있다. ①요堯임금이 갑진甲辰에 등극해서 해와 달의 운행을 관찰하여 책력冊曆(366일)을 내어 국태민안國泰民安 하였고, ②순舜임금은 선기옥형(천문관측기구-혼천의)을 만들어 칠정(七政: 일월금목수화토日月金木水火土 성星의 일곱 별로 역을 지어 365일1/4을 밝힘)을 바로 잡고, 칠정七政정사政事를 하였다. 즉 제순帝舜은 일월日月 오행五行과 역수曆數를 작作하고, 칠정七政으로 현상적 시간을 관찰하는 기구와 원리를 구명하였다.

3) 대우구주현귀大禹九州玄龜

우禹임금은 낙서구주洛書九州를 만드셨다. 우禹임금은 거북 등에서 낙서洛書를 발견하여 행정구역을 구주九疇로 나누어 정전법井田法으로 토지를 개혁하고 하夏나라를 세웠다.

4	9	2
3	5	7
8	1	6

4) 은묘가이관덕殷廟可以觀德 기성내성箕聖乃聖

은殷나라 종묘에 덕德은 볼만하고, 기자성인箕子聖人도 성인聖人이시라. 기자箕子는 은殷나라 말 폭군 주왕紂王의 삼촌으로 주周나라에 홍범구주(정치 대법)를 전하였다고 한다.

5) 주덕재자周德在玆 이남칠월二南七月

주周나라의 문왕文王과 주공周公의 성덕聖德에 대한 말이다. 이남칠월二

南七月은 『시경詩經』에서 주남周南과 소남小南을 이남二南이라고 하였다. 칠월七月은 유풍칠월장幽風七月張을 말함이니, ①이남二南은 주문왕周文王의 덕화德化이시고, ②칠월七月은 주공周公의 성덕盛德을 사모思慕한 것이다.

12
講

麟兮我聖이여 **乾坤中立**하사
린 혜 아 성　　건 곤 중 립
上律下襲하시니 **襲于今日**이로다.
상 률 하 습　　습 우 금 일
嗚呼라 **今日今日**이여
오 호　금 일 금 일
六十三 七十二 八十一은 **一乎一夫**
육 십 삼 칠 십 이 팔 십 일　일 호 일 부

○ 麟(기린 린{인}) 兮(어조사 혜) 我(나 아) 聖(성스러울 성) 乾(하늘 건) 坤(땅 곤) 立(설 립{입}) 律(법 률{율}) 襲(엄습할 습) 于(어조사 우) 今(이제 금)

기린과 같은 우리 성인聖人(공자孔子)이여. 건곤乾坤사이에 중립中立하시니 위로는 천시天時를 본받고 아래로는 수토水土를 물려받아 오늘에 이르게 함이로다. 오호라 오늘인가 오늘인가. 63과 72와 81은 일부一夫에서 하나가 되는구나.

개요槪要

일부一夫선생의 학문적인 위상을 말한다.

각설各說

1) 린혜아성麟兮我聖

고대의 각종 문헌에서 기린麒麟은 성인聖人을 상징한다. 이 구절에서는 공자께서 『주역』의 자구를 한자도 고치지 않고 십익十翼을 저술한 공덕에 감탄하여 린혜아성麟兮我聖이라고 한 것이다.

2) 건곤중립乾坤中立

공자孔子께서 만고의 성인聖人으로서 하늘과 땅 사이에 자리하심을 말한다.

3) 상률하습上律下襲하시니 습우금일襲于今日이로다.

공자께서 위로는 천시를 받들어 천지지도를 밝히시고, 아래로는 후세에 전하여 오늘에 이어지도록 후학들에게 전해졌음을 말한다.

4) 오호嗚呼라 금일금일今日今日이여

금일今日을 중복하여 말한 것은 강조의 의미보다는 오늘을 기점으로 선천先天의 끝이요, 후천后天의 시작임을 의미한다.

5) 육십삼六十三 칠십이七十二 팔십일八十一

칠七·팔八·구九는 만물의 성장成長을 상징하는 수이다. 구구법에 대한 실명으로 후천后天에서는 건지책乾之策을 사용하기 때문이다. 즉 용칠用七(7×9) = 63, 용팔用八(8×9) = 72, 용구用九(9×9) = 81의 작용을 말한다. 그 합合은 건지책乾之策 216이다. ①칠七은 소양少陽으로 생生의 시기요, ②팔八은 소음少陰으로 장長의 시기이다. ③구九는 노양老陽으로 성成의 시기이다. 건책수乾策數 216과 곤책수坤策數 144의 합인 360은 『정역正易』에서 밝히는 후천后天 1년의 지구地久 자전自轉 횟수가 365¼에서 360일이 됨을 뜻한다. 이것은 공자께서 『주역周易』「계사상」편 9장에 밝히신 360의 책수策數가 일부一夫와 하나라는 뜻은 일부一夫선생이 공자의 성통聖統을 이었음을 뜻하는 것이다.

1년기수 360일 산출 근거

건책수乾策數 216		곤책수坤策數 144	당기기일 當朞之日
일원추연수一元推衍數 216	양효9×사상수4 = 36×6爻 = 216	음효6×사상수4 = 24×6爻 = 144	360일
용칠用七(7×9) = 63 용팔用八(8×9) = 72 용구用九(9×9) = 81	63+72+81 = 216		

일부지기一夫之朞 375 − 십오존공十五尊空 = 공자지기孔子之朞 360

一張-後

擧便无極이시니 **十**이니라.
거 편 무 극　　십
十便是太極이니 **一**이니라
십 편 시 태 극　　일
一이 **无十**이면 **无體**요 **十**이 **无一**이면 **无用**이니
일　무 십　　무 체　십　무 일　　무 용
合하면 **土**라 **居中**이 **五**니 **皇極**이니라.
합　　토　거 중　오　황 극

○ 擧(들 거) 便(편할 편) 无(없을 무) 極(다할 극) 是(옳을 시) 太(클 태) 皇(임금 황)

(손을) 들어 펴면(신伸) 무극无極이니 십十이요, 십十하면(모지母指를 굽히면) 태극太極이니 일一이다. 하나(일一)가 열(십十)이 없으면 체體가 없고, 열(십十)이 하나가(일一) 없으면 용用이 없으니, 합合하면 토土라. 가운데 있는 것이 오五니 황극皇極이요 합덕세계合德世界이니라.

개요槪要

천지인天地人 합일合一의 이상세계와 결부된 삼극지도三極之道에 관한 설명이다. 존재存在와 존재론적存在論的은 의미가 다르다. 존재存在 자체로는 태극太極과 황극皇極, 무극无極이 본래 하나이나 존재론적存在論的으로는 태극太極과 황극皇極, 무극无極이 분리된다.

각설各說

1) 거편무극擧便无極 십十, 십편시태극十便是太極 일一

수지상수手指象數를 통해서 무극无極(ㅣ·)이 태극太極(·)인 이치를 말하고 있다. 수지상수手指象數로 보면 모지母指를 펴면(伸) 십十이요, 오므리면(屈) 일一이다. 즉 십일원리十一原理요, 십일귀체원리十一歸體原理이다.

2) 일一 무십无十 무체无體

태극太極과 무극无極에 대한 설명이다. 태극太極과 무극无極을 오행五行과 간지도수干支度數로 설명한 것이다. 전체적으로 일一은 작용수作用數요, 씨이다. 십十은 본체수本體數로서 열매이다. 수지상수手支象數로는 일一은 십十이다. 이때 일一은 용用이고 십十은 체體이다. 그러므로 무극无極이 태극太極이다.

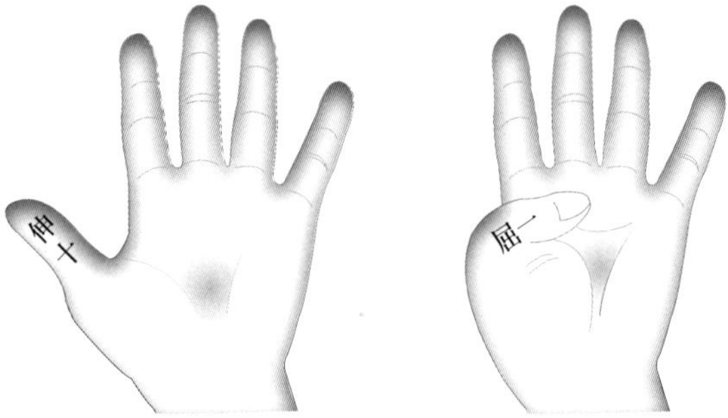

3) 십十 무일无一 무용无用

십十은 본체수本體數로서 열매이다. 수지상수手支象數로는 일一이 곧 십十이다. 이때 일一은 용用이고, 십十은 체體이다. 십十은 천天의 의지를 중시하고, 일一은 지상공간을 중시한다. 즉 십十과 일一은 체용體用의 관계를 말한다.

4) 합토거중合土居中 오황극五皇極

토土는 오행五行에서도 중앙이다. 오五를 『정역』의 관점에서 엄밀히 말하면 오五와 육六 사이이다. 거중居中이란 십十과 일一의 중간인 오황극五皇極을 말한다. 황극皇極은 인격적 위치이다. 토土는 십十 + 일一의 토土이다.

수지 상수	屈					伸				
	一	二	三	四	五	六	七	八	九	十
河圖	十	九	八	七	六	五	四	三	二	一
洛書	十	一	二	三	四	五	六	七	八	九

⇧오거중위五居中位
⇧합토거중위合土居中位
⇧오황극五皇極

地는 **載天而方正**하니 **體**니라.
지 재천이방정 체
天은 **包地而圓環**하니 **影**이니라.
천 포지이원환 영

○ 載(실을 재) 方(모 방) 體(몸 체) 包(포용할 포) 圓(둥글 원) 環(고리 환) 影(그림자 영)

땅은 하늘을 싣고 모나고 반듯하니 체體이니라.
하늘은 땅을 싸고 둥글고 고리 같으니 영影이니라.

개요概要

천지天地와 체영지도體影之道에 대해 설명하고 있다.

각설各說

1) 지地 재천이방정載天而方正 체體

땅(지地)은 하늘의 실어서 바르고 반듯하다는 것이다. 『주역周易』 곤괘坤卦의 '직방대直方大'의 방方이다. 그러므로 땅이 체體가 되는 것이다. (음체양용陰體陽用)

2) 천天 포지이원환包地而圓環 영影

하늘은 땅을 포용하는 둥근 고리라는 것이다. 고리는 360도의 무한성無限性을 의미한다. 하늘의 작용은 사물을 통해서 비쳐진다. 그러므로 일월日月의 광명光明인 그림자(영影)라고 한 것이다.

大哉라 **體影之道**여
대재 체영지도
理氣囿焉하고 **神明**이 **萃焉**이니라.
리기유언 신명 췌언

○ 體(몸 체) 影(그림자 영) 理(이치 이) 氣(기운 기) 囿(사물이 모여 있을 유) 焉(어찌 언) 萃(모일 췌)

크도다, 체體와 영影의 도道여. 본체本體(이理)와 형상形象(기氣)이 모두 들어 있고 신명神明이 모여 있느니라.

개요概要

체영지도體影之道와 신명神明원리에 관한 설명이다.

각설各說

1) 대재大哉 체영지도體影之道

대재大哉는 체영지도體影之道를 지칭한 것이며, ①체體는 천지天地의 조직이요, ②영影은 일월日月의 광명光明이다. 즉 하늘의 도道는 영影이고, 땅의 도道는 실체實體(형체)라는 것이다. 하늘의 도道가 공간으로 드러남을 말한다.

2) 리기유언理氣囿焉 신명췌언神明萃焉

①유학에서 이理는 우주의 본체本體이고, 기氣는 그 현상現象을 말함이니, 우주宇宙의 본체와 현상이다. 그리고 『정역正易』에서는 모든 것이 이기理氣가 아닌 것이 없다고 본다. ②후천后天의 체영지도體影之道에서는 이기理氣의 조화가 응축되어 있기 때문에 신명췌언神明萃焉이라고 한 것이다.

二張-前

天地之理는 **三元**이니라.
천지지리 삼원
元降聖人하시고 **示之神物**하시니 **乃圖乃書**로다.
원강성인 시지신물 내도내서
圖書之理는 **后天先天**이오 **天地之道**는 **旣濟未濟**니라.
도서지리 후천선천 천지지도 기제미제

○ 元(으뜸 원) 降(내릴 강) 聖(성스러울 성) 示(보일 시) 神(귀신 신) 物(만물 물) 乃(이에 내) 圖(그림 도) 書(쓸 서) 理(이치 이) 后(뒤 후) 先(먼저 선) 地(땅 지) 道(길 도) 旣(이미 기) 未(아닐 미) 濟(건널 제)

하늘과 땅의 이치理致는 삼원三元이다.

하늘(원元)에서 성인聖人을 내려 보내시어 신물神物을 보이니, 이것이 하도河圖와 낙서洛書이니라. 하도河圖와 낙서洛書의 이치理致는 후천后天이 선천先天이요, 하늘과 땅의 도道는 기제旣濟와 미제未濟니라.

개요槪要

삼원三元과 삼극지도三極之道와 하도·낙서의 이치를 기제旣濟·미제괘未濟卦와 결부시켜서 설명하고 있다.

각설各說

1) 천지지리天地之理 삼원三元

천지天地의 이치가 천원天元, 지원地元, 인원人元이라는 것이다. 원元은 만물의 바탕이요, 시생始生의 근본 원리임을 뜻한다. 이러한 하늘·땅·사람의 이치理致를 삼극三極으로 말하면 무극无極과 황극皇極, 태극太極이다.

2) 원강성인元降聖人 시지신물示之神物 내도내서乃圖乃書

신물神物은 신적형상神的形象의 존재로서 신적원리神的原理를 담고 있는 표상물表象物이다. 곧 하도河圖와 낙서洛書를 뜻한다. ①『정역正易』에서는 원元에서 성인聖人을 내리고 신물神物을 보이시니 하도河圖·낙서洛書라고 한 반면에 ②『주역周易』에서는 "하늘이 신물을 내리시고, 성인이 이를 법으로 받았다."라고 하였다.

3) 도서지리圖書之理 후천선천后天先天

『정역正易』에서는 하도河圖가 선천先天이요, 낙서洛書가 후천后天이라는 기존의 통설에 벗어나 ①낙서洛書가 선천先天이요, ②하도河圖가 후천后天임을 말한다. 이것은 수數를 통한 시간적時間的 개념이다.

주역	정역
선천 ⇨ 하도, 후천 ⇨ 낙서	선천 ⇨ 낙서, 후천 ⇨ 하도

4) 천지지도天地之道 기제미제既濟未濟

천지지도天地之道는 멈춤이 없이 순환한다. 만물萬物은 ①춘생하장春生夏長하고, ②추수동장秋收冬藏하는 변화를 반복한다. 즉 종즉유시終則有始이다. 이것을 기제미제旣濟未濟에 결부시켜 설명하고 있다. 이는 64괘 괘상卦象을 의미하는 것이 아니라 상수象數와 도역생성倒逆生成의 과정에서 수화水火와 화수火水의 상象이 형상됨을 말한다.

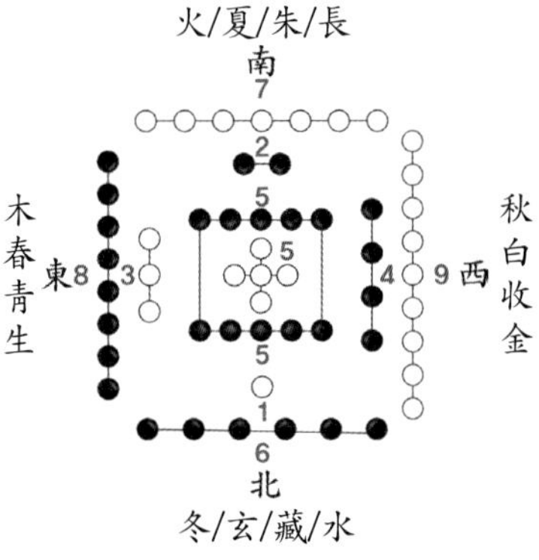

하도河圖

도역생성倒逆生成과 기제미제既濟未濟

도역倒逆원리	역성逆成/낙서洛書										도생倒生/하도河圖									
	①	②	3	4	5	⑥	⑦	8	9	10	10	9	8	⑦	⑥	5	4	3	②	①
既濟·未濟	水	火				水	火							火	水				火	水
	既濟					既濟								未濟					未濟	

龍圖는 **未濟之象而倒生逆成**하니 **先天太極**이니라.
용도 미제지상이도생역성 선천태극
龜書는 **旣濟之數而逆生倒成**하니 **后天无極**이니라.
구서 기제지수이역생도성 후천무극

○ 龍(용 룡) 圖(그림 도) 未(아닐 미) 濟(건널 제) 象(코끼리 상) 倒(넘어질 도) 逆(거스를 역) 成(이룰 성) 太(클 태) 極(다할 극) 龜(거북 귀) 旣(이미 기) 成(이룰 성) 后(뒤 후) 无(없을 무)

용도(하도)는 화수미제火水未濟의 상象이니, 거꾸로 나서 거슬러 이루는 것이니(10→1), 선천先天의 태극太極이다. 낙서洛書는 수화기제水火旣濟의 상象이라, 거꾸로 나서 거꾸로 이루어 보니 후천后天의 무극无極이다.

개요槪要

하도낙서의 도역원리倒逆原理와 선후천先后天에 대한 설명이다.

각설各說

1) 용도龍圖 미제지상이도생역성未濟之象而倒生逆成 선천태극先天太極

①하도는 십十에서 순順작용으로 내려가 이二(화)·일一(수)로 마치니 화수미제火水未濟의 상이다. ②도생역성倒生逆成이란? 십十에서 거꾸로 시작(생生)해서 일一에서 이룬다는(성成=종終) 것이다. 도생역성은 선천先天의 일수一數에서 종終하니 선천태극이다. 하도는 선천의 체體이나 후천의 용用이다.

하도河圖의 순順작용

十 ⇨ ⑨ ⇨ ⑧ ⇨ ⑦ ⇨ ⑥ ⇨ 五 ⇨ ④ ⇨ ③ ⇨ ② ⇨ 一
(무극) (황극) (태극)

2) 구서龜書 기제지수이역생도성旣濟之數而逆生倒成 후천무극后天无極

①낙서洛書를 기제旣濟라 함을 문왕팔괘도로 보면 일감수一坎數가 역상逆上하여 구이화九離火에 이르러 수水가 변하여 화火가 되는 이치를 밀한다. 즉 거슬러 올라가서 구九와 십十으로 이루니 기제旣濟의 수數이다. ② 역생도성逆生倒成이란? 일一에서 거슬러 시작해서 십十에서 거꾸로 이룬다는 것이다. 후천后天 십무극十无極을 용用하여 귀체歸體하는 이치를 역생도성 후천무극이라고 한 것이다. 이로써 선천용사先天用事가 끝난 낙서가 체용體用이 서로 바뀌어 후천后天의 체體가 됨을 의미한다.

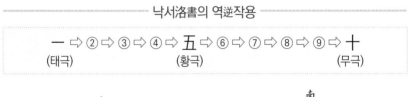

낙서洛書의 역逆작용

一 ⇨ ② ⇨ ③ ⇨ ④ ⇨ 五 ⇨ ⑥ ⇨ ⑦ ⇨ ⑧ ⇨ ⑨ ⇨ 十
(태극) (황극) (무극)

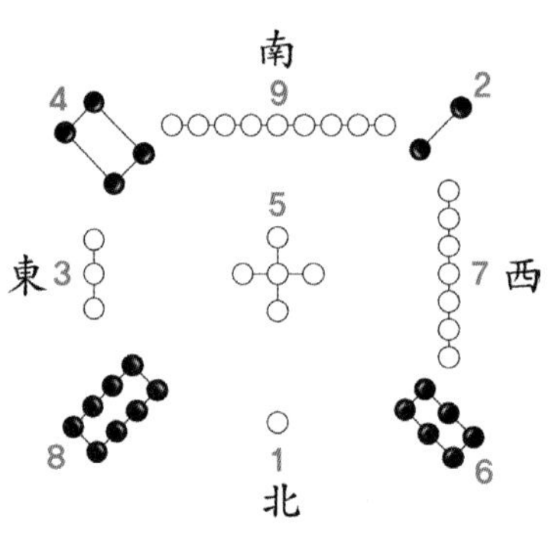

낙서洛書

문왕팔괘도

五居中位하니 **皇極**이니라.
오 거 중 위 황 극

○ 五(다섯 오) 居(있을 거) 中(가운데 중) 位(자리 위) 皇(임금 황) 極(다할 극)

오五는 가운데 자리하고 있으니 황극皇極이다.

개요概要

황극皇極에 대한 설명이다.

각설各說

1) 오거중위五居中位 황극皇極

『정역正易』에서는 삼극三極의 도역생성倒逆生成 작용을 그 표상체계인 하도河圖와 낙서洛書에 결부시키고 있다. 하도河圖는 도생역성倒生逆成(十➡一)의 작용을 하며, 낙서洛書는 역생逆生倒成(一➡九)의 작용을 한다. 그 결과 각각 태극太極과 무극无極이 밝혀지게 되었고, 무극无極과 태극太極의 양자兩者가 합덕合德된 존재가 황극皇極이라는 것이다.

순역원리順逆原理와 삼극지도三極之道

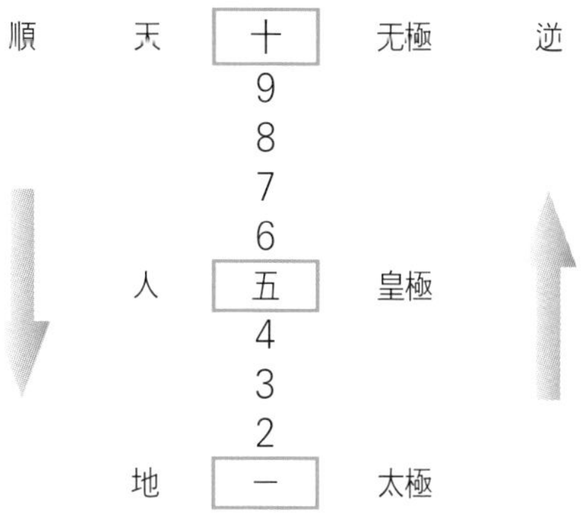

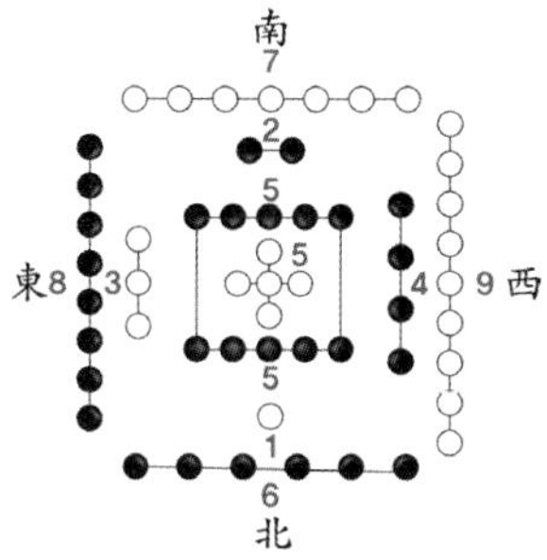

하도河圖

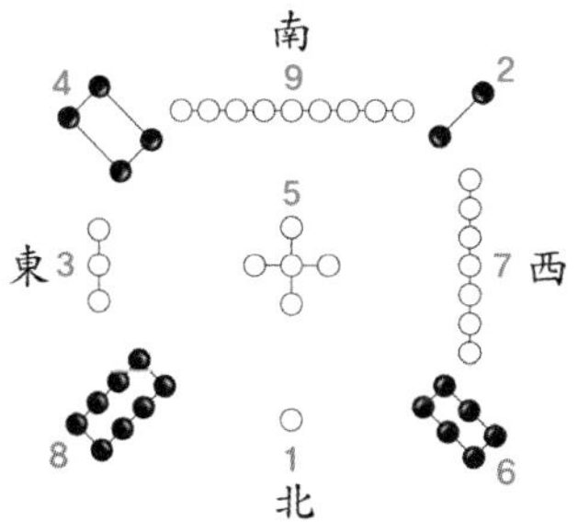

낙서洛書

15 講

易은 **逆也**니 **極則反**하나니라
역 역야 극즉반
土極하면 **生水**하고 **水極**하면 **生火**하고
토극 생수 수극 생화
火極하면 **生金**하고 **金極**하면 **生木**하고,
화극 생금 금극 생목
木極하면 **生土**하니 **土而生火**하나니라.
목극 생토 토이생화

○ 易(바꿀 역) 逆(거스를 역) 也(어조사 야) 極(다할 극) 則(곧 즉) 反(되돌릴 반)

역易은 거슬리는 것이니, 극極에 도달한 즉 돌이키는 것이니라. (낙서洛書는) 토土가 다하면 수水를 낳고, 수水(一)가 다하면 화火(七)를 낳고, 화火가 다하면 금金(九)을 낳고, 금金이 다하면 목木(三)을 낳고, 목木이 다하면 토土(十)를 낳으니 토土는 화火에서 나는 것이니라.

개요概要

오행원리와 상생, 상극에 대한 내용이다.

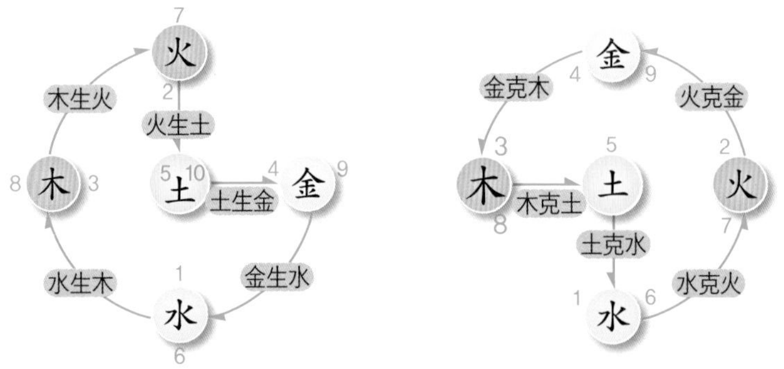

하도의 상생순환 낙서의 상극순환

1) 역역야易逆也 극즉반極則反

①역역야易逆也란 선천先天에서 양陽을 쓰는 이치理致로서 일수一數에서 역생逆生하여 구수九數에 이름을 말한다. ②극즉반極則反은 천하天下의 모든 이치는 극極하면 반드시 반복한다는 것이다. 도역원리로 보면 일一에

서 십十으로 가면 다시 십十에서 일一로 돌아온다는 말이다.

➡洛書의 逆작용/逆生倒成

1	2	3	4	5	6	7	8	9	10

河圖의 順작용/倒生逆成⬅

2) 토극생수土極生水, 수극생화水極生火

토土(오五·십十)가 다하면 수水(일一·육六)를 낳고 수水가 다하면 화火(이二·칠七)를 낳는다는 것이다.

3) 화극생금火極生金, 금극생목金極生木, 목극생토木極生土, 토이생화土而生火

화火가 다하면 금金(사四·구九)을 낳고, 금金이 다하면 목木(삼三·팔八)을 낳고 목木이 다하면 토土를 낳으니 토土는 화火에서 생生한다.

후천后天 도생倒生의 이치로서 선천先天에서 역성逆成하여 극極에 이른 구이화九離火가 선천先天의 차례로는 생토生土하나 후천后天의 차례에서는 지십기토地十己土가 구이화九離火를 수렴하여 도생倒生을 하게 되므로 토이생화土而生火이다. 다시 말하면 십토十土가 선천구화先天九火를 수렴하여 도생倒生하면 구금九金으로 변하므로 화극생금火極生金의 이치이다.

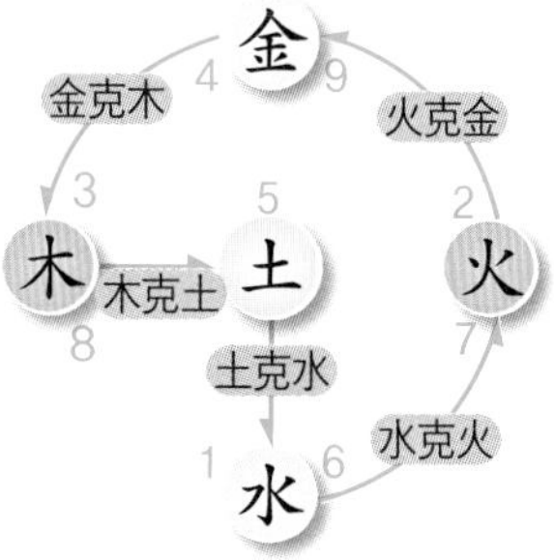

낙서의 상극순환

先天 (逆成)	수水		화火		목木		금金		토土	
	임壬	계癸	병丙	정丁	갑甲	을乙	경庚	신辛	무戊	기己
	일一	육六	칠七	이二	삼三	팔八	사四	구九	오五	십十
后天 (倒生)	토土		금金		목木		화火		수水	
	무戊	기己	경庚	신辛	갑甲	을乙	병丙	정丁	임壬	계癸
	오五	십十	사四	구九	삼三	팔八	칠七	이二	일一	육六

16 講

二張-後

金火互宅은 **倒逆之理**니라.
금화호택 도역지리
嗚呼 至矣哉라 **无極之无極**이여 **夫子之不言**이시니라.
오호 지의재 무극지무극 부자지불언

○ 金(쇠 금) 火(불 화) 互(서로 호) 宅(집 택) 倒(넘어질 도) 逆(거스를 역) 理(이치 이) 嗚(탄식 소리 오) 呼(부를 호) 至(지극할 지) 哉(어조사 재) 夫(스승 부) 子(사람 자)

금화金火가 서로 같은 집에 있는 것은 거슬러 생하고 거슬러 이루는 이치理致니라. 아, 지극하다. 무극无極의 무극无極함이여. 공자孔子께서 말씀하지 않은 것이니라.

개요槪要

금화호택金火互宅에 대한 설명이다.

각설各說

1) 금화호택金火互宅 도역지리倒逆之理

		火		金			火		金	
역생도성逆生倒成	一	二	三	四	五	六	七	八	九	十
		金		火			金		火	
도생역성倒生逆成	十	九	八	七	六	五	四	三	二	一

2) 오호嗚呼 지의재至矣哉

일부一夫에 와서 은밀한 이치가 드러나게 되었음을 감탄하는 말이다.

3) 무극지무극无極之无極 부자지불언夫子之不言

하도河圖의 중수中數는 선천先天의 체體로서 존공尊空이 되어 드러나지 않고 있으나 십무극十无極은 무극无極의 위位에서 존재存在하므로 무극지무극无極之无極이라고 한 것이다. 이러한 무극无極에 대해서 공자孔子께서 말씀하지 않으시고 은밀히 간직해 두었다는 것이다.

不言而信은 **夫子之道**시니라.
불언이신　부자지도
晩而喜之하사 **十而翼之**하시고 **一而貫之**하시니
만이희지　십이익지　일이관지
儘我萬世師신져.
진아만세사

○ 言(말씀 언) 信(믿을 신) 夫(스승 부) 晩(저물 만) 喜(기쁠 희) 十(열 십) 翼(날개 익) 貫(꿸 관) 儘(다할 진) 我(나 아) 萬(일만 만) 世(대 세) 師(스승 사)

말씀하지 않아도 믿음이 있는 것이 공자孔子의 도道이니라. 늦게서 기쁘게 하사 열(十)로 날게 하시고, 하나(일一)로 꿰뚫어 보니 진실로 만세萬世의 스승이신져.

개요概要

일부一夫선생이 공자孔子께서 무극无極에 대해 말씀하지 않으신 깊은 뜻을 헤아려 공자께서 만세萬世의 스승임을 찬탄讚嘆하신 내용이다.

각설各說

1) 불언이신不言而信 부자지도夫子之道

십익十翼을 저술하신 공자孔子께서 무극无極의 이치理致를 은밀하게 담아두신 공자孔子의 도道를 믿는다는 것이다.

2) 만이희지晩而喜之 십이익지十而翼之

공자孔子께서 만년晩年에 역易을 위편삼절韋編三絶토록 공부하여 십익十翼을 저술하여 역易의 이치理致를 밝혔다는 것이다.

3) 일이관지一而貫之 진아만세사儘我萬世師

역의 이치를 일이관지一而貫之하시니 공자께서는 만세의 스승이라는 것이다.

天四면 **地六**이오 **天五**면 **地五**요 **天六**이면 **地四**니라.
천사 지육 천오 지오 천육 지사
天地之度는 **數止乎十**이니라.
천지지도 수지호십

○ 天(하늘 천) 四(넉 사) 地(땅 지) 六(여섯 육{륙}) 數(셀 수) 止(머무를 지)

하늘이 사四면 땅은 육六이요, 하늘이 오五면 땅도 오五이고, 하늘이 육六이면 땅은 사四이다. 하늘과 땅의 도度는 그 수數가 십十에서 그치는 것이다.

개요概要

『정역正易』에서는 천지天地 운행運行의 도수度數를 십수율十數率을 기준으로 한다.

각설各說

1) 천사지육天四地六, 천오지오天五地五, 천육지사天六地四

①동지冬至의 주야晝夜의 비율은 천사지육天四地六이고, ②춘분春分과

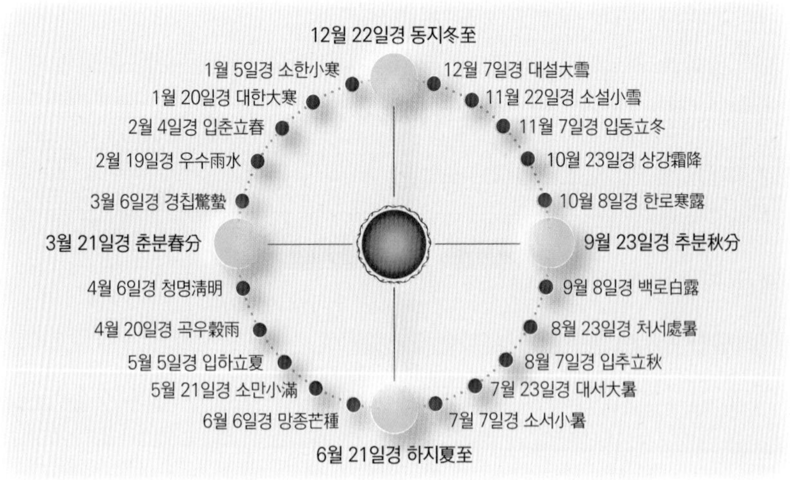

태양을 중심으로 돌아가는 지구의 24절기

추분秋分은 천오지오天五地五이고, ③하지夏至는 천육지사天六地四이다. 천사지육天四地六은 삼지양천參地兩天의 이치이고, 천육지사天六地四는 삼천양지參天兩地의 이치라고 할 수 있다. 결국은 3:2비율이라는 것이다.

사시四時의 변화와 주야晝夜비율

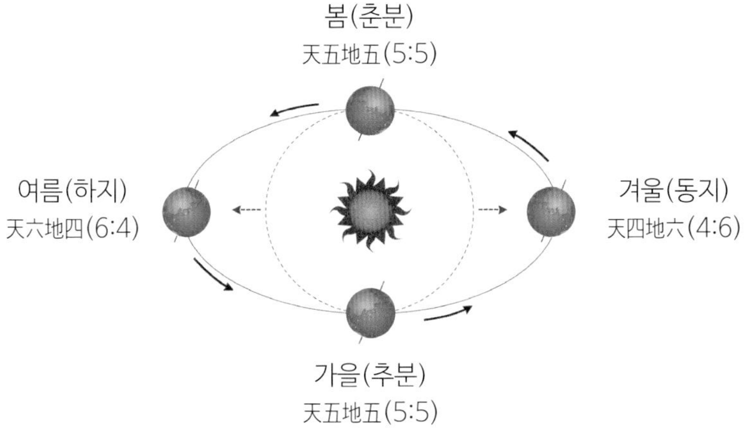

2) 천지지도天地之道 수지호십數止乎十

천지天地의 도道(도수度數)가 십수十數에 머물고 있다는 것은 하늘의 도수度數는 무극수无極數인 십十에 한정限定한다는 것이다. 그러나 수數는 십수十數에 불과하지만 그 함축하고 있는 역학적인 의미는 무궁하다.

17講

三張-前

十은 **紀**요 **二**는 **經**이오 **五**는 **綱**이오 **七**은 **緯**니라.
십 기 이 경 오 강 칠 위

○ 紀(벼리 기) 經(날 경) 綱(벼리 강) 緯(씨 위)

열(십十)은 기紀요 둘(이二)은 경經(이천二天)이고, 다섯(오五)은 강綱이고 일곱(칠七)은 위緯이다.

개요槪要

정역괘도正易卦圖에서 건곤천지乾坤天地의 위位에 대한 설명으로 선천先天의 건곤천지乾坤天地가 후천后天에서는 곤천지천坤天地天으로 전도顚倒되는 이치理致를 밝힌 것이다.

각설各說

1) 십기十紀, 이경二經, 오강五綱, 칠위七緯.

정역팔괘도正易八卦圖의 십건오곤十乾五坤 이천칠지二天七地를 말한다. ①십기十紀는 십건천十乾天이요, ②오강五綱은 오곤지五坤地이다. 오곤지五坤地가 상上에 자리하여 십건천十乾天과 더불어 상하上下의 기강紀綱이 됨을 뜻한다. ㉠이경二經은 이천二天이며, ㉡칠위七緯는 칠지七地를 말한다. 이천칠지二天七地는 정역괘도에서 괘위卦位가 없으므로 밖으로 드러나지 않는 천지天地의 법칙을 뜻하므로 경위經緯라고 한 것이다.

戊位는 **度順而道逆**하야 **度成道於三十二度**하니
무위 도순이도역 도성도어삼십이도

后天水金太陰之母니라
후천수금태음지모

己位는 **度逆而道順**하야 **度成道於六十一度**하니
기위 도역이도순 도성도어육십일도

先天火木太陽之父니라.
선천화목태양지부

○ 戊(천간 무) 位(자리 위) 度(법도 도) 順(순할 순) 道(길 도) 逆(거스를 역) 度(법도 도) 成(이룰 성) 於(어조사 어) 后(임금 후) 陰(응달 음) 己(지지 기) 位(자리 위) 先(먼저 선) 太(클 태) 陽(볕 양)

무위戊位는 간지干支로는 순順하고, 수數로는 거슬러서 도수度數가 삼십이도三十二度(己巳)에 가서 성도成道하니 후천后天 육수六水 수금水金으로 된 태음太陰이 어머니이니라. 기위己位는 간지干支로는 거스르고 수數로는 순順해서 도수度數가 육십일도六十一度에 가서 성도成道하니 선천先天 화목火木으로 된 태양의 아버지이니라.

개요概要

『정역正易』에서는 오행운행五行運行의 주축主軸이 십十과 오五이다. 기십무오己十戊五가 바로 십건오곤十乾五坤의 상象이다.

무위戊位 / 선천先天	기위己位 / 후천后天
오五는 무위戊位로서 오황극五皇極이다.	십十은 기위己位로서 십무극十无極이다
무오戊五는 황극皇極의 중추中樞(五皇極)	기십己十은 무극无極의 중추中樞(十无極)
무위戊位는 선천先天이요, 땅이다.	기위己位는 후천后天이요, 하늘이다.

각설各說

1) 무위도순이도역戊位度順而道逆 도성도어삼십이도度成道於三十二度,

후천수금태음지모后天水金太陰之母.

①무위戊位(무술戊戌)는 간지도수干支度數로는 순順작용을 하고, 수數로는 오五에서 십十으로 거슬러서(역逆) 작용하며, 도수度數가 기사己巳 32도度에 가서 성도成道한다.

②무토戊土는 양토陽土이나 후천后天의 수금水金이 중위中位인 술궁戌宮에 자리하여 수금水金을 잉태하고 역행逆行하여 32도 기사궁己巳宮에 이르러 태음지월太陰之月로 드러남으로 무위양토戊位陽土를 태음太陰의 어머니라고 한 것이다.

무술戊戌 ➡ 순행順行(도순도역度順道逆) ➡ 기사己巳 32도度 성도成道

후보름															선보름														
癸未	甲申	乙酉	丙戌	丁亥	戊子	己丑	庚寅	辛卯	壬辰	癸巳	甲午	乙未	丙申	丁酉	戊戌	己亥	庚子	辛丑	壬寅	癸卯	甲辰	乙巳	丙午	丁未	戊申	己酉	庚戌	辛亥	壬子
															➡	➡	우선순행右旋順行						➡	➡	➡	➡	➡	➡	➡
癸丑	甲寅	乙卯	丙辰	丁巳	戊午	己未	庚申	辛酉	壬戌	癸亥	甲子	乙丑	丙寅	丁卯	戊辰	己巳	庚午	辛未	壬申	癸酉	甲戌	乙亥	丙子	丁丑	戊寅	己卯	庚辰	辛巳	壬午
➡	➡	➡	➡	➡	➡	➡	➡	➡	➡	➡	➡	➡	➡	➡	➡	成													

2) 기위도역이도순己位度逆而道順 도성도어육십일도度成道於六十一度

선천화목태양지부先天火木太陽之父

①기위己位(己亥)는 간지干支로는 기사己巳에서 무술戊戌로 거슬리고, 수數로는 십十(기己)에서 오五(무戊)로 순順해서 도수度數가 61도인 기사己巳에 가서 성도成道하니 이를 도역이도순度逆而道順이라 한다.

②기토己土가 음토陰土이니 선천先天의 화목火木 중위中位인 기궁己宮에 자리하여 화목火木을 잉태孕胎하고 순행順行하여 61도 기사궁己巳宮에 이르러 태양지일太陽之日을 드러남으로 기위음토己位陰土를 태양지부太陽之父라고 한 것이다.

기사己巳 ➡ 역행逆行(도역도순度逆道順) ➡ 기사궁己巳宮 61도度 성도成道

후보름															선보름														
癸未	甲申	乙酉	丙戌	丁亥	戊子	己丑	庚寅	辛卯	壬辰	癸巳	甲午	乙未	丙申	丁酉	戊戌	己亥	庚子	辛丑	壬寅	癸卯	甲辰	乙巳	丙午	丁未	戊申	己酉	庚戌	辛亥	壬子
➡	➡	20	➡	➡	➡	➡	25	➡	➡	➡	➡	30	➡	➡	➡	➡	35	➡	➡	➡	➡	40	➡	➡	➡	➡	45	➡	➡
癸丑	甲寅	乙卯	丙辰	丁巳	戊午	己未	庚申	辛酉	壬戌	癸亥	甲子	乙丑	丙寅	丁卯	戊辰	己巳	庚午	辛未	壬申	癸酉	甲戌	乙亥	丙子	丁丑	戊寅	己卯	庚辰	辛巳	壬午
⬅	⬅	15	⬅	⬅	⬅	⬅	10	⬅ 좌선역행左旋逆行 ⬅							⬅	1	60	⬅	⬅	⬅	⬅	55	⬅	⬅	⬅	⬅	50	⬅	⬅

太陰은 **逆生倒成**하니 **先天而后天**이오 **旣濟而未濟**니라.
태음 역생도성 선천이후천 기제이미제

一水之魂이니 **四金之魄**이니
일수지혼 사금지백

胞於戊位成度之月 初一度하고 **胎於一九度**하고
포어무위성도지월 초일도 태어일구도

養於十三度하고 **生於二十一度**하니 **度成道於三十**이니라.
양어십삼도 생어이십일도 도성도어삼십

○ 太(클 태) 逆(거스를 역) 倒(넘어질 도) 成(이룰 성) 后(뒤 후) 旣(이미 기) 濟(건널 제) 魂(넋 혼) 魄(넋 백) 胞(포태할 포) 位(자리 위) 成(이룰 성) 度(법도 도) 初(처음 초) 胎(아이 밸 태) 養(기를 양)

태음太陰은 거슬러나서 거꾸로(역생도성/낙서洛書→하도河圖) 이루니 선천先天(체體)이되 후천后天이요, 기제旣濟(화수火水)로되 미제未濟로다. 수水의 혼魂이요, 사금四金의 혼魂이니 무위戊位의 도수度數를 이루는 달 초1에 포胞하고 단9에 태胎하고 13도度(임자壬子)에 양養하고 21도(경신庚申)에 생生하니 도수度數가 30도(기사己巳)에 가서 성도成道(괘卦)하니라.

개요概要

태음지정太陰之政과 포태양생성종胞胎養生成終에 대한 설명이다.

각설各說

1) 태음太陰 역생도성逆生倒成, 선천이후천先天而后天, 기제이미제旣濟而未濟

태음太陰은 역생도성逆生倒成하니 선천先天이나 체體는 후천后天이요, 수화기제水火旣濟로 용用하였으나 체體는 화수미제상火水未濟之象이다.

수리數理로는 일一·이二에서 구九·십十으로 역생도성逆生倒成하니, 일이一二는 수화水火이며(하도河圖의 생수生數인 일수이화一水二火), 낙서洛書의 천수天數는 종어구終於九로 십十에 미달未達하니 기제旣濟라도 미제未濟의 상象이다.

2) 일수지혼一水之魂 사금지백四金之魄

태음지정太陰之精의 성도成道과정을 말한다. ①일수一水란 임일수壬一數요, ②사금四金은 경사금庚四金이라. 이것이 태음太陰의 곁에 나타난 혼백魂魄이다. 달은 수금水金(일수사금一水四金)의 기운氣運으로 나타난다. 달은 기위己位로부터 경임庚壬의 일수사금一水四金을 받으니 ③일수一水의 정精을 혼魂이라 하고, ④사금四金의 질質을 백魄이라 한다.

3) 포어무위성도지월胞於戊位成度之月 초일도初一度

무위戊位는 무술戊戌, 기해己亥, 무진戊辰, 기사己巳라. 무위도수戊位度數가 이루어지는 달은 기해己亥라는 것이다. 초일도初一度란 기해己亥에서 초 1도度인 경자庚子를 말한다.

4) 태어일구도胎於一九度

태어일구도胎於一九度는 기해己亥로부터 구도九度인 무신戊申에서 태胎한다는 의미이다.

5) 양어십삼도養於十三度 생어이십일도生於二十一度, 도성도어삼십度成道於三十

임자壬子인 13도에서 양養하고 경신庚申인 21도에서 생生하니 도수度數가 기사己巳인 30도에서 성도成道한다는 것이다.

태음지정의 일월포태양생성도日月胞胎養生成圖

9	10	11	12	13	14	15	16	17	18	19	20	21	22	23
24	25	26	27	28	29	30	1	2	3	4	5	6	7	8
辛卯	壬辰	癸巳	甲午	乙未	丙申	丁酉	戊戌	己亥	庚子	辛丑	壬寅	癸卯	甲辰	乙巳

⇨ 胞初1도

23	8	庚寅		丙午	9	24
22	7	己丑		丁未	10	25
21	6	戊子	9도胎⇨	戊申	11	26
20	5	丁亥		己酉	12	27
19	4	丙戌		庚戌	13	28
18	3	乙酉		辛亥	14	29
17	2	甲申	13도養⇨	壬子	15	30
16	1	癸未		癸丑	16	1
15	30	壬午		甲寅	17	2
14	29	辛巳		乙卯	18	3
13	28	庚辰		丙辰	19	4
12	27	己卯		丁巳	20	5
11	26	戊寅	30도成	戊午	21	6
10	25	정축		己未	22	7
9	24	병자	21도生⇨	庚申	23	8

乙亥	甲戌	癸酉	壬申	辛未	庚午	己巳	戊辰	丁卯	丙寅	乙丑	甲子	癸亥	壬戌	辛酉
8	7	6	5	4	3	2	1	30	29	28	27	26	25	24
23	22	21	20	19	18	17	16	15	14	13	12	11	10	9

19 講

三張-後

終于己位成度之年 初一度하고
종 우 기 위 성 도 지 년 초 일 도
復於戊位成度之年 十一度니라.
복 어 무 위 성 도 지 년 십 일 도
復之之理는 **一八七**이니라.
복 지 지 리 일 팔 칠

○ 終(끝날 종) 于(어조사 우) 己(천간 기) 位(자리 위) 成(이룰 성) 初(처음 초) 復(돌아올 복) 戊(천간 무) 位(자리 위) 復(돌아올 복) 理(이치 이)

기위도수己位度數가 이루는 해 초 1도를 마치고, 무위도수戊位度數를 이루는 해 11도에서 회복回復하는 것이다. 회복回復(종시終始)하는 이치理致는 일팔칠一八七이다.

개요概要

월정사月政事의 일년一年 기수朞數 중에 선천先天의 삭朔(초하루)에서 망

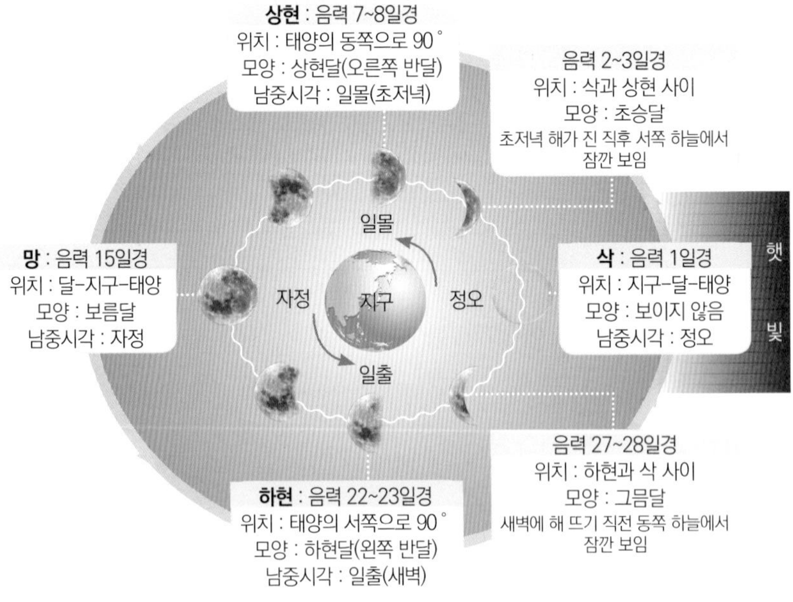

望(보름)까지로 태음정사太陰政事에 대한 설명이다. 월정사月政事의 범위는 팔일八日과 십오일十五日이다. 즉 ①초팔일初八日이 상현上弦이 되고, ②십오일十五日에 망望이 된다는 것이다.

각설各說

1) 종우기위성도지년終于己位成度之年 초일도初一度

기위己位(기해己亥)에서 종료終了되어 성도成度되는 해(년年)가 초일도初一度인 경자庚子라는 것이다.

기해己亥(종(終) ➡ 경자庚子(1도度 성도成道)

2) 복어무위성도지년復於戊位成度之年 십일도十一度

무위戊位에서 성도成道가 이루어지는 해는 무술戊戌이요, 십일도十一度에서 회복回復하는 노수度數는 무술戊戌 다음에 기해己亥이니, 기해己亥에서 십일도十一度를 지나서 기유궁己酉宮으로 회복한다는 것이다.

①무술戊戌 ➡ ②기해己亥(1도度) ➡ ③기유己酉(11도度)

16	17	18	19	20	21	22	23	23	25	26	27	28	29	30	1	2	3	4	5	6	7	8	9	10	11	12	13	14	15
1	2	3	4	5	6	7	8	9	10	11	12	13	14	15	16	17	18	19	20	21	22	23	23	25	26	27	28	29	30
癸	甲	乙	丙	丁	戊	己	庚	辛	壬	癸	甲	乙	丙	丁	戊	己	庚	辛	壬	癸	甲	乙	丙	丁	戊	己	庚	辛	壬
未	申	酉	戌	亥	子	丑	寅	卯	辰	巳	午	未	申	酉	戌	亥	子	丑	寅	卯	辰	巳	午	未	申	酉	戌	亥	子
															➡	1	2	3	4	5	6	7	8	9	10	11			
																										度			

3) 복지지리復之之理 일팔칠一八七

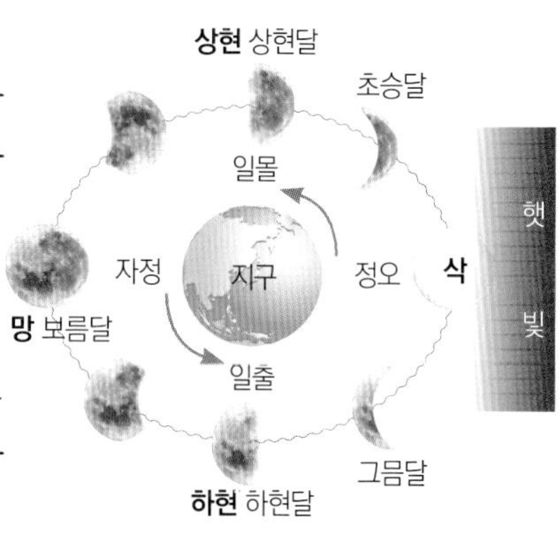

복지지리復之之理는 일월日月이 본자리로 회복回復하는 이치理致를 말한다. 회복回復(종시終始)하는 이치理致가 일팔칠一八七(용팔用八·용칠用七삭용)이다. 일팔칠一八七은 선천先天의 삭朔(초하루)에서 망望(보름)까지의 태음정사太陰政事를 말한다. 월月의 일개월一個月 정사政事는 선천先天의 영影이요, 후천后天의 체體이다. 따라서 선천先天의 삭朔(초하루)에서 상현上弦(8일)까지는 복상월復上月의 영생수影生數인 일팔一八에 해당한다.

五日一候요 **十日一氣**요 **十五日一節**이오
오 일 일 후 　 십 일 일 기 　 십 오 일 일 절
三十日一月이오 **十二月一朞**니라.
삼 십 일 일 월 　 　 십 이 월 일 기

○ 候(기다릴 후) 氣(기운 기) 節(마디 절) 朞(돌 기)

5일(달이 보이지 않는 5日)이 일후一候이고, 10일日이 일기一氣이고, 15일(보름)이 일절一節이며, 30일日이 1월月이고, 12월月이 1기朞이다.

개요概要

후候·기氣·절節·월月·기朞의 천지운기天地運氣의 순환단위를 말한다.

각설各說

1) 오일일후五日一候, 십일일기十日一氣

한달 30일 중에서 달이 보이지 않는 5일日이 일후一候이다. 오일일후五日一候는 태음지모太陰之母인 무오토戊午土가 5수五數를 기본으로 한 것이나 기氣의 순환으로 보면 오행五行이 일순一循하는 오일五日의 도수度數인 육십시六十時를 뜻한다. 십일일기十日一氣는 오행五行의 음양합덕陰陽合德이 이루어진 십천간十天干이 일순一循하는 단위이다.

일후一候 ➡ 5일	일기一氣 ➡ 10일

2) 십오일일절十五日一節

십오일일절十五日一節은 오행五行이 삼순三循하여 삼오합덕三五合德으로 월영月盈하는 일팔칠一八七 월정月政으로서 한 절후節候의 단위이다.

일절一節 ➡ 15일

3) 삼십일일월三十日一月

삼십일일월三十日一月은 오행五行이 육순六循하여 오육합덕五六合德으로 성장하는 삼십일三十日 삼백육십시三百六十時로서 곧 태음太陰 일월지정日月之政이니, 그러므로 태음지체太陰之體인 일수지혼一水之魂과 사금지백四金之魄은 삼십도三十度로써 성도成道한다.

일월一月 ➡ 30일(360시時=태음太陰 일월지정日月之政)

4) 십이월일기十二月一朞

십이월일기十二月一朞는 월月이 십이순十二循하는 삼백육십일三百六十日 태음일세지기太陰一歲之朞를 말함이니, 무위戊位는 황극체위皇極體位이고, 기위己位는 무극체위无極體位이므로 오육무기토五六戊己土의 합덕合德은 곧 천지합덕天地合德을 말한다.

일기一朞 ➡ 12개월

천지운기天地運氣의 순환단위

일후一候	5일 (달이 보이지 않는 기간-오후五候)
일기一氣	10일
일절一節	15일
일월一月	30일
일기一朞	12개월

20講

太陽은 倒生逆成하니 后天而先天이오 未濟而旣濟이니라.
태 양 도생역성 후천이선천 미제이기제

○ 太(클 태) 陽(볕 양) 倒(넘어질 도) 生(날 생) 逆(거스를 역) 成(이룰 성) 未(아닐 미) 旣(이미 기) 濟(건널 제)

태양太陽은 거꾸로 나서 거슬러 이루니, 후천后天(체體)이로되 선천先天이요, 미제未濟(체體)로되 기제旣濟(용用)로다.

개요槪要

태음太陰에 이어서 태양지리太陽之理를 미제未濟·기제旣濟와 결부시켜 설명한 것이다.

각설各說

1) 태양太陽 도생역성倒生逆成 후천이선천后天而先天 미제이기제未濟而旣濟

태양太陽은 십十에서 거꾸로 생生하여 일一에서 거슬러 이루는 하도적河圖的 작용作用으로 도생역성倒生逆成하는 원리原理로서 후천后天이 실제實際로서의 선천先天이니 미제未濟는 체體요 기제旣濟는 용用이라는 것이다.

- ·하도적 작용河圖的作用 도생역성倒生逆成 후천后天 미제未濟 체體
- ·낙서적 작용洛書的作用 역생도성逆生倒成 선천先天 기제旣濟 용用

태양지정太陽之政의 포태양생성도胎養生成道 도수度數

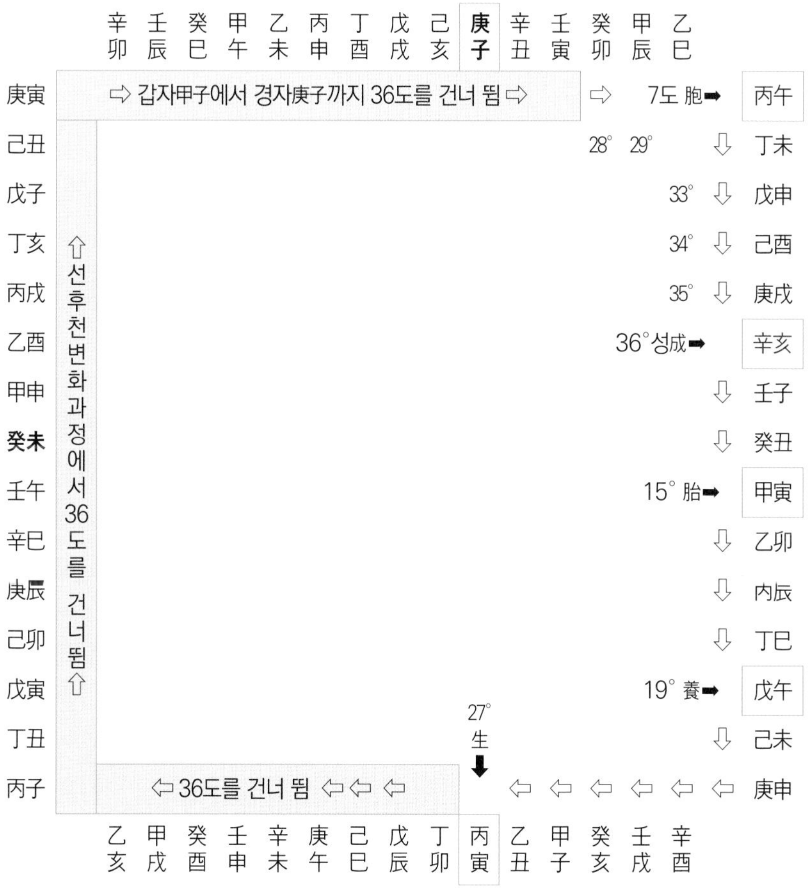

七火之氣요 八木之體니 胞於己位成度之日 一七度하고
칠화지기 팔목지체 포어기위성도지일 일칠도

○ 火(불 화) 氣(기운 기) 體(몸 체) 胞(태보 포) 於(어조사 어) 成(이룰 성) 度(법도 도)

칠화七火의 기氣(포砲)요, 팔목八木(후천간지后天干支)이 체體니, 기위도수己位度數(하도河圖)를 이루는 날(일극체위도수日極體位度數) 단7도(태양太陽)에서 포胞하고

개요概要

기위도수己位度數에서 이루어지는 태양太陽의 성도도수成度度數에 대한 설명이다.

각설各說

1) 칠화지기七火之氣 팔목지체八木之體, 포어기위성도지일胞於己位成度之日 일칠도一七度

기위己位는 선천先天 팔목八木의 중위中位에서 칠화지기七火之氣 팔목지체八木之體인 태양지정太陽之精을 경자궁庚子宮에서 ①태胎하여 초칠도初七度 병오丙午에서 ②포胞한다는 것이다. 다시 말하면 미래의 성수成數로써 팔八이 체體가 되고 칠화七火의 기氣(포胞)요, 팔목八木(후천간지后天干支)이 체體이니, 기위도수己位度數(기해己亥)를 이루는 날(일극체위도수日極體位度數)이다. 그러므로 초칠도初七度 병오丙午에서 성도成度가 이루어진다는 것이다.

戊戌	己亥	庚子	辛丑	壬寅	癸卯	甲辰	乙巳	丙午	丁未	戊申	己酉	庚戌	辛亥	壬子
	⬆	胎	2	3	4	5	6	7 胞						

四張-前

胎於十五度하고 **養於十九度**하고
태 어 십 오 도　　양 어 십 구 도
生於二十七度하니 **度成道於三十六**이니라.
생 어 이 십 칠 도　　도 성 도 어 삼 십 육

○ 胎(아이 밸 태) 養(기를 양) 於(어조사 어) 成(이룰 성) 道(길 도)

15도(갑인甲寅)에서 태胎하고, 19도(무오戊午)에서 양養하고, 27도(병인丙寅)에서 생生하니 도수度數가 36도에서 성도成道한다.

개요概要

태양지정太陽之政의 포胞·태胎·양養·생生의 성도도수成度度數 과정을 말한다

각설各說

1) 태어십오도胎於十五度 양어십구도養於十九度

단7도(병오丙午)에서 포胞하고, 15도(갑인甲寅)에서 태胎하고, 19도(무오戊午)에서 양養한다.

병오丙午(포胞) ➡ 갑인甲寅 15도(태胎) ➡ 무오戊午 19도 (양養)

2) 생어이십칠도生於二十七度 도성도어삼십육度成道於三十六

27도(병인丙寅)에서 생生하니 도수度數가 36도를 뛰어 삼십육도三十六度 신해궁辛亥宮에서 성도成道한다는 것이다.

병인丙寅 27도(생生) ➡ 신해辛亥 36도(성成)

終于戊位成度之年 十四度하고
종 우 무 위 성 도 지 년 십 사 도
復於己位成度之年 初一度니라.
복 어 기 위 성 도 지 년 초 일 도
復之之理는 **一七四**이니라.
복 지 지 리 일 칠 사

○ 終(끝날 종) 戊(천간 무) 位(자리 위) 成(이룰 성) 度(법도 도) 復(돌아올 복) 己(천간 기) 位(자리 위) 復(돌아올 복) 理(이치 이)

무위도수戊位度數를 이루는 해 14도에 마치고, 기위도수己位度數를 이루는 해 초1도에 회복回復하는 것이다. 회복回復하는 이치理致는 일칠사一七四이니라.

개요概要

회복回復하는 이치인 일칠사一七四에 대해 설명하고 있다.

각설各說

1) 종우무위성도지년終于戊位成度之年 십사도十四度

무위도수戊位度數를 이루는 해는 무술戊戌이다. 십사도十四度는 기해己亥에서 시작하여 임자壬子 14도에서 마친다는 것이다.

기해己亥 ➡ 임자壬子14도(終)

2) 복어기위성도지년復於己位成度之年 초일도初一度

기위도수己位度數를 이루는 해는 기사己巳요, 그 초일도初一度는 경오庚午이니, 여기서 회복回復하는 것이다.

기사己巳 ➡ 경오庚午 1도(복復)

(1) 一七四와 수지상수

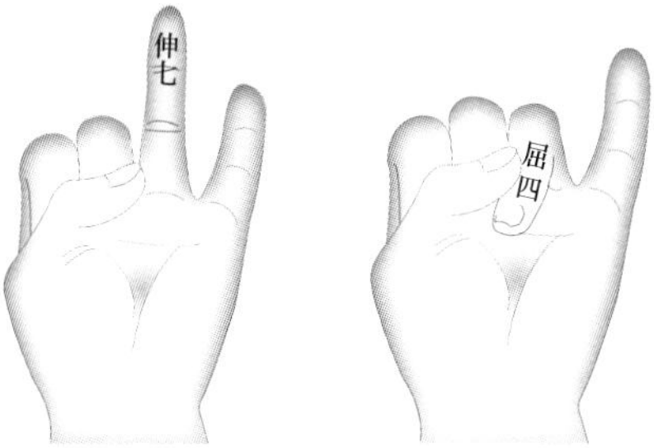

(2) 도역원리와 一七四

一七四

도역원리 倒逆原理										
	도倒	10	9	8	⑦	6	5	④	3	2	1
	역逆	1	2	3	④	5	6	⑦	8	9	10

태양지정의 포태양성도

9 10 11 12 13 14 15 16 17 18 19 20 21 22 23
24 25 26 27 28 29 30 1 2 3 4 5 6 7 8
辛卯 壬辰 癸巳 甲午 乙未 丙申 丁酉 戊戌 己亥 庚子 辛丑 壬寅 癸卯 甲辰 乙巳

23 8 庚寅 ⇨ 8 丙午 9 24
22 7 己丑 1 2 3 4 5 6 7 9 丁未 10 25
21 6 戊子 10 戊申 11 26
20 5 丁亥 11 己酉 12 27
19 4 丙戌 12 庚戌 13 28
18 3 乙酉 13 辛亥 14 29
17 2 甲申 14도終 壬子 15 30
16 1 癸未 癸丑 16 1
15 30 壬午 甲寅 17 2
14 29 辛巳 乙卯 18 3
13 28 庚辰 丙辰 19 4
12 27 己卯 丁巳 20 5
11 26 戊寅 초 1 도 戊午 21 6
10 25 정축 己未 22 7
9 24 병자 ⬇ ⇦ 庚申 23 8

乙亥 甲戌 癸酉 壬申 辛未 庚午 己巳 戊辰 丁卯 丙寅 乙丑 甲子 癸亥 壬戌 辛酉
8 7 6 5 4 3 2 1 30 29 28 27 26 25 24
23 22 21 20 19 18 17 16 15 14 13 12 11 10 9

3) 복지지리復之之理 일칠사一七四

회복回復하는 이치理致는 일칠사一七四이다. 즉 태음太陰에 중심中心을 두고 복지지리復之之理의 일칠사一七四(태양정사太陽政事)는 하도河圖 7과 낙서洛書 4가 같이 한 자리에서 작용한다는 의미이다. 하도河圖가 낙서洛書를 포함하듯 칠七은 사四를 포함하고 있다는 것이다. 일칠사一七四를 수지상수手支象數로 보면 사四 자리에 칠七이 돌아오는 것이 일칠사一七四의 상象이다.

· 일칠사一七四와 수지상수

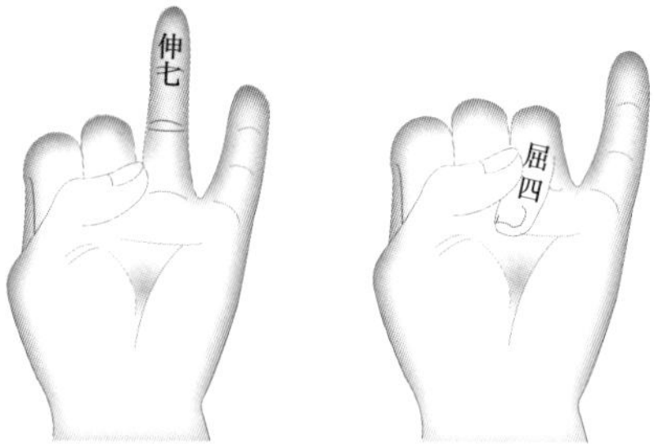

22 講

十五分이 **一刻**이오 **八刻**이 **一時**요 **十二時** **一日**이니라. 십오분 일각 팔각 일시 십이시 일일 **天地合德 三十二**요 **地天合道 六十一**을 천지합덕 삼십이 지천합도 육십일 **日月同宮有无地**요 **月日同度先后天**을 일월동궁유무지 월일동도선후천

○ 分(나눌 분) 刻(새길 각) 合(합할 합) 德(덕 덕) 同(한가지 동) 宮(집 궁) 有(있을 유) 无(없을 무)

십오분十五分이 일각一刻이요, 팔각八刻이 일시一時요
십이시十二時는 일일一日이니라. 천지天地가 덕德을 합合하니 32도요,
지천地天이 덕德을 합合하니 61일日이다.
해와 달은 집을 같이 하나 (공간적 空間的 합덕合德) 없는 땅이 있고,
달은 해와 도수度數를 같이 하나 선후천의 궁이 다름을

개요概要

일정사日政事와 천지합덕에 관한 설명說明이다.

각설各說

1) 십오분일각十五分一刻, 팔각일시八刻一時, 십이시일일十二時一日

십오十五는 태양지정太陽之政이다. 15분分이 일각一刻이고, 8각刻이 1시時이며, 12시時가 1일日이다.

2) 천지합덕天地合德 삼십이三十二

오황극五皇極의 무위戊位는 ①무술궁戊戌宮에서 순행順行(도순도역度順道逆)하여 무술戊戌(년年), 기해己亥(월月), 무진戊辰(일日), 기사己巳(시時)로 오五(술戌)에서 십十(기己)으로 가니 ②삼십이도三十二度에서 성도成道하며 이를 황극체위도수皇極體位度數라 한다

태양정사와 천지합덕도수

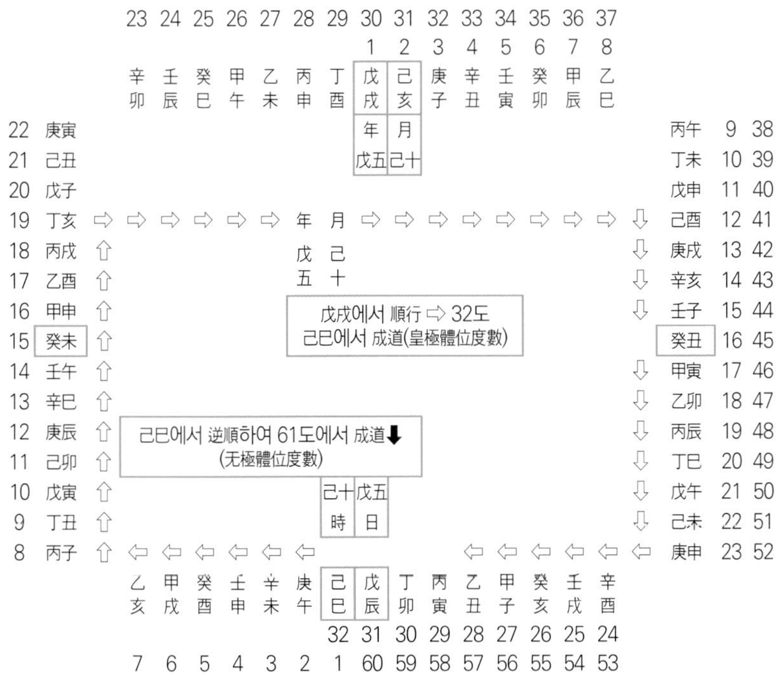

3) 지천합도地天合道 육십일六十一

십무극十无極의 기위己位는 ①기사궁己巳宮에서 역행逆行(도역도순倒逆道順)으로 일순一循하여 육십일도六十一度 기사궁己巳宮으로 환원하여 성도成道됨을 의미한다. 태양정사운행太陽政事運行인 지천地天(지천태괘地天泰卦)이 덕德을 합하니 육십일도六十一度라는 것이다. 이를 무극체위도수无極體位度數라 한다.

4) 일월동궁유무지日月同宮有无地

일월동궁유무지日月同宮有无地란, 태음太陰과 태양太陽은 생기는 궁宮은 같은데 포태胞胎의 길만 다르다는 것이다. ①태음太陰은 경자庚子 초일도初一度에서 포胞하고, ②태양太陽은 병오丙午에서 일칠도一七度로 포胞한다. 그러나 경자庚子에 이르기 전의 초초일도初初一度는 모두가 기해궁己亥宮에서 동궁同宮하나 포태과정이 다르다는 것이다. 이것을 현상으로 보면 일월日月이 기해궁己亥宮에서 동궁同宮함은 일월日月의 합삭合朔을 의미하니, 합삭合朔하는 궁은 있으되, 지상에서 월체月體가 보이지 않으니 있어도 없는 것이 된다.

5) 월일동도月日同度 선후천先后天

①태음太陰은 경자庚子 초일도初一度에서 포胞하여 삼십도三十度 기사궁己巳宮에서 성도成道하고(30도), ②태양太陽은 병오丙午 칠도七度에서 포胞하여 삼십육도三六度 신해궁辛亥宮에서 성도成道하므로(30도) 6도가 차이가 나지만 일월日月이 성도成道하는 도수度數는 삼십도三十度로 같다. 그러나 궁宮은 선후천先后天이 다르다는 것이다.(후천은 기사궁己巳宮, 선천은 신해궁辛亥宮)

일월동궁유무지와 일월동도 선후천 도식

24	25	26	27	28	29	30	1	2	3	4	5	6	7	8
辛卯	壬辰	癸巳	甲午	乙未	丙申	丁酉	戊戌	己亥	庚子	辛丑	壬寅	癸卯	甲辰	乙巳
								⇧ 同宮	⇧ 胞 1					

23	8	庚寅	7도胞	丙午	9
22	7	己丑		丁未	10
21	6	戊子		戊申	11
20	5	丁亥		己酉	12
19	4	丙戌		庚戌	13
18	3	乙酉	成	**辛亥**	14
17	2	甲申		壬子	15
16	1	**癸未**		**癸丑**	16
15		壬午		甲寅	17
14		辛巳		乙卯	18
13		庚辰		丙辰	19
12		己卯		丁巳	20
11		戊寅		戊午	21
10		丁丑		己未	22
9		丙子		庚申	23

①后天太陰은 경자궁을 시두로 하니, 庚子1도에서 胞하여 30도 己巳宮에서 成道한다.

②先天태양은 庚子에서 始하여 丙午7도에서 胞하여 36도(30+6) 辛亥宮에서成道한다.

30
成

乙亥	甲戌	癸酉	壬申	辛未	庚午	**己巳**	**戊辰**	丁卯	丙寅	乙丑	甲子	癸亥	壬戌	辛酉
8	7	6	5	4	3	2	1	30	29	28	27	26	25	24

23講 四張-後

三十六宮先天月이 **大明后天三十日**을
삼 십 육 궁 선 천 월   대 명 후 천 삼 십 일
四象分體度는 **一百五十九**니라.
사 상 분 체 도   일 백 오 십 구

○ 四(넉 사) 象(코끼리 상) 分(나눌 분) 體(몸 체) 度(법도 도)

36궁宮(합덕合德)의 선천先天의 달이 후천后天(종시終始의 세계) 30일(태음도수太陰度數)의 해를 크게 밝히는구나. 사상四象으로 나누어진 도수度數는 159(곤책坤策)이니라.

개요槪要

사상분체도수四象分體度數에 대한 설명이다.

각설各說

1) 삼십육궁선천월三十六宮先天月 **대명후천삼십일**大明后天三十日

36궁宮(합덕合德)의 선천先天달(태양도수太陽度數)이 후천后天(종시終始의 세계) 30도(태음도수太陰度數)를 크게 밝힌다는 것이다. 즉 삼십육도三十六度에서 성도成道한 태양의 빛을 받아 반사하는 선천先天 보름달이 후천后天에는 그믐에 가서 크게 보름달이 되어 밝힌다. 이는 후보름 첫날인 16일이 초하루가 되어 30일 그믐에 보름달이 뜬다는 의미이다.

선후천 달정사

구분	⬇先天초하루														
后天	16	17	18	19	20	21	22	23	24	25	26	27	28	29	30
先天	1	2	3	4	5	6	7	8	9	10	11	12	13	14	15
	癸未	甲申	乙酉	丙戌	丁亥	戊子	己丑	庚寅	辛卯	壬辰	癸巳	甲午	乙未	丙申	丁酉
	癸丑	甲寅	乙卯	丙辰	丁巳	戊午	己未	庚申	辛酉	壬戌	癸亥	甲子	乙丑	丙寅	丁卯
	朔月						상현上弦							望月	
	⬆후천초하루를 기산起算														

구분	⬇선천초하루~14도(辛亥宮) 선보름달⬇														
后天	1	2	3	4	5	6	7	8	9	10	11	12	13	14	15
先天	16	17	18	19	20	21	22	23	24	25	26	37	28	29	30
	戊戌	己亥	庚子	辛丑	壬寅	癸卯	甲辰	乙巳	丙午	丁未	戊申	己酉	庚戌	辛亥	壬子
	➡	➡	➡	➡	➡	➡	➡	➡	➡	➡	➡	➡	➡	14	
	戊辰	己巳	庚午	辛未	壬申	癸酉	甲戌	乙亥	丙子	丁丑	戊寅	己卯	庚辰	辛巳	壬午
							하현下弦								
	~29일⬆														

2) 사상분체도四象分體度 일백오십구一百五十九

사상분체도수四象分體度數 일백오십구一百五十九에 대한 말이다.

①무극체위도수无極體位度數 육십일六十一
②황극체위도수皇極體位度數 삼십이三十二
③월극체위도수日極體位度數 삼십육三十六
④일극체위도수日極體位度數 삼십三十

= 일백오십구一百五十九

십오존공十五尊空 ➡ 곤지책坤之策 144

一元推衍數는 二百一十六이니라.
일원추연수 이백일십육

○ 元(으뜸 원) 推(옮을 추) 衍(넘칠 연)

일원一元을 추리하여 불린(늘린) 수數는 이백일십육二百一十六이니라.

개요概要

건책수乾策數에 대한 설명이다. 일원추연수一元推衍數는 일원一元을 불린 수數로서 그 합이 216(4〈사상수〉×9(양陽)=36×6효=216건책수乾策數)이다. 곤책수坤策數 159 + 건책수乾策數 216 = 375로 원력도수原曆度數가 성립된다.

각설各說

1) 일원추연수一元推衍數 이백일십육二百一十六

『주역周易』에서 1, 3, 5는 양수陽數요, 천수天數이며 2, 4는 음수陰數요, 지수地數이다. 일원추연수一元推衍數는 일원一元을 추리하여 불린 수數로서 그 합이 216(4×9=36×6효=216 건책수乾策數)이다.

일원추연수一元推衍數 216	4×9=36×6爻=216 ➡ 건책수乾策數	일부지기一夫之朞 375 ⬇ 십오존공十五尊空 ⬇ 공자지기孔子之朞 360
사상분체도四象分體度數 159	무극체위도수无極體位度數 61 황극체위도수皇極體位度數 32 월극체위도수日極體位度數 36 일극체위도수月極體位度數 30	

곤책수坤策數 159 + 건책수乾策數 216 = 375(원력도수原曆度數)

后天은 **政於先天**하니 **水火**니라.
후천 정어선천 수화
先天은 **政於后天**하니 **火水**니라.
선천 정어후천 화수

○ 后(뒤 후) 政(다스릴 정) 於(어조사 어)

후천后天은 선천先天을 정사政事하니 수화水火이니라. 선천先天이 후천后天을 정사政事하니 화수火水니라.

개요槪要

선후천先后天의 체용體用변화를 기제旣濟, 미제未濟에 결부시켜 설명하고 있다.

각설各說

1) 후천后天 정어선천政於先天 수화水火

후천后天이 체體로서 선천先天을 정사政事하니 수화水火로서 기제旣濟이다.

선후천 순환과 기제旣濟·미제未濟

<table>
<tr><td rowspan="3">선천先天</td><td></td><td colspan="2">旣濟</td><td></td><td></td><td></td><td colspan="2">旣濟</td><td></td><td></td><td></td><td rowspan="3">낙서洛書는
후천后天의 체體
선천先天의 용用
⇨수화기제水火旣濟</td></tr>
<tr><td rowspan="2">逆生
倒成</td><td colspan="2">水⇨火</td><td></td><td></td><td></td><td colspan="2">水⇨火</td><td></td><td></td><td></td></tr>
<tr><td>①</td><td>②</td><td>3</td><td>4</td><td>5</td><td>⑥</td><td>⑦</td><td>8</td><td>9</td><td>10</td></tr>
<tr><td rowspan="3">후천后天</td><td rowspan="2">倒生
逆成</td><td>10</td><td>9</td><td>8</td><td>⑦</td><td>⑥</td><td>5</td><td>4</td><td>3</td><td>②</td><td>①</td><td rowspan="3">하도河圖는
선천先天의 체體
후천后天의 용用
⇨화수미제火水未濟</td></tr>
<tr><td></td><td></td><td></td><td colspan="2">火⇨水</td><td></td><td></td><td></td><td colspan="2">火⇨水</td></tr>
<tr><td></td><td></td><td></td><td></td><td colspan="2">未濟</td><td></td><td></td><td></td><td colspan="2">未濟</td></tr>
</table>

2) 선천先天 정어후천政於后天 화수火水

선천先天이 체體로서 후천后天을 정사政事하니 화수火水로서 미제未濟이다.

24講 ○금화일송金火一頌

聖人垂道하시니 **金火明**이로다. 성 인 수 도　　　금 화 명 **將軍運籌**하니 **水土平**이로다. 장 군 운 주　　　수 토 평

○ 頌(기릴 송) 聖(성스러울 성) 垂(드리울 수) 道(길 도) 將(장차 장) 軍(군사 군) 運(돌 운) 籌(산가지 주, 꾀할 주, 투호 살 주)

성인聖人이 도道를 드리우시니 금화金火의 이치가 밝음이로다.

장군이 여러모로 계획하고 궁리하니(숫대를 움직이니) 수토水土가 평平하구나.

개요概要

금화교역金火交易으로 선후천先後天이 변화됨을 찬미讚美하였다. 즉 낙서洛書 도상의 사구금四九金이 하도河圖 도상인 이칠화二七火로 변화한다는 뜻이다.

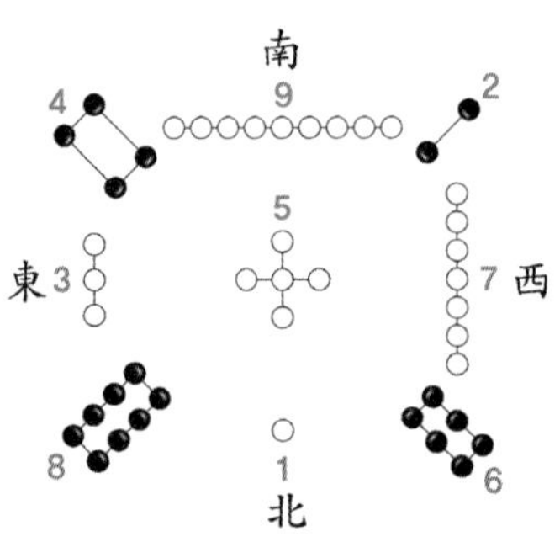

낙서洛書

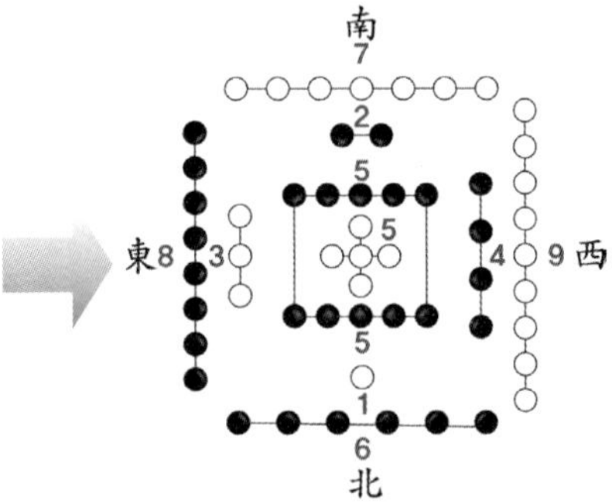

하도河圖

각설各說

1) 성인수도聖人垂道 금화명金火明

성인수도聖人垂道란 하늘의 뜻을 자각한 성인聖人이 역도易道를 자각하여 후세에 전달한 성인聖人을 말하며, 성인聖人이 도道(하도河圖의 도생역성倒生逆成 작용 10→9)를 내려서 금화교역金火交易의 이치理致를 밝힌 것을 말한다.

금화명과 수토평과 도역倒逆원리

倒	10	9	8	7	6	5	4	3	2	1
五行	土	金	木	火	水	土	金	木	火	水

금화명金火明

逆	1	2	3	4	5	6	7	8	9	10
五行	水	火	木	金	土	水	火	木	金	土

수토평水土平

2) 장군운주將軍運籌 수토평水土平

①장군將軍은 성인聖人의 대리 격格으로 오행五行의 변화작용變化作用인 상생相生과 상극相剋을 주관한다. 이것을 장군將軍에 비유한 것이다. ②운주運籌는 여러모로 계획하고 궁리하는 것을 말한다. ③수토평水土平은 장군이 토土가 수水를 평정함을 말한다. 정역에서는 수토지성도水土之成道의 천지天地요, 천지합덕天地合德의 일월日月이다. ㉠수토水土가 천지天地를 성도成道한다면 ㉡금화金火는 일월日月을 성도成道한다고 할 수 있다.

農夫洗鋤하니 **歲功成**이로다.
농 부 세 서 　 세 공 성
畵工却筆하니 **雷風生**이로다.
화 공 각 필 　 뇌 풍 생

○ 農(농사 농) 夫(지아비 부) 洗(씻을 세{깨끗할 선}) 鋤(호미 서) 歲(해 세) 功(공 공) 成(이룰 성) 畵(그림 화) 工(장인 공) 却(물리칠 각) 筆(붓 필) 雷(우레 뇌{뢰}) 風(바람 풍) 生(날 생)

농부가 호미를 씻으니 한 해의 공이 이루어짐이로다.
화공이 붓을 물리치니 뇌풍雷風이 생함이로다.

개요概要

농부가 봄, 여름 동안 농사를 지어 가을에 결실하는 때이다. 만물생성萬物生成 변화원리變化原理를 통해 선후천先后天의 변화를 설명한다.

각설各說

1) 농부세서農夫洗鋤 세공성歲功成

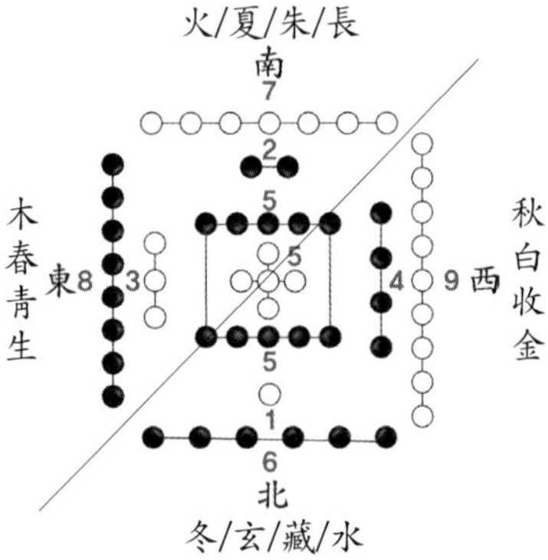

하도河圖

농부가 군자의 세계에서 호미를 씻으니 만물萬物의 생성원리生成原理가 완성完成됨을 말한다. 정역괘도正易卦圖와 금화교역金火交易의 후천지도后天之道를 일 년 농사에 비유하여 설명하고 있다. 호미는 선천농사先天農事에 해당하고, 가을에 수확하면 이것을 보관했다가 이듬해 봄에 다시 사용하게 됨을 말한다.

2) 화공각필畵工却筆 뇌풍생雷風生

①화공각필畵工却筆은 일부一夫께서 정역팔괘正易八卦를 획정함을 의미한다. 즉 화공畵工이 붓을 치워버린다는 것은 성현聖賢들이 하도河圖·낙서洛書를 통해 복희伏羲·문왕괘도文王卦圖를 그렸고, 이제 정역팔괘도正易八卦圖가 출현하였으니 붓이 필요없게 됨을 말한다. ②뇌풍생雷風生은 선천先天의 장남長男, 장녀長女로서 천지부모를 대신하여 선천先天의 생장生長을 주도主導한다는 말이다.

德符天皇하니 **不能名**이로다.
덕 부 천 황 불 능 명
喜好一曲瑞鳳鳴이로다.
희 호 일 곡 서 봉 명
瑞鳳鳴兮여 **律呂聲**이로다.
서 봉 명 혜 율 려 성

○ 德(덕 덕) 符(합할 부) 皇(임금 황) 不(아닐 불) 能(능할 능) 名(이름 명) 喜(기쁠 희) 好(좋을 호) 曲(굽을 곡) 瑞(상서 서) 鳳(봉새 봉) 鳴(울 명) 兮(어조사 혜) 律(법 율{률}) 呂(음률 려{여}) 聲(소리 성)

공덕功德이 천심天心과 황심皇心에 부합하니, 능히 이름을 짓지 못함이로다.

기쁘고 좋아서 한 곡조를 부르니, 서봉이 (화답하여) 우는구나.

상서로운 봉이 우는구나. 율려律呂의 소리로다.

개요槪要

덕부천황德符天皇은 합덕合德이 이루어진 도덕道德적 세계世界를 말한다.

각설各說

1) 덕부천황德符天皇 불능명不能名

덕부천황德符天皇은 도덕道德이 이루어진 합덕合德의 세계를 말하며, 기위己位가 천심天心과 황심皇心에 부합하니 무戊인지, 기己인지 능히 이름을 짓지 못한다는 의미이다. 후천后天의 십간十干은 기己로 시작하니, 수지상수手支象數로 기己의 엄지에 무戊가 돌아온다는 것이다. 그러므로 무戊인지, 기己인지 이름을 붙이기가 어렵다는 것이다.

2) 희호일곡서봉명喜好一曲瑞鳳鳴

한 곡조 서봉瑞鳳의 소리는 천도天道의 소리를 의미한다.

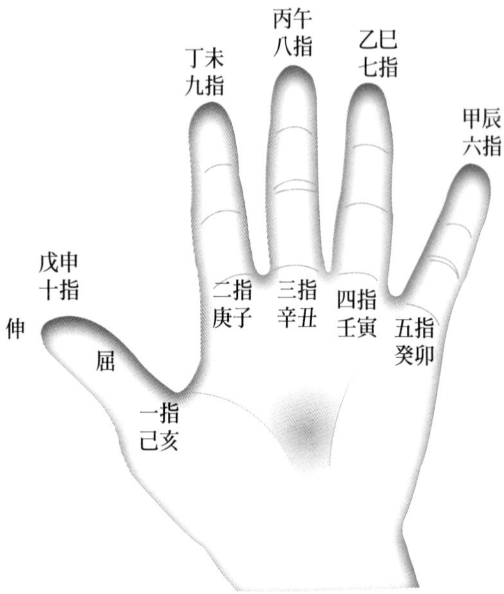

3) 서봉명혜瑞鳳鳴兮 율려성律呂聲

『서경書經』에 순舜임금이 음악을 반주하니 봉황鳳凰이 와서 춤을 추었다는 '봉황래의鳳凰來儀'의 고사故事를 인용引用하여 금화교역金火交易과 정역正易의 원리를 노래한 것이다. 상서로운 봉황의 소리요, 후천의 기상인 서봉瑞鳳이 운다는 것은 바로 율려律呂(시간적時間的 역수曆數리듬)의 소리이다.

○금화이송金火二頌

吾皇大道當天心하니
오 황 대 도 당 천 심
氣東北而固守하고 **理西南而交通**이라
기 동 북 이 고 수 이 서 남 이 교 통
庚金九而氣盈하고 **丁火七而數虛**로다.
경 금 구 이 기 영 정 화 칠 이 수 허

○ 吾(나 오) 皇(임금 황) 當(당할 당) 氣(기운 기) 固(굳을 고) 守(지킬 수) 理(다스릴 이(리)) 西(서녘 서) 南(남녘 남) 交(사귈 교) 通(통할 통) 庚(천간 경) 金(쇠 금) 盈(찰 영) 丁(천간 정) 虛(빌 허)

황극의 큰 진리가 하늘의 마음을 당하니(깨달으니),
기氣는 동북東北(삼팔三八·일육一六)에서 굳게 지키고,
이理는 서남西南(사칠四七·이구二九)에서 통하니라.
경금庚金은 9(하도적河圖的 표현)로되 기氣가 찼고(낙서洛書)
정화丁火는 7이로되 수數(하도河圖)가 비었다.

개요槪要

금화교역金火交易의 과정을 금화일송의 성인수도聖人垂道 금화명金火明의 의미를 통해 두 번째 가송歌頌하는 것이다. 즉 사구금四九金과 이칠화二七火를 두 번째 칭송한 것이다. 정역팔괘도正易八卦圖의 이천칠지二天七地에 대한 설명이다.

각설各說

1) 오황대도당천심吾皇大道當天心

정역팔괘도에서는 이천二天자리가 천심天心이요, 칠지七地자리가 지심

地心이다. 황심皇心에서 황중월皇中月이 생긴다. 천심天心은 낙서洛書의 오황극五皇極이나 후천后天에서는 황심皇心이 된다. 인간이 하늘의 마음을 깨닫게 되는 천인합일을 의미하기도 한다. 십일귀체시十一歸體時에서 "지십위천地十爲天 천오지天五地"라고 하여, 기십己十이 하늘 쪽이 되고, 하늘 쪽의 무오戊五는 땅이 되니 이것을 오황대도당천심吾皇大道當天心이라 한 것이다.

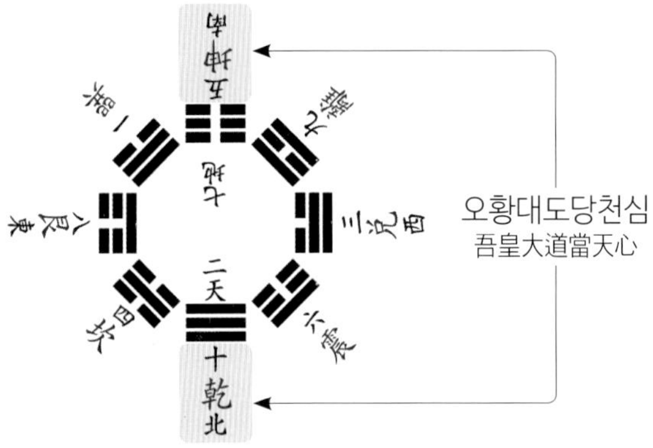

정역팔괘도

2) 기동북이고수氣東北而固守

기氣는 동북東北(삼팔일육三八一六)에서 천심天心을 맞을 준비로 굳게 지킨다. 즉 낙서洛書의 동북東北(삼팔일육三八一六)과 하도河圖의 동북東北(삼팔일육三八一六)이 변하지 않는다는 것이다.

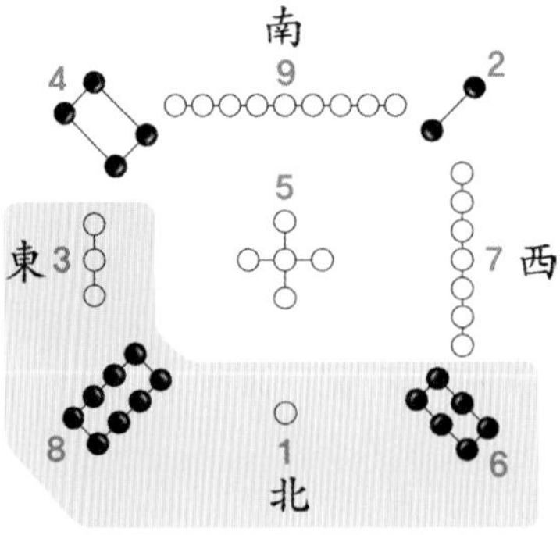

낙 서

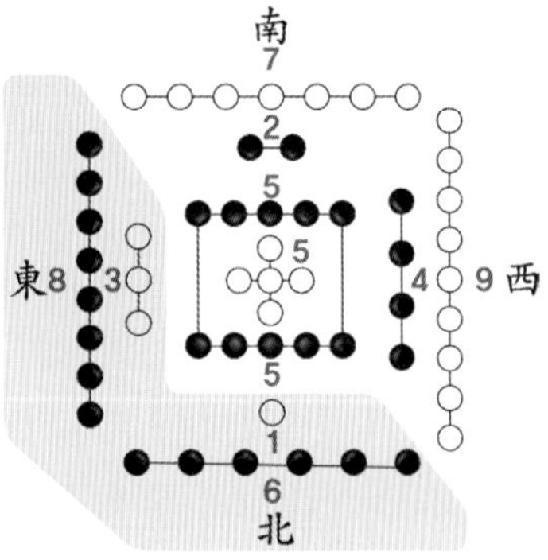

하 도

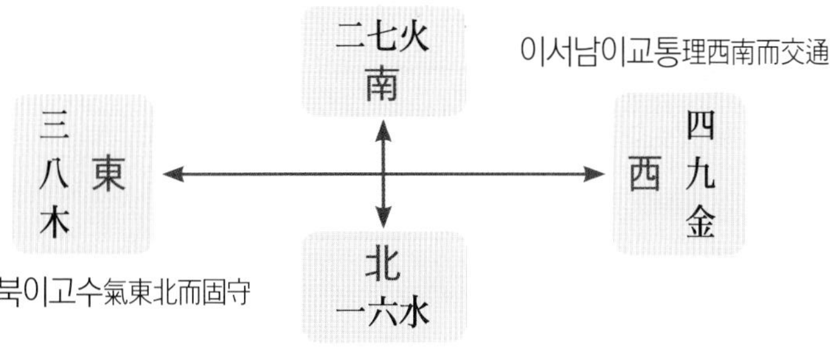

3) 이서남이교통理西南而交通

이理는 서남西南(사칠이구四七二九)에서 교통交通을 한다는 것은 금화金火가 교통됨을 말한다. 문왕팔괘도에서 사구금四九金과 이칠화二七火가 자리를 바꿔서 서로 통하게 되었다는 것이다. 왜냐하면 정역괘도正易卦圖의 동북東北은 진震·건乾·감坎·간艮(양陽, 남男)이요, 서남西南은 손巽·곤坤·이離·태兌(음陰, 여女)이므로 정음정양正陰正陽이 되어 서로 대면하게 되었기 때문이다.

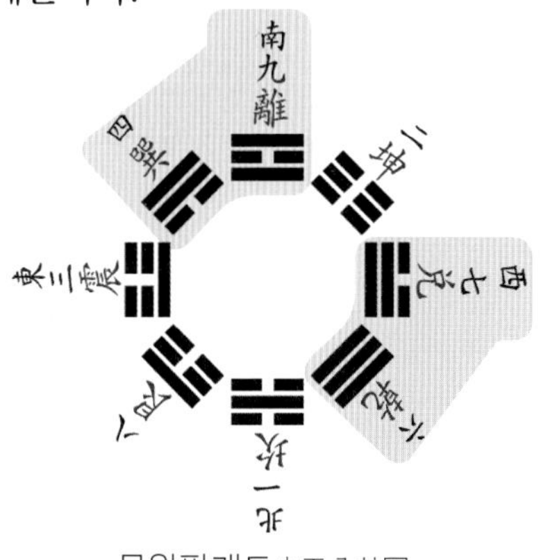

문왕팔괘도文王八卦圖

정역팔괘도正易八卦圖

4) 경금구이기영庚金九而氣盈

경금庚金은 사금四金이 구금九金(하도河圖的 표현)이 되어 기氣가 찼다는 것이다.(낙서洛書)

5) 정화칠이수허丁火七而數虛

정화丁火는 이화二火가 칠화七火가 되어 수數(하도河圖)가 비었다는 것이다.

천간天干과 오행五行

陰陽	陽	陰	陽	陰	陽	陰	陽	陰	陽	陰
天干	甲	乙	丙	丁	戊	己	庚	辛	壬	癸
	3	8	7	2	5	10	9	4	1	6
五行	木		火		土		金		水	

理金火之互位하야 **經天地之化權**이라
이금화지호위 경천지지화권
風雲動於數象하고 **歌樂章於武文**이라
풍운동어수상 가락장어무문

○ 理(다스릴 이{리}) 互(서로 호) 位(자리 위) 經(날 경) 化(될 화) 權(저울추 권) 風(바람 풍) 雲(구름 운) 動(움직일 동) 數(셀 수) 象(코끼리 상) 歌(노래 가) 樂(즐길 락{풍류 악, 좋아할 요}) 章(글 장) 武(굳셀 무) 文(글월 문)

금화金火가 자리를 같이 함을 다스려서 천지天地의 화권化權을 (용구용육用九用六을) 경영함이라. 구름과 바람은 수數와 상象에서 움직이고, 노래와 풍류는 무武와 문文에서 빛남이라.

개요概要

구이착종九二錯綜의 자리에서 금화金火가 서로 자리함을 말한다.

		火		金			火		金	
역생도성逆生倒成	一	二	三	四	五	六	七	八	九	十
		金		火			金		火	
도생역성倒生逆成	十	九	八	七	六	五	四	三	二	一

각설各說

1) 이금화지호위理金火之互位 경천지지화권經天地之化權

금화金火가 자리를 같이 함을 다스려서 천지天地의 변화하는 권능인 화권化權으로 ~~용구용육~~用九用六을 행한다.

2) 풍운동어수상風雲動於數象

풍운風雲은 하늘의 은택과 섭리인 구름(사감수四坎水)과 바람(일손풍一巽風)으로서 역도易道를 상징하는 수數와 상象를 움직인다는 것이다.

3) 가락장어무문歌樂章於武文

노래와 풍류는 무武와 문文에서 빛난다는 것이다. 이 때 ①무武는 육진뢰六震雷로 동動이요, ②문文은 구이화九離火로 밝음이다. 즉 성인聖人의 밝은 문채로 움직이니 즐거움이 흘러넘친다는 뜻으로 금화金火가 이루어짐을 설명하고 있다.

喜黃河之一淸하고 **好一夫之壯觀**이라 희 황 하 지 일 청 호 일 부 지 장 관	
風三山而一鶴하고 **化三碧而一觀**이라 풍 삼 산 이 일 학 화 삼 벽 이 일 관	
觀於此而大壯하니 **禮三千而義一**이라. 관 어 차 이 대 장 예 삼 천 이 의 일	

○ 喜(기쁠 희) 黃(누를 황) 河(강 이름 하) 淸(맑을 청) 好(좋을 호) 夫(지아비 부) 壯(씩씩할 장) 觀(볼 관) 風(바람 풍) 鶴(학 학) 化(될 화) 碧(푸를 벽) 此(이 차) 壯(씩씩할 장) 禮(예도 예{례}) 千(일천 천) 義(옳을 의)

기쁘다, 황하黃河의 맑음이여. 좋구나, 일부一夫의 장관壯觀(후천后天)일세.

삼산三山(천天·지地·인人)은 바람이 움직이는 하나의 학鶴이요, 삼벽三碧을 교화敎化하는 하나의 황새라. 관觀에서 대장大壯을 바라보니 예禮는 삼천三千인데 뜻은 하나(후천后天)라.

개요概要

금화궁金火宮이 뇌풍궁雷風宮에 있으니 일부一夫의 장관이라는 것이다.

각설各說

1) 희황하지일청喜黃河之一淸

희황喜黃은 지상地上의 변화, 오五·십토十土를 의미한다. 황하黃河가 천년에 한 번씩 맑아지면 성인聖人이 난다고 한다.

2) 호일부지장관好一夫之壯觀

호일好一은 항恒으로 일부一夫를 지칭하며, 장관壯觀은 후천后天을 의미한다.

3) 풍삼산이일학風三山而一鶴

삼산三山은 육진뢰六震雷가 팔간산八艮山으로 변하는 진변위간震變爲艮을 말한다. 이것은 문왕팔괘도文王八卦圖의 진동방震東方이 정역팔괘도正易八卦圖에서 간艮 동북東北으로 변한다는 것이다. 또한 삼산三山은 바람이 움직이는 하나의 학鶴(천도天道)이다.

진변위간震變爲艮과 손변위태巽變爲兌

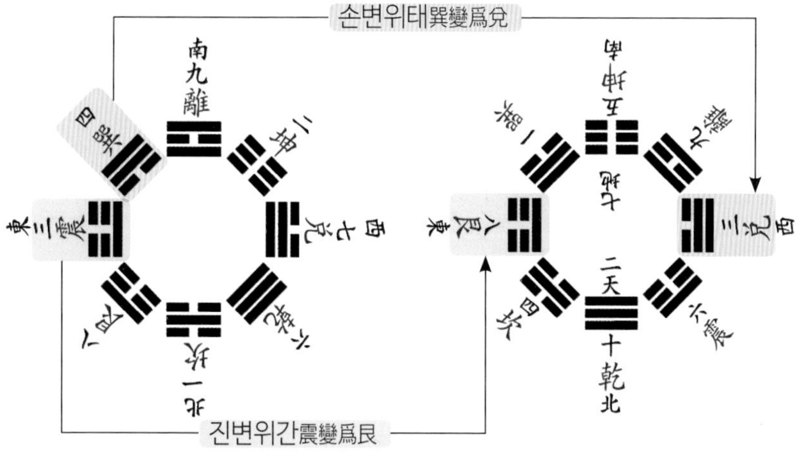

문왕팔괘도文王八卦圖 정역팔괘도正易八卦圖

4) 화삼벽이일관化三碧而一觀

삼벽三碧(삼태택三兌澤)을 교화敎化하는 황새이다. 삼벽三碧이 화化하는 일관一觀이라는 것은 정역괘正易卦로 일손一巽, 이천二天, 삼벽三碧을 화化하여 태兌로 나타나는 손변위태巽變爲兌의 학鶴이다.

5) 관어차이대장觀於此而大壯 예삼천이의일禮三千而義一

대장大壯을 바라보니 예禮는 삼천三千인데 뜻은 하나(후천后天)이다. 이것이 금화삼송金火三頌에서 말하는 서새산전백로비西塞山前白鷺飛가 되는 것이다. 관觀은 『주역周易』 풍지관괘風地觀卦(䷓)로서 '성인聖人이 신도神道로 가르침을 베풀어 천하 만민이 복종한다'라고 하였고, 대장大壯은 뇌천대장괘雷天大壯卦(䷡)로서 '성인聖人의 말씀은 크고 바른 것이니 바르고 크면 가히 천지天地의 뜻을 볼 수 있다.'라고 하였다.

26 講

五張-後

○금화삼송金火三頌

北窓淸風에 **暢和淵明无絃琴**하고
북 창 청 풍　창 화 연 명 무 현 금
東山第一三八峯에 **次第登臨**하야
동 산 제 일 삼 팔 봉　차 제 등 임
洞得吾孔夫子小魯意라
통 득 오 공 부 자 소 노 의

○ 北(북녘 북) 窓(창 창) 淸(맑을 청) 風(바람 풍) 暢(펼 창) 和(화할 화) 淵(못 연) 明(밝을 명) 无(없을 무) 絃(악기 줄 현) 琴(거문고 금) 東(동녘 동) 第(차례 제) 峯(봉우리 봉) 次(버금 차) 第(차례 제) 登(오를 등) 臨(임할 림{임}) 洞(동 통, 골 동) 得(얻을 득) 吾(나 오) 孔(구멍 공) 夫(스승 부) 小(작을 소) 魯(노나라 노)

북창北窓(일육一六)의 맑은 바람에 기쁜 마음으로 도연명의 줄 없는 거문고(율려律呂)에 화답和答하고, 동산제일삼팔봉東山第一三八峰에 차례로 올라가서 우리 공부자孔夫子의 노나라는 작다(선천先天) 하신 뜻을 알았구나.

개요槪要

금화삼송金火三松은 선천先天에서 대명후천大明后天을 노래한 것이다.

각설各說

1) 북창청풍北窓淸風 창화연명무현금暢和淵明无絃琴

도연명陶淵明의 가락에 맞추어 노래 부르고 화창한 봄날에 자연을 벗삼아 세월을 평화롭게 보낸다. 이것은 이상세계에서 행복하게 살아간다는 뜻이다. ①북창北窓은 정역팔괘正易八卦의 북건北乾을 말한다. ②무현금无

絃琴이란 율려律呂작용 원리로서 도연명陶淵明의 줄 없는 거문고와 북창청풍北窓淸風의 소리가 조화調和를 이룸을 말한다.

2) 동산제일삼팔봉東山第一三八峯 차제등임次第登臨

동산東山은 간태합덕艮兌合德을 말한다. ① 삼팔三八은 목木이며, 목木은 동방東方이다. 동방東方은 정역正易의 팔간산八艮山을 말한다. ②등임登臨은 삼팔봉三八峯인 팔간산八艮山에 올라 차례로 목적지에 임臨한다는 것이다. 즉 차례대로 도통한다는 뜻으로 보인다.

천간天干·지지地支와 오행五行

구분	木		火		土		金		水	
陰陽	陽	陰	陽	陰	陽	陰	陽	陰	陽	陰
天干	甲	乙	丙	丁	戊	己	庚	辛	壬	癸
	3	8	7	2	5	10	9	4	1	6
地支	寅	卯	巳	午	辰·戌	丑·未	申	酉	亥	子
방위	東		南		中央		西		北	

3) 통득오공부자소노의洞得吾孔夫子小魯意

공자孔子가 동산東山 삼팔봉三八峯에 올라 노魯나라가 작다고 하신 말씀을 통득洞得했다는 것이다. 즉 후천后天을 보니 선천先天이 작다는 것을 알았다는 것이다. 달리 말하면 천하가 하나로 통일되어 작아짐을 뜻한다. 소노小魯는 후천后天의 종말終末을 의미하며, 그 뜻은 오곤지五坤地를 말한다.

27講

脫巾掛石壁하고 **南望青松架短壑**하니
탈 건 괘 석 벽　　남 망 청 송 가 단 학
西塞山前白鷺飛라
서 새 산 전 백 로 비
懶搖白羽扇하고 **俯瞰赤壁江**하니
나 요 백 우 선　　부 감 적 벽 강

○ 脫(벗을 탈) 巾(수건 건) 掛(걸 괘) 石(돌 석) 壁(벽 벽) 南(남녘 남) 望(바랄 망) 青(푸를 청) 松(소나무 송) 架(시렁 가) 短(짧을 단) 壑(골 학) 西(서녘 서) 塞(변방 새) 山(뫼 산) 前(앞 전) 白(흰 백) 鷺(해오라기 로{노}) 飛(날 비) 懶(게으를 나) 搖(흔들릴 요) 羽(깃 우) 扇(부채 선) 俯(구푸릴 부) 瞰(볼 감) 赤(붉을 적) 江(강 강)

두건을 벗어 돌 벽(십건천十乾天)에 걸고, 남南쪽으로 푸른 솔이 짧은 골짜기(오곤지五坤地)에서 바라보니 서西쪽 변방산 앞으로 백로가 날아 드는구나.

게을리 흰 깃의 부채(괘卦)를 흔들고 적벽강(감괘坎卦)을 굽어보니

개요概要

고사古事와 시詩를 이용하여 정역팔괘도正易八卦圖를 설명하고 있다.

각설各說

1) 탈건괘석벽脫巾掛石壁

이태백의 '하일산중시夏日山中詩'를 인용하였다. 탈건괘석벽脫巾掛石壁은 십건천十乾天과 팔간산八艮山을 말한다. 두건을 벗어 돌 벽에 건다는 것은 십건천十乾天에 비유한 것이다. 즉 복희괘도伏羲卦圖의 건乾이 남쪽에 있다가 정역괘도正易卦圖에서 북쪽으로 정위定位함을 말한다.

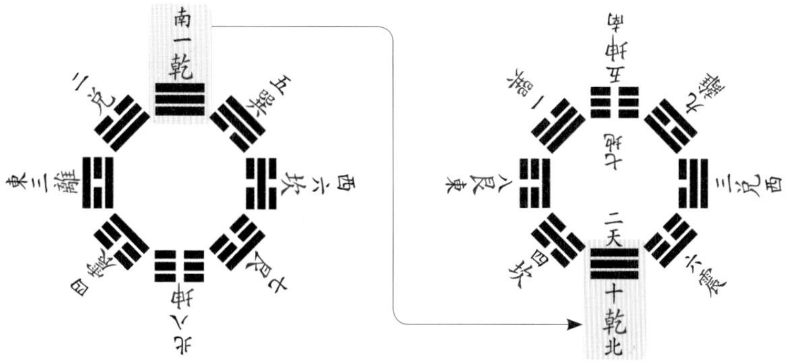

복희팔괘도伏羲八卦圖　　정역팔괘도正易八卦圖

2) 남망청송가단학南望靑松架短壑

당나라 시인詩人 두보杜甫의 시詩와 장지화張志和의 어부가漁夫歌 싯귀를 인용하였다. 남南쪽으로 푸른 솔이 짧은 구렁에서 바라보는 것은 정역팔괘正易八卦의 오곤지五坤地를 말한다. 정역괘도正易卦圖 중 일손一巽(남동쪽)이 팔간八艮(동쪽)과 오곤五坤(남쪽) 사이에 나란히 서로 연결되어 있음을 뜻한다. 이는 복희괘도伏羲卦圖의 북北쪽에 있던 곤괘坤卦가 정역괘도正易卦圖에서 남쪽으로 정위正位하였고, 동東쪽에 간艮은 남동南東쪽에 손巽으로 자리함을 시詩로서 노래한 것이다.

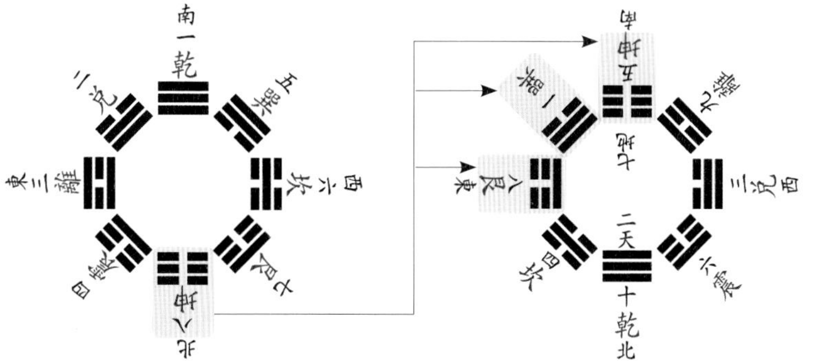

복희팔괘도伏羲八卦圖　　정역팔괘노正易八卦圖

3) 서색산전백로비西塞山前白鷺飛

장지화張志和의 어부가漁夫歌 시구詩句를 인용해서 곤삼절坤三絶의 형상

形象을 그려본 것이다. ①서색西塞은 태괘兌卦를 의미한다. 정역팔괘도正易八卦圖의 설위設位에 대한 설명이다. 문왕팔괘도文王八卦圖의 칠태七兌가 정역팔괘도正易八卦圖에서 삼태三兌로 숫자는 변하였으나 위치는 그대로(색塞) 있음을 말한다.

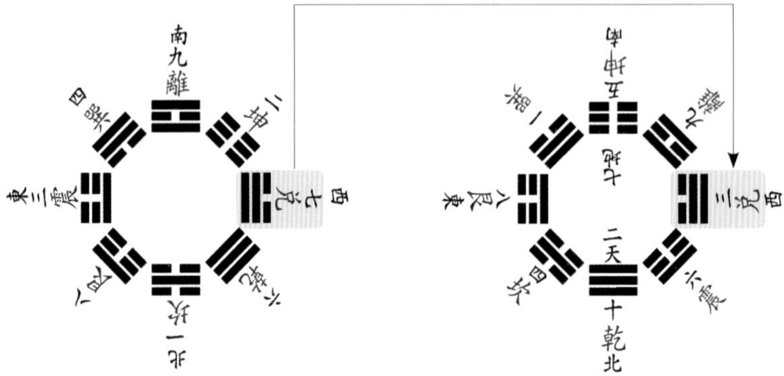

문왕팔괘도文王八卦圖　　정역팔괘도正易八卦圖

4) 나요백우선懶搖白羽扇

이태백李太白의 '하월산중'시를 빌려다가 설명하였다. 나요백우선懶搖白羽扇은 금화삼송金火三頌 중에서 진손괘震巽卦의 의미를 후천后天 정역괘正易卦로 노래하면서 ①나요懶搖는 진동하는 것으로 진震을 뜻하고, ②백우선白羽扇은 바람이라 손巽을 의미한다.

5) 부감적벽강俯瞰赤壁江

제갈공명諸葛孔明의 '진중고사陣中古事'를 비유하였다. 적벽강을 본다는 것은 정역팔괘도의 사감수四坎水를 적벽강赤壁江에 비유하고, 부감俯瞰은 구이화九離火를 말한다. ①감瞰은 이離의 상象이요,

②적벽강은 감坎(=물)의 상象으로서 정역팔괘도正易八卦圖에서는 일손一巽·육진六震과 구리九離·사감四坎이 서로 마주 대하고 있음을 말한다.

赤赤白白互互中에 **中有學仙侶**하야 **吹簫弄明月**을
적적백백호호중 중유학선려 취소농명월

○ 中(가운데 중) 有(있을 유) 學(배울 학) 仙(신선 선) 侶(짝 려{여}) 吹(불 취) 簫(퉁소 소) 弄(희롱할 농{롱}) 明(밝을 명)

붉고 붉고 희고 흰 것이 서로 섞인 가운데 신선을 배우는 무리가 있어 퉁소를 불며 밝은 달을 희롱하는구나.

개요概要

학學은 유학儒學을, 선仙은 선도仙道를, 여侶는 불도佛道를 의미하기도 한다. 그러므로 음악音樂의 시간예술時間藝術에 비유하여 유불도의 조화調和를 설명하고 있다.

각설各說

1) 적적백백호호중赤赤白白互互中 중유학선려中有學仙侶

붉고 붉은 것은 이칠화二七火요, 희고 흰 것은 사구금四九金으로 금화교역金火交易을 말한다. 금화金火가 서로 섞인 가운데 신선神仙을 배우는 무리가 있다는 선려仙侶는 유불선의 조화이며, 후천后天의 경지요, 유자儒者의 경지로 보인다.

이칠화二七火	적赤(주朱)/여름
사구금四九金	백白/가을

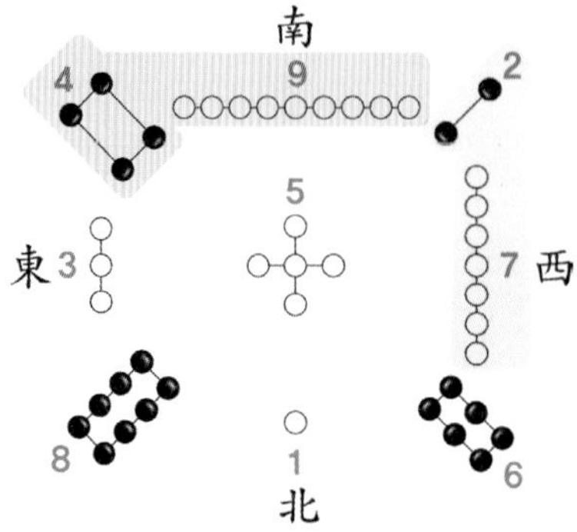

낙서

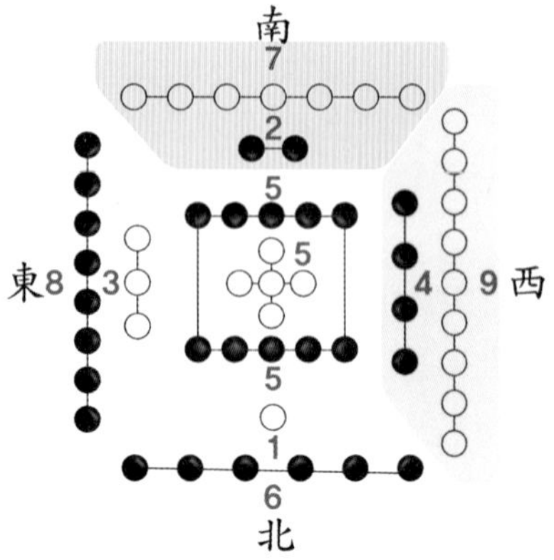

하도

2) 취소농명월吹簫弄明月

퉁소(육진뢰六震雷)를 부는 음악은 시간예술이다. 밝은 달인 명월明月은 천지역수天之曆數를 깨달은 경지, 후천后天의 경지를 말한다. 달리 말하면 깨우쳐 도道를 이룸을 뜻한다.

六張-前

○금화사송金火四頌

四九二七 金火門은 古人意思不到處라
사구이칠 금화문 고인의사부도처

我爲主人次第開하니 一六三八 左右分列하야
아위주인차제개 일육삼팔 좌우분렬

古今天地一大壯觀이오
고금천지일대장관

今古日月第一奇觀이라
고금일월제일기관

歌頌七月章一篇고 景慕周公聖德하니
가송칠월장일편 경모주공성덕

於好夫子之不言이 是今日을
어호부자지불언 시금일

○ 意(뜻 의) 思(생각할 사) 到(이를 도) 處(살 처) 我(나 아) 爲(할 위) 主(주인 주) 次(버금 차) 第(차례 제) 開(열 개) 左(왼 좌) 右(오른쪽 우) 分(나눌 분) 列(줄 렬(열)) 古(옛 고) 今(이제 금) 壯(씩씩할 장) 觀(볼 관) 今(이제 금) 奇(기이할 기) 觀(볼 관) 歌(노래 가) 頌(기릴 송) 章(글 장) 篇(책 편) 景(볕 경) 慕(그리워할 모) 周(두루 주) 公(경칭 공) 聖(성스러울 성) 德(덕 덕)

사구四九·이칠二七의 금화문金火門은 옛 사람의 생각이 이르지 못한 곳일세, 내가 주인이 되어 차례를 열어 놓았으니, 일육一六(북北)과 삼팔三八(동東)이 좌우左右로 나뉘어 벌어져서 고금古今 천지天地에 하나의 장관壯觀이다. 고금今古(선후천后先天) 일월日月에 제일第一 기이한 구경이구나. 빈풍 칠월장 한 편을 노래하여 주공周公의 성덕聖德을 사모하니, 오호 공부자께서 말씀을 안 하신 것이 바로 오늘날이로구나.

개요概要

정역괘도正易卦圖의 금화교역金火交易에 대한 설명이다.

각설各說

1) 사구이칠四九二七 금화문金火門

금화문金火門이란 서방西方의 사구금四九金이 남방南方으로 금화金火가 교역交易하는 문門이다. 이것은 하도河圖·낙서洛書 변화變化의 관문이요, 선후천변화先后天變化의 관문이다. 수지상수手指象數로는 사四⇨칠七, 구九⇨이二(착종錯綜)로 자리가 바뀜을 말한다. 이칠二七은 무명지 화火를 말한다. 금화교역金火交易을 수지상수手支象數로 보면 같은 자리에서 위치位置가 바뀜을 말한다. 즉 선천先天 4·9가 후천后天 2·7로 바뀜을 말한다.

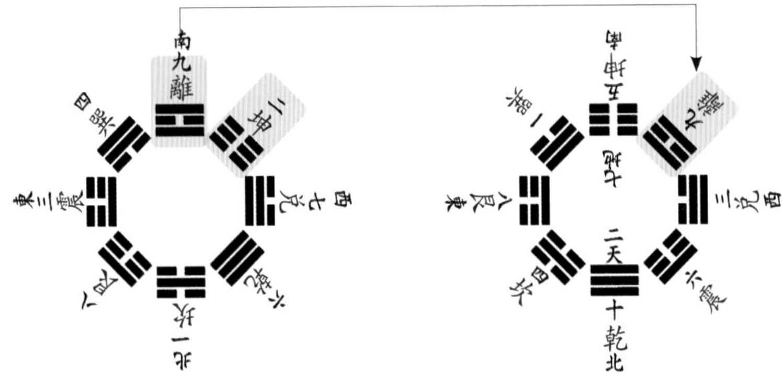

문왕팔괘도文王八卦圖　　정역팔괘도正易八卦圖

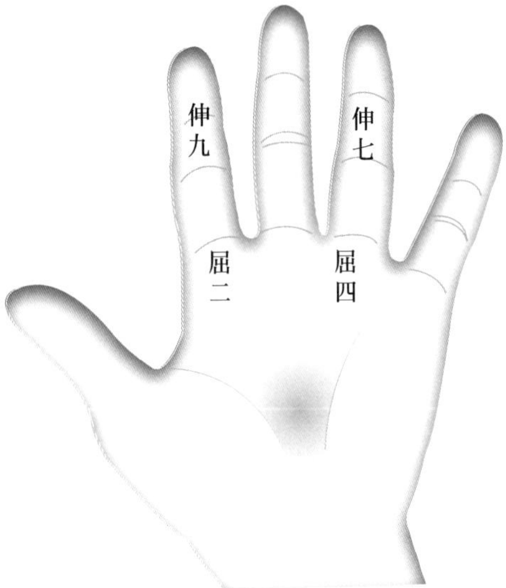

2) 고인의사부도처古人意思不到處

고인古人은 공맹孔孟 이후의 유학자들을 말하며, 그들은 금화문金火門에 대해서 생각이 미치지 못했다는 것이다.

3) 아위주인차제개我爲主人次第開

아我는 일부一夫가 천지天地를 주체主體한다는 말이다. 내가 그 문 주인이 되어 차례대로 열어 놓았다는 것이다.

4) 일육삼팔一六三八 좌우분렬左右分列

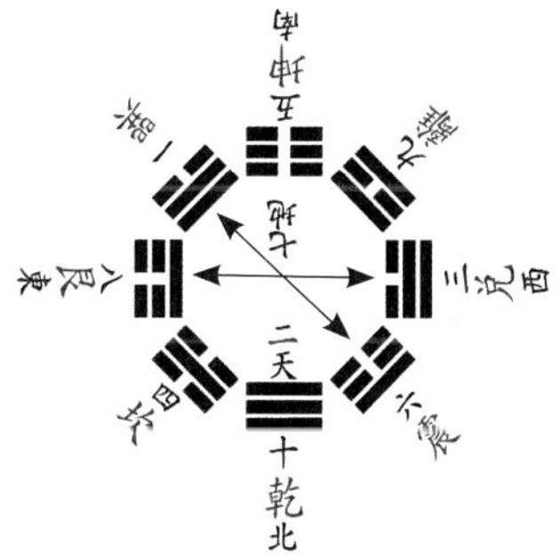

건곤乾坤을 중심으로 일손풍一巽風과 육진뢰六震雷는 북北쪽에, 삼태택三兌澤과 팔간산八艮山이 좌우左右로 나뉘어진다는 것이다.

5) 고금천지일대장관古今天地一大壯觀 고금일월제일기관今古日月第一奇觀

고금今古이란 선후천后先天 변화로 기이한 구경이다. 건곤乾坤이 중립中立하고 4·9와 2·7의 금화문金火門이 뇌천대장괘雷天大壯卦(䷡)와 풍지관괘風地觀卦(䷓)를 이루어 산택통기山澤通氣하고 동서합덕東西合德하여 천하天下가 상생相生의 도道로 성립成立됨이 먼 옛날부터 지금까지 없었던 일대장관一代壯觀이요, 먼 훗날까지 이어지는 기이한 모습이다.

6) 가송칠월장일편歌頌七月章一篇

가송歌頌은 성인聖人을 칭송, 노래하는 것이고, 칠월장七月章을 노래하는 것이다. 칠월장七月章은 『시경詩經』의 「빈풍장」에 있는 글로서 주공周

公이 성덕聖德을 노래한 것이나 이에는 7월의 뜻이 따르고 있다. 달리 말하면 농사짓는 환경이 7월부터 시작한다는 말이다.

①『주역周易』 지택임괘地澤臨卦(䷒)에 '지우팔월유흉至于八月有凶'은 실제 7월을 의미한다. ②정역正易의 관점觀點으로 보면 임臨은 지벽어축地闢於丑에 해당되며 두 호씩을 묶으면 육진뢰六震雷의 제출호진帝出乎震하는 이치理致가 있다. 이는 어머니가 아버지의 기운을 받아 수태한 후에 품성品性을 갖추어 만물萬物이 나오는 이치理致이다.

7) 경모주공성덕景慕周公聖德 어호부자지불언於好夫子之不言 시금일是今日

주공周公이 성인聖人의 성덕聖德을 크게 사모하니, 공자孔子께서 후천后天 십무극十无極과 7월의 뜻을 아시고도 말씀하지 않으셨던 것이다. 오늘날 와서 일부一夫가 정역正易에서 그 원리原理를 밝혔다는 것이다.

○금화오송金火五頌

嗚呼라 **金火互易**은 **不易正易**이니
오호 금화호역 불역정역
晦朔弦望 進退屈伸 律呂度數造化功用이 **立**이라
회삭현망 진퇴굴신 율려도수조화공용 입
聖人所不言이시니 **豈一夫敢言**이리오마는
성인소불언 기일부감언
時요 **命**이시니라.
시 명

○ 嗚(탄식 소리 오) 呼(부를 호) 金(쇠 금) 火(불 화) 互(서로 호) 易(바꿀 역) 正(바를 정) 晦(그믐 회) 朔(초하루 삭) 弦(반달 현) 望(바랄 망) 進(나아갈 진) 退(물러날 퇴) 屈(굽을 굴) 伸(펼 신) 律(법 율{률}) 呂(음률 려{여}) 度(법도 도) 數(셀 수) 造(지을 조) 化(될 화) 功(공 공) 用(쓸 용) 立(설 입{립}) 聖(성스러울 성) 所(바 소) 不(아닐 불) 言(말씀 언) 豈(어찌 기) 夫(스승 부) 敢(감히 감) 命(명 명)

아, 금金과 화火가 서로 바뀌는 것은 변하지 않는 정역正易이니, 회삭현망하고 진퇴굴신하여 율려도수律呂度數와 조화공용調和功用이 서는구나. 성인聖人께서 말씀을 하지 않으신 바이니 어찌 일부一夫가 감히 말하리요마는 때가 왔고 명命이시니라.

개요概要

금화金火호역과 달 정사에 관한 설명이다.

각설各說

1) 금화호역金火互易 불역정역不易正易

천인합덕天人合德位(구九, 육六)이다. 그 금화교역金火交易의 변역變易 원리가 바로 불역不易의 정역正易임을 밝히고 있다.

2) 회삭현망晦朔弦望 진퇴굴신進退屈伸

①회晦는 그믐이요, ②삭朔은 초하루이다. ③현弦은 초팔일과 23일이

요, ④망望은 보름을 말한다. 그러므로 회삭현망晦朔弦望은 일월日月의 자연운행自然運行에 의하여 변동하는 현상이요, ①진퇴進退는 지구地球의 공전公轉에 따라 회귀선回歸線이 남북南北으로 왕래往來하는 것을 말하고, ②굴신屈伸은 지구地球의 자전으로 동서東西로 회전함을 말한다. 즉 『정역正易』에서는 진퇴굴신進退屈伸은 지구의 공전자전公轉自轉과 일월日月의 인력引力에 따라 일어나는 조류潮流 현상을 말한다.

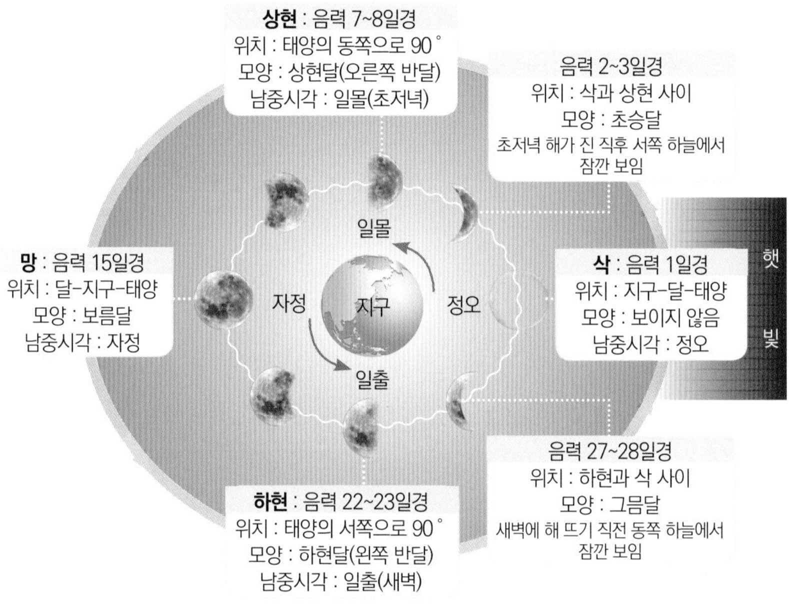

3) 율려도수조화공용律呂度數造化功用 입立

율려도수律呂度數란 천지역수天之曆數를 달의 생성작용도수生成作用度數로 조화調和 성립成立한다는 것이다. ①정령政令은 하도적河圖的 작용인데, ②율려도수律呂度數는 낙서洛書的 작용이다. 율려律呂는 양율음려陽律陰呂로 되어 있다. 1년 12개월個月 중에서 ㉠율월律月은 1, 3, 5, 7, 9, 11월이고, ㉡려월呂月은 2, 4, 6, 8, 10, 12월이다. 천지운행天地運行의 자연율동自然律動에 이르기까지 율려律呂가 아닌 것이 없다. 정역正易의 이론전개理論展開도 율려律呂가 중추中樞를 이루고 있다.

4) 성인소불언聖人所不言 기일부감언豈一夫敢言 시명時命

공자孔子께서 말씀을 안하셨으나 이제 천시天時가 되고 천명天命이 계시니 천지일월天地日月이 율려도수律呂度數로 조화調和를 이루어 이제 정역正易 후천后天의 시대가 오게 됨을 감히 세상에 알린다는 의미이다.

30講

六張-後

嗚呼라 **日月之德**이여 **天地之分**이니
오호 일월지덕 천지지분

分을 **積十五**하면 **刻**이오 **刻**을 **積八**하면 **時**요
분 적십오 각 각 적팔 시

時를 **積十二**하면 **日**이오 **日**을 **積三十**하면 **月**이오
시 적십이 일 일 적삼십 월

月을 **積十二**하면 **朞**니라.
월 적십이 기

○ 嗚(탄식 소리 오) 呼(부를 호) 德(덕 덕) 積(쌓을 적) 刻(새길 각) 積(쌓을 적) 時(때 시) 朞(돌 기)

아아, 해와 달의 덕德이여. 하늘과 땅이 나누어진 것이니, 분分을 십오十五로 쌓으면 각刻이 되고, 각刻을 팔八로 쌓으면 시時가 되고 시時를 십이十二로 쌓으면 일日이 되고, 일日이 삼십三十으로 쌓이면 월月이 되고, 월月을 십이十二로 쌓으면 기朞가 된다.

개요概要

일월日月之道의 시간운행원리에 대한 설명이다.

각설各說

1) 오호嗚呼 일월지덕日月之德

일월日月은 시간운행時間運行으로서 시간적時間的, 공간적空間的 원리原理와 작용作用이 공존共存한다. 즉 천지天地가 합덕合德한 것을 일월日月이라고 한다.

2) 천지지분天地之分

일월日月의 덕德인 천지天地가 나누어져서 생생生生하는 현상이다. 이것은 시간적時間的개념으로 의식세계意識世界요, 무형원리無形原理로 절대

적絶對的 세계, 형이상학적形而上學的 세계를 말한다. 분分은 시생始生을 말하며, 종시終始원리이다.

3) 분分 적십오각積十五刻

십오十五는 하도河圖·낙서洛書의 기본수基本數이다. 십오분十五分이 쌓여서 각刻이 된다.

4) 각刻 적팔시積八時

각刻이 여덟번 쌓이면 시時를 이룬다.

5) 시時 적십이일積十二日

십이十二시간이 쌓이면 일일一日이 된다. 12지지地支와 연관성을 가진다.

6) 일日 적삼십월積三十月

일日이 30일 쌓이면 월月을 이룬다.

7) 월月 적십이기積十二朞

월月이 12번 쌓이면 일년一年을 이룬다.

1刻	15분
1時	각팔刻八
1日	12시간
1月	30일
1年	12달

朞는 **生月**하고 **月**은 **生日**하고 **日**은 **生時**하고 **時**는 **生刻**하고
기 생월 월 생일 일 생시 시 생각
刻은 **生分**하고 **分**은 **生空**하니 **空**은 **无位**시니라
각 생분 분 생공 공 무위

○ 朞(돌 기) 刻(새길 각) 時(때 시) 空(빌 공) 无(없을 무)

기朞는 월月에서 나고, 월月은 시時에서 나고, 시時는 각刻에서 나고, 각刻은 분分에서 나고, 분分은 공空에서 나고, 공空은 자리가 없느니라.

개요概要

일 년 기수朞數의 생성生成 원리와 무위无位에 대한 설명이다.

각설各說

1) 기朞 생월生月, 월月 생일生日, 일日 생시生時, 시時 생각生刻,

각刻 생분生分, 분分 생공生空, 공空 무위无位.

시朞가 생월生月하면 십이월十二月이 되고, 월月이 생일生日하면 삼십일三十日이 되고, 일日이 생시生時하면 십이시十二時가 되고, 시時가 생각生刻하면 팔각八刻이 되고, 각刻이 생분生分하면 십오분十五分이 되고, 분分이 생공生空하니, 공空은 자리가 없다. 이때 공空은 현상차원現狀次元이요 변화變化의 기본基本이다.

帝堯之朞는 **三百有六旬有六日**이니라. 제 요 지 기　　삼 백 유 육 순 유 육 일 **帝舜之朞**는 **三百六十五度四分度之一**이니라. 제 순 지 기　　삼 백 육 십 오 도 사 분 도 지 일

○ 帝(임금 제) 堯(요임금 요) 朞(돌 기) 舜(순임금 순) 分(나눌 분) 度(도수 도)

제요帝堯의 기朞는 366일日이고, 제순帝瞬의 기朞는 365도度 사四분의 일一이다.

개요槪要

요순지기帝堯之朞를 설명하고 있다.

각설各說

1)제요지기帝堯之朞 삼백유육순유육일三百有六旬有六日

제요帝堯의 기朞는 366일이고, 『서경書經』「요전堯傳」편篇에서 보인다.

2)제순지기帝舜之朞 삼백육십오도사분도지일三百六十五度四分度之一

제순지기帝舜之朞 삼백육십오도사분도지일三百六十五度四分度之一과 제요지기帝堯之朞 삼백유육순유육일三百有六旬有六日이라고 하여 두 문장을 분리하여 설명한 것은 낙서洛書의 분체원리分體原理에 기인하기 때문이다. 사四분의 일一은 동양東洋의 시간으로 3시간(양력으로는 6시간)이다. 요순지기堯舜之朞를 사력변화원리四曆變化原理와 결부結付하면 다음과 같다.

사력변화四曆變化와 기수변화朞數變化

易名稱	원력原曆 375度	윤력閏曆 366도度	윤력閏曆 365¼度	정력正曆 360도
기朞의 명칭名稱	일부지기 一夫之朞	제요지기 帝堯之朞	제순지기 帝舜之朞	공자지기 孔子之朞
윤도수 閏度數	15도度=180 시時(99+81)	6도度(72시時) (81시時에서 9시간 귀공歸空)	5¼도=63시時 (72시時에서 9시간 귀공歸空)	15도度 전체全體 귀공歸空

31 講

七張-前

一夫之朞는 三百七十五度니 十五를 尊空하면
일부지기 삼백칠십오도 십오 존공
正吾夫子之朞 當朞三百六十日이니라.
정오부자지기 당기삼백육십일

○ 夫(스승 부) 朞(돌 기) 尊(높을 존) 空(빌 공) 當(당할 당)

일부一夫의 기朞는 삼백칠십오도三百七十五度니 십오十五를 존공하면 우리 공부자孔夫子의 기朞 삼백육십일三百六十日에 당함이니라.

개요概要

십오존공원리十五尊空原理에 의해 일부지기一夫之朞와 공자지기孔子之朞가 같아짐을 설명하고 있다.

각설各說

1) 일부지기一夫之朞 삼백칠십오도三百七十五度, 십오존공十五尊空

일부지기一夫之朞는 삼백칠십오도三百七十五度이니 (사상분체도수四象分體度數 159 + 일원추연수 216) 삼백칠십오도三百七十五度에서 하도낙서의 중심수이며, 인격성人格性과 생명정신生命情神을 표상하는 십오十五를 존공尊空하면 일부지기一夫之朞와 공자지기孔子之朞가 십오존공원리十五尊空原理에 의해 같아짐을 말하는 것이다.

일원추연수 一元推衍數 216	4×9=36×6爻=216 ➡ 건책수乾策數	일부지기一夫之朞 375 ⬇ 십오존공十五尊空 ⬇ 공자지기孔子之朞 360
사상분체도수 四象分體度數 159	무극체위도수无極體位度數 61 황극체위도수皇極體位度數 32 일극체위도수日極體位度數 36 월극체위도수月極體位度數 30	

2) 정오부자지기正吾夫子之朞 당기삼백육십일當朞三百六十日

정正은 정역正易의 의미로 "우리 공부자孔夫子의 기朞가 삼백육십三百六十일에 당한 바로 그것이다"라고 하여 일부지기一夫之朞와 공자지기孔子之朞가 사력변화원리四曆變化原理와 십오존공十五尊空으로 같아짐을 말하는 것이다.

역명칭 易名稱	원력原曆 375度	윤력閏曆 366도度	윤력閏曆 365¼度	정력正曆 360도
기朞의 명칭名稱	일부지기 一夫之朞	제요지기 帝堯之朞	제순지기 帝舜之朞	공자지기 孔子之朞

일부지기一夫之朞는 삼백칠십오도三百七十五度이다. 십오건곤수十五乾坤數인 무십기토戊十己土를 존공尊空하면 바로 공자지기孔子之朞인 삼백육십일三百六十日이다. 소강절邵康節이 제시한 원회운세元會運世의 기수朞數도 삼백육십三百六十을 기본으로 한 것이다.

일원一元	129,600년	360년	십이회十二會
일회一會	10,800년	129,600월	삼십운三十運
일운一運	360년	129,600일	십이세十二世
일세一世	30년	129,600시	

기삼백육십朞三百六十은 극대極大에서 극미極微에 이르는 모든 순환체循環體의 순환도수循環度數를 말한다. 지구地球의 자전自轉을 예例로 들면 지구地球는 옛날 시간으로 12시간에 한번 자전自轉하므로 그 자전自轉의 도수度數가 12라고 생각하기 쉬우나 지구地球의 자전도수自轉度數는 삼백육십三百六十이며, 십이시十二時는 삼백육십도三百六十度를 십이등분十二等分한 시간 단위인 것이다. 그러므로 순환주기循環週期가 순환도수循環度數와 일치一致하는 순환체循環體는 우주宇宙에서 오직 지구地球의 일일지기一日之朞뿐이다. 그러므로 지구地球의 공전주기公轉週期와 달의 주

기週期 및 모든 순환체循環體의 주기週期를 측도測度하는 척도尺度는 일일지기一日之朞 삼백육십三百六十(십이시간十二時間)을 기본으로 하는 것이다.

五度而月魂生申하니 **初三日**이오
오도이월혼생신 초삼일
月弦上亥하니 **初八日**이오
월현상해 초팔일
月魄成午하니 **十五日**이 **望**이니 **先天**이니라.
월백성오 십오일 망 선천

○ 度(법도 도) 魂(넋 혼) 弦(반달 현) 亥(지지 해) 望(바랄 망)

오도五度(무진戊辰→임신壬申)에 월혼(작용作用)이 신申에서 나니 초3일이고, 달이 해에서 상현上弦이 되니 초팔일初八日이요, 월혼月魄이 오午(임오壬午)에서 이르니 십오일十五日이 보름이니 이것이 선천先天이니라.

개요概要

선천先天 월정사月政事에 대한 설명이다. 달의 몸체가 보름인 임오壬午에서 전체가 빛난다(선천의 보름달).

각설各說

1) 오도이월혼생신五度而月魂生申 초삼일初三日

오도五度는 달빛이 경진庚辰, 무진戊辰, 기사己巳, 경오庚午, 신미辛未까지 오일五日간 나타나지 않다가 인신壬申에 가서 월혼月魂(작용作用)이 나타난다는 것이다. 다시 말하면 28일 경진庚辰의 달이 굴屈하여 오도五度를 가면 〈1(진辰), 2(사巳), 3(오午), 4(미未), 5(신申)〉 신申에 당하니 이날이 초삼일(경오庚午)이다. 이것을 월혼月魂이 신申에서 생生한다고 하는 것이다.

후보름															선보름														
1	2	3	4	5	6	7	8	9	10	11	12	13	14	15	16	17	18	19	20	21	22	23	23	25	26	27	28	29	30
癸未	甲申	乙酉	丙戌	丁亥	戊子	己丑	庚寅	辛卯	壬辰	癸巳	甲午	乙未	丙申	丁酉	戊戌	己亥	庚子	辛丑	壬寅	癸卯	甲辰	乙巳	丙午	丁未	戊申	己酉	庚戌	辛亥	壬子
癸丑	甲寅	乙卯	丙辰	丁巳	戊午	己未	庚申	辛酉	壬戌	癸亥	甲子	乙丑	丙寅	丁卯	戊辰	己巳	庚午	辛未	壬申	癸酉	甲戌	乙亥	丙子	丁丑	戊寅	己卯	庚辰	辛巳	壬午
16	17	18	19	20	21	22	23	23	25	26	27	28	29	30	1	2	3	4	5	6	7	8	9	10	11	12	13	14	15
后天朔															先天朔	⇨	⇨	⇨	월혼생								屈		先天望

2) 월현상해月弦上亥 초팔일初八日

월月 현상(보름되기 전의 반달: 상현上弦달)은 선천先天 무진戊辰(초하루)에서 계산하면 팔일八日째 되는 초팔일初八日이 을해乙亥이다.

3) 월백성오月魄成午 십오일망十五日望 선천先天

달의 형태가 무진戊辰 초하루에서 기사己巳, 경오庚午, 신미辛未, 임신壬申, 계유癸酉, 갑술甲戌, 을해乙亥, 병자丙子, 정축丁丑, 무인戊寅, 기묘己卯, 경진庚辰, 신사辛巳, 임오壬午에 가서 십오일十五日에 보름달이 되니 선천先天 보름달이 된다는 것이다. 한 달을 기준으로 선보름은 선천先天이요, 후보름은 후천后天이다.

후보름															선보름														
1	2	3	4	5	6	7	8	9	10	11	12	13	14	15	16	17	18	19	20	21	22	23	23	25	26	27	28	29	30
癸未	甲申	乙酉	丙戌	丁亥	戊子	己丑	庚寅	辛卯	壬辰	癸巳	甲午	乙未	丙申	丁酉	戊戌	己亥	庚子	辛丑	壬寅	癸卯	甲辰	乙巳	丙午	丁未	戊申	己酉	庚戌	辛亥	壬子
癸丑	甲寅	乙卯	丙辰	丁巳	戊午	己未	庚申	辛酉	壬戌	癸亥	甲子	乙丑	丙寅	丁卯	戊辰	己巳	庚午	辛未	壬申	癸酉	甲戌	乙亥	丙子	丁丑	戊寅	己卯	庚辰	辛巳	壬午
16	17	18	19	20	21	22	23	23	25	26	27	28	29	30	1	2	3	4	5	6	7	8	9	10	11	12	13	14	15
后天朔															先天朔														先天望

32講

月分于戌하니 **十六日**이오 **月弦下巳**하니 **二十三日**이오
월분우술 십육일 월현하사 이십삼일
月窟于辰하니 **二十八日**이오 **月復于子**하니 **三十日**이 **晦**니
월굴우진 이십팔일 월복우자 삼십일 회
后天이니라.
후천

○ 戌(개 술) 月(달 월) 弦(반달 현) 巳(지지 사) 窟(굴 굴) 于(어조사 우) 辰(지지 진) 復(돌아올 복) 晦(그믐 회)

달이 술戌(무술戊戌, 후보름 시작)에서 나뉘니 16일日이요, 달이 사巳(을사乙巳)에서 하현下弦이 되니 23일이요, 달이 경진庚辰에서 굴窟이 되니 28일이요, 달이 임자壬子에서 회복하여 30일이 그믐(회晦)이니 이것이 후천后天이다.

개요槪要

후천后天 월정사月政事에 대한 설명이다. 후천 달이 계미癸未 초하루부터 16일이 무술戊戌이 되고, 30일이면 임자壬子가 되어 그믐(회晦)이 된다. 즉 임자壬子 30일日의 후천책력원리后天策曆原理를 말한다.

각설各說

1) 월분우술月分于戌 십육일十六日

한 달이 나뉘어 무술戊戌에서 후보름이 시작하니 16일日이다. 후천后天에는 초하루 계미癸未에서 시작하여 16일이 무술戊戌이 된다. 그러므로 술戌에서 나누어진다는 것이다.

후보름															선보름														
1	2	3	4	5	6	7	8	9	10	11	12	13	14	15	16	17	18	19	20	21	22	23	23	25	26	27	28	29	30
癸未	甲申	乙酉	丙戌	丁亥	戊子	己丑	庚寅	辛卯	壬辰	癸巳	甲午	乙未	丙申	丁酉	戊戌	己亥	庚子	辛丑	壬寅	癸卯	甲辰	乙巳	丙午	丁未	戊申	己酉	庚戌	辛亥	壬子
															月分							下弦							望月

2) 월현하사月弦下巳 이십삼일二十三日

달이 을사乙巳에서 하현下弦이 되니 23일이다. 후천后天에는 초하루 계미癸未에서 23일이면 을사乙巳가 하현下弦이 된다. 을사乙巳란 후천后天의 계미癸未·계축癸丑이며, 초하루에서 23일에 당當하는 날이다.

후보름(후천)															선보름(선천)														
1	2	3	4	5	6	7	8	9	10	11	12	13	14	15	16	17	18	19	20	21	22	23	23	25	26	27	28	29	30
癸未	甲申	乙酉	丙戌	丁亥	戊子	己丑	庚寅	辛卯	壬辰	癸巳	甲午	乙未	丙申	丁酉	戊戌	己亥	庚子	辛丑	壬寅	癸卯	甲辰	乙巳	丙午	丁未	戊申	己酉	庚戌	辛亥	壬子
							上弦								月分							下弦							望○

3) 월굴우진月窟于辰 이십팔일二十八日

후천역后天曆은 계미癸未, 계축癸丑에서 초하루가 되니, 계축癸丑에서 경진庚辰까지 28일이면 달이 경진庚辰에서 굴屈이 된다는 것이다.

후보름(후천)															선보름(선천)														
1	2	3	4	5	6	7	8	9	10	11	12	13	14	15	16	17	18	19	20	21	22	23	23	25	26	27	28	29	30
癸未	甲申	乙酉	丙戌	丁亥	戊子	己丑	庚寅	辛卯	壬辰	癸巳	甲午	乙未	丙申	丁酉	戊戌	己亥	庚子	辛丑	壬寅	癸卯	甲辰	乙巳	丙午	丁未	戊申	己酉	庚戌	辛亥	壬子
癸丑	甲寅	乙卯	丙辰	丁巳	戊午	己未	庚申	辛酉	壬戌	癸亥	甲子	乙丑	丙寅	丁卯	戊辰	己巳	庚午	辛未	壬申	癸酉	甲戌	乙亥	丙子	丁丑	戊寅	己卯	庚辰	辛巳	壬午
后天朔															先天朔				월혼生								⬇屈		先天望
16	17	18	19	20	21	22	23	23	25	26	27	28	29	30	1	2	3	4	5	6	7	8	9	10	11	12	13	14	15

5일

4) 월복우자月復于子 삼십일회三十日晦 후천后天

자子에서 복復한다는 것은 후천后天의 계미癸未, 계축癸丑에서 초하루가 되어 삼십일三十日에 가면 임오壬午·임자壬子에서 복復한다는 것이다. 즉 달이 임자壬子에서 회복하여 30일이 그믐(회晦)이니 이것이 후천后天이다.

후보름															선보름														
1	2	3	4	5	6	7	8	9	10	11	12	13	14	15	16	17	18	19	20	21	22	23	23	25	26	27	28	29	30
癸未	甲申	乙酉	丙戌	丁亥	戊子	己丑	庚寅	辛卯	壬辰	癸巳	甲午	乙未	丙申	丁酉	戊戌	己亥	庚子	辛丑	壬寅	癸卯	甲辰	乙巳	丙午	丁未	戊申	己酉	庚戌	辛亥	壬子
癸丑	甲寅	乙卯	丙辰	丁巳	戊午	己未	庚申	辛酉	壬戌	癸亥	甲子	乙丑	丙寅	丁卯	戊辰	己巳	庚午	辛未	壬申	癸酉	甲戌	乙亥	丙子	丁丑	戊寅	己卯	庚辰	辛巳	壬午
16	17	18	19	20	21	22	23	23	25	26	27	28	29	30	1	2	3	4	5	6	7	8	9	10	11	12	13	14	15

月合中宮之中位하니 一日이 朔이니라.
월합중궁지중위　　일일　삭

○ 宮(집 궁) 位(자리 위) 朔(초하루 삭)

달이 중궁中宮의 중위中位에서 합合하니 1일이 초하루이다.

개요概要

선후천先后天 초하루에 대한 설명이다.

각설各說

1) 월합중궁지중위月合中宮之中位 일일一日 삭朔

선후천先后天에 관계없이 초하루가 되는 원리이다. 즉 달이 중궁中宮 16일의 중위中位에서 합合하니 1일이 삭朔이 된다는 것이다. 이로써 선천先天 중궁中宮(16일-후천后天의 초하루)인 계미癸未·계축癸丑이 후천后天에 초하루가 된다는 것이다. 반면에 선천先天 초하루가 후천后天 중궁中宮(16일)이 된다.(중궁지중위中宮之中位) ①중궁中宮은 무술戊戌, 무진戊辰, 계미癸未, 계축癸丑 선보름을 의미하고, ②중위中位는 정역正易의 중위中位로서 천지합덕天地合德 32도度 무술궁戊戌宮의 끝이다. 즉 월月은 중궁지중中宮之中에 가서 합덕合德하고, 그날 하루가 삭朔이 된다는 말이다.

후보름															선보름														
1	2	3	4	5	6	7	8	9	10	11	12	13	14	15	16	17	18	19	20	21	22	23	23	25	26	27	28	29	30
癸未	甲申	乙酉	丙戌	丁亥	戊子	己丑	庚寅	辛卯	壬辰	癸巳	甲午	乙未	丙申	丁酉	戊戌	己亥	庚子	辛丑	壬寅	癸卯	甲辰	乙巳	丙午	丁未	戊申	己酉	庚戌	辛亥	壬子
癸丑	甲寅	乙卯	丙辰	丁巳	戊午	己未	庚申	辛酉	壬戌	癸亥	甲子	乙丑	丙寅	丁卯	戊辰	己巳	庚午	辛未	壬申	癸酉	甲戌	乙亥	丙子	丁丑	戊寅	己卯	庚辰	辛巳	壬午
后天朔														중궁지중 中宮之中 ⇨	先天朔														
戊辰	己巳	庚午	辛未	壬申	癸酉	甲戌	乙亥	丙子	丁丑	戊寅	己卯	庚辰	辛巳	壬午	癸未	甲申	乙酉	丙戌	丁亥	戊子	己丑	庚寅	辛卯	壬辰	癸巳	甲午	乙未	丙申	丁酉
戊戌	己亥	庚子	辛丑	壬寅	癸卯	甲辰	乙巳	丙午	丁未	戊申	己酉	庚戌	辛亥	壬子	癸丑	甲寅	乙卯	丙辰	丁巳	戊午	己未	庚申	辛酉	壬戌	癸亥	甲子	乙丑	丙寅	丁卯
16	17	18	19	20	21	22	23	23	25	26	27	28	29	30	1	2	3	4	5	6	7	8	9	10	11	12	13	14	15

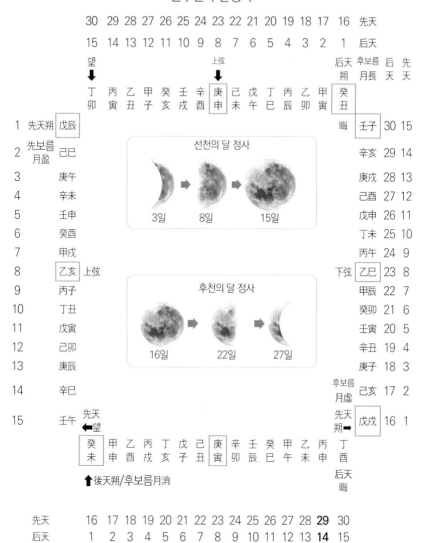

30 29 28 27 26 25 24 23 22 21 20 19 18 17 16 先天

15 14 13 12 11 10 9 8 7 6 5 4 3 2 1 后天

望 ⬇ (丁卯) 上弦 ⬇ (庚申) 后天朔 (癸丑) 후보름月長 后天 先天

丁卯 丙寅 乙丑 甲子 癸亥 壬戌 辛酉 庚申 己未 戊午 丁巳 丙辰 乙卯 甲寅 癸丑

1	先天朔	戊辰		晦	壬子	30	15
2	先보름月盈	己巳			辛亥	29	14
3		庚午			庚戌	28	13
4		辛未			己酉	27	12
5		壬申			戊申	26	11
6		癸酉			丁未	25	10
7		甲戌			丙午	24	9
8		乙亥	上弦	下弦	乙巳	23	8
9		丙子			甲辰	22	7
10		丁丑			癸卯	21	6
11		戊寅			壬寅	20	5
12		己卯			辛丑	19	4
13		庚辰			庚子	18	3
14		辛巳		후보름月虛	己亥	17	2
15		壬午	先天⬅望	先天朔➡	戊戌	16	1

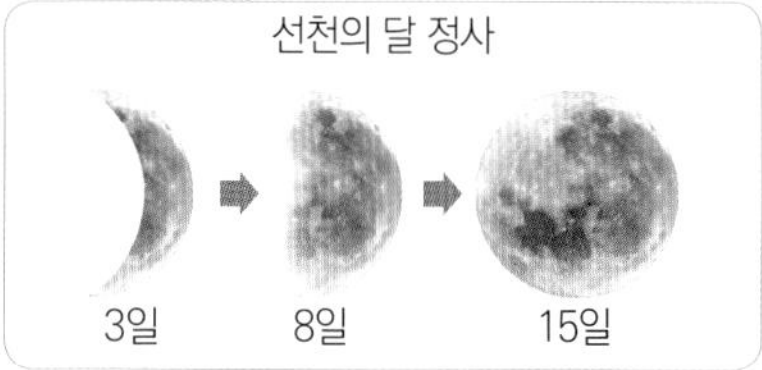

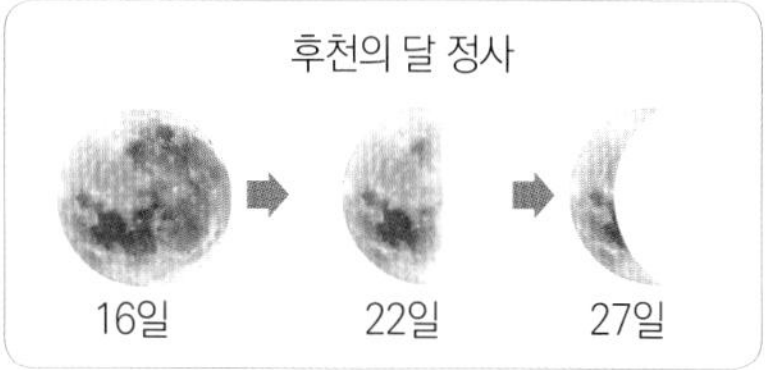

癸未 甲申 乙酉 丙戌 丁亥 戊子 己丑 庚寅 辛卯 壬辰 癸巳 甲午 乙未 丙申 丁酉

⬆後天朔/후보름月消 後天晦

先天	16	17	18	19	20	21	22	23	24	25	26	27	28	**29**	30
后天	1	2	3	4	5	6	7	8	9	10	11	12	13	**14**	15

- ❍ 선천의 달정사는 무진, 무술에서 선보름 초하루가 시작되고, 후천의 달정사는 계미, 계축이 후보름의 초하루가 시작된다.
- ❍ 선천월(천심월)의 선보름은 달이 차오르고(月盈), 후보름은 사그러진다.(月虛) 후천월(황심월)의 선보름은 사그러지고(月消), 후보름은 차오른다.(月長) – 陰體陽用

33講 七張-後

六水九金은 會而潤而律이니라
육 수 구 금　회 이 윤 이 율
二火三木은 分而影而呂니라.
이 화 삼 목　분 이 영 이 여

○ 會(모일 회) 潤(젖을 윤) 律(법 율{률}) 分(나눌 분) 影(그림자 영) 呂(음률 여{려})

육수六水와 구금九金은 모여서(합덕合德) 불려(작용) 율律이 되니라.
이화二火와 삼목三木은 나눠서 그림자로 여呂가 되니라.

개요槪要

합덕合德과 분생分生의 의미를 율려律呂로 표현한 것이다. 다시 말하면 수금水金의 성수합덕成數合德으로 성도成道한 태음지체太陰之體가 태양太陽과 합삭合朔(會)하여 순환循環함으로써 양율陽律을 이루는 것을 말한다.

각설各說

1) 육수구금六水九金 회이윤이율會而潤而律

성도한 태음지체가 태양(일日)과 합삭(회會)하며 순환(윤潤)함으로써 양율陽律이 이루어짐을 말한다. ①육수六水와 구금九金은 합덕合德으로 율律이 된다. 즉 합덕合德의 의미를 율律로 표현하고 있다. ②윤潤은 실제적인 성수합덕成數合德 작용을 말한다.

수지상수와 율여체위도수律呂體位度數

수지手指	1	2	3	4	5	6	7	8	9	10
	굴屈 / 회會					신伸 / 분分				
십간十干	기己	경庚	신辛	임壬	계癸	갑甲	을乙	병丙	정丁	무戊
회분會分/율려律呂	↳ 會/律 ↲					↳ 分/呂 ↲				
율여체위도수 律呂體位度數	육수구금/계신/오삼/율 六水九金/癸辛/五三/律					이화삼목/정을/구칠/여 二火三木/丁乙/九七/呂				

2) 이화삼목二火三木 분이영이여分而影而呂

이화삼목二火三木은 분생分生의 의미로 음려陰呂이다. ①분分은 생성근거生成根據이다. ②여呂는 형이상학적 율려작용律呂作用이며, ③영影은 형이상학적 그림자 작용이다.

○일세주천율려도수一歲周天律呂度數

一歲周天律呂度數니라 일세주천율려도수 **分**은 **一萬二千九百六十**이니라 분 일만이천구백육십 **刻**은 **八百六十四**이니라 각 팔백육십사 **時**는 **一百八**이니라 **日**은 **一九**이니리 시 일백팔 일 일구

○ 歲(해 세) 天(하늘 천) 律(법 율(률)) 呂(음률 여(려)) 度(법도 도) 數(셀 수) 刻(새길 각) 時(때 시)

한 해의 하늘을 주회하는 율려도수이니라. 분分으로는 12,960이니라. 각刻은 864이니라. 시時는 108이니라. 일日은 단 9이니라.

개요概要

①한 해의 하늘과 땅이 돌아가며 차이가 나는 율려도수律呂度數를 말한다. 정역에서는 360일을 기준으로 한 것이다. ②간지干支의 운행도수運行度數를 말한다. 육십갑자六十甲子를 율려律呂로 나누면 ①갑자甲子에서 계해癸亥까지 30도度는 양율陽律이고 ②갑오甲午에서 계해癸亥까지 30도度는 음율陰律이다.

각설各說

1) 일세주천율려도수一歲周天律呂度數

①일일一日의 율려도수律呂度數는 36(4사상수×9양수)이다. ②36×360일= 12,960분이 되니 이것이 한 해 동안 하늘을 주회周回(공전)하는 율려도수律呂度數이다. ③육십갑자六十甲子가 육순六循하면 육율육려六律六呂가 이루어지고 일세주천도수一歲周天度數 360도度가 일순환一循環하게 되는 것이다.

3) 각刻 팔백육십사八百六十四

산출의 근거는 9일×12지지地支 = 108×8각刻 = 864각刻이다.

4) 시時 일백팔一百八

9일×12지지地支 = 108이다. 180시간時間에서 9도 탈락(8×9=72) = 108이다. 9일日을 12시時로 승乘하면 108시時이다.

5) 일日 일구一九

기본율려도수基本律呂度數이다. 단 9일은 시간으로는 180시간이며, 864각刻이다.

일세주천율려도수一歲周天律呂度數

- 분分 : 36분×360일 = 12,960분
- 각刻 : 12,960분 ÷ 15분 = 864각
- 시時 : 864각 ÷ 8刻 =108시
- 일日 : 108시 ÷ 12시 = 9일

理會本原原時性이라
이 회 본 원 원 시 성
乾坤天地 雷風中을
건 곤 천 지 뇌 풍 중

○ 理(이치 이{리}) 會(모일 회) 本(밑 본) 原(근원 원) 是(옳을 시) 性(성품 성) 乾(하늘 건) 坤(땅 곤) 雷(우레 뇌{뢰}) 風(바람 풍)

이理가 본원에 모이는 것이 본성이라. 건곤乾坤과 천지天地에 뇌풍雷風이 가운데로구나.

개요概要

뇌풍정위雷風正位에 관한 설명이다. 건곤부모乾坤父母가 합덕合德함으로써 자각을 한다는 것이다.

각설各說

1) 이회본원원시성理會本原原時性

역학易學의 총결론總結論이다. 이회理會란? 도학道學적으로는 이치理致의 근원根源자리로 회귀回歸하는 것이며, 인사人事적으로는 인간人間 본성本性의 근원根源을 자각自覺함을 의미한다. 이치의 본원本原을 이루는 것을 성性이라고 한다. 이회理會의 의미를 불가佛家로는 깨달음을 통해 자신을 보는 견성見性이며, 도가道家에서는 수련으로 도道를 이룬 연성練性이라고 볼 수 있다. 모든 것은 이회理會이며, 그 본원本原이 성性이라는 것이다.

2) 건곤천지乾坤天地 뇌풍중雷風中

건곤乾坤은 천지天地의 인격성人格性 표현表現이다. 뇌풍항괘雷風恒卦는 성인지도聖人之道가 영구永久함을 말한다. 천지天地의 중심中心이며, 성인聖人의 뜻이 간태합덕艮兌合德이다. 건곤천지乾坤天地에 뇌풍雷風이 들어가 행사한다는 것이다. 달리 말하면 육진뢰六震雷, 일손풍一巽風은 장남長男, 장녀長女로서 건곤乾坤을 대행代行하여 천지부모天地父母의 일을 대신 보게 된다는 것이다.

八張-前

歲甲申 六月 二十六日 戊戌에 **校正書頌**하노라
세갑신 유월 이십육일 무술 교정서송

水土之成道가 **天地**요
수토지성도 천지

天地之合德이 **日月**이니라.
천지지합덕 일월

太陽恒常은 **性全理直**이니라.
태양항상 성전이직

○ 歲(해 세) 申(지지 신) 戊(천간 무) 戌(지지 술) 書(쓸 서) 頌(기릴 송) 成(이룰 성) 道(길 도) 德(덕 덕) 陽(볕 양) 恒(항상 항) 常(항상 상) 性(성품 성) 全(온전할 전) 理(이치 이{리}) 直(곧을 직)

갑신년甲申年 유六월 이십육일二十六日 무술戊戌에 교정하여 쓰고 기린다. 수水(1·6)와 토土(5·10)가 성도聖道(천지합덕天地合德)한 것이 하늘과 땅이요, 하늘과 땅이 합덕合德한 것이 해와 달이니라. 태양太陽(일日)이 항상恒常한 것은 성成이 온전하고 이理가 곧기 때문이니라.

개요槪要

천지天地와 일월지도日月之道에 대한 설명이다.

각설各說

1) 세갑신歲甲申 유월이십육일六月二十六日 무술戊戌 교정서송校正書頌

일부一夫께서 갑신년甲申年(1884년) 유월이십육일六月二十六日 무술戊戌에 교정校正하여 금화교역金火交易을 가송歌頌하였음을 설명하고 있다.

2) 수토지성도水土之成道 천지天地

①정역팔괘도로 보면 건진乾震(10토土, 6수水)과 곤손坤巽(5토土, 1수水)이 서로 천지天地를 이루어 성도成道함을 뜻한다. ②삼극지도三極之道로

보면 일태극一太極, 십무극十无極, 오황극五皇極인 일수一水와 십토十土가 천지天地를 합덕合德시킨다.

3) 천지지합덕天地之合德 일월日月

천수天數 1·3·5·7·9의 합은 25요, 지수地數 2·4·6·8·10의 합은 30인데, 5일간 달빛이 보이지 않으니 지수地數 30에서 5를 제하면 25가 되어 천수天數와 지수地數가 같게 됨을 뜻한다.

4) 태양항상太陽恒常 성전이직性全理直

태양太陽이 항상 똑같음은 성품이 온전하고 다스림을 변함없이 곧게 하기 때문이다. 그러므로 태양太陽의 항상恒常됨은 일태극一太極이 불변不變한다는 것이다. ①성전性全은 본성本性의 완성完成이요, ②이직理直은 불변不變의 상도常道이다.

太陰消長은 **數盈氣虛**니라.
태 음 소 장 수 영 기 허
盈虛는 **氣也**니 **先天**이니라
영 허 기 야 선 천
消長은 **理也**니 **后天**이니라
소 장 이 야 후 천

○ 太(클 태) 陰(응달 음) 消(사라질 소) 長(길 장) 數(셀 수) 盈(찰 영) 氣(기운 기) 虛(빌 허) 理(이치 이(리))

태음太陰(월月)이 사라지고 자라는 것은 수數가 차고 기氣가 비기 때문이다. 비었다 찼다 하는 것은 기氣이니 선천先天(선천 보름1-15)이니라. 사라졌다 자랐다 하는 것은 이치이니 후천后天(후천 보름16-30)이니라.

개요概要

선후천先后天의 원리原理를 월정사月政事로 설명하고 있다.

음력2~3일 초승달	음력7~8일 상현달	음력15일 보름달	음력16일 후천삭朔	음력21~22일 하현달	음력27~28일 그믐달
선보름 달 정사			후보름 달 정사		

각설各說

1) 태음소장太陰消長 수영기허數盈氣虛

월정사月政事의 소멸消滅과 성장成長으로 ①수영數盈은 달이 차가는 선先보름이요, ②기허氣虛은 달이 비워져가는 후後보름을 말한다.

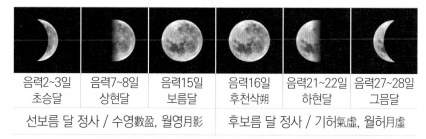

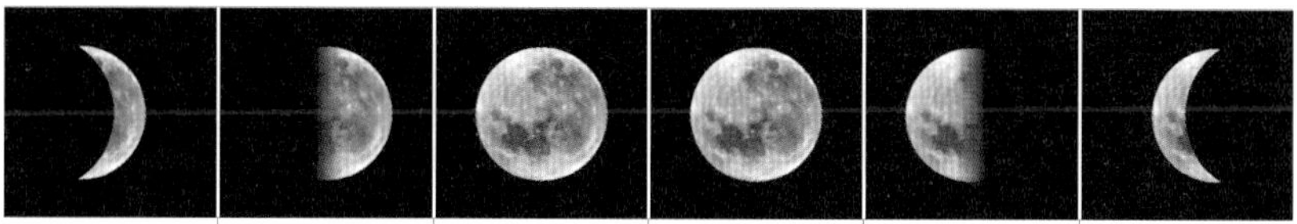

음력2~3일 초승달	음력7~8일 상현달	음력15일 보름달	음력16일 후천삭朔	음력21~22일 하현달	음력27~28일 그믐달
선보름 달 정사 / 수영數盈, 월영月影			후보름 달 정사 / 기허氣虛, 월허月虛		

2) 영허盈虛 기야氣也 선천先天

태음太陰 달이 소멸되었다가 자라나는 것은 수기數氣가 차고 비기(영허盈虛) 때문이다. 선천先天의 달 정사를 표현한 말이다.

3) 소장消長 이야理也 후천后天

달의 소장消長은 후後보름 16일부터 사라지다가 그 다음 달 초初하루부터 보름까지 자라는 것은 소장消長하는 이치理致이니 이는 후천后天 굴신지도屈伸之道이며, 지구地球의 자전운동自轉運動이다. 후천后天의 월정사月政事를 상象으로 표현하고 있다.

后天之道는 **屈伸**이오 **先天之政**은 **進退**니라.
후 천 지 도　굴 신　선 천 지 정　진 퇴
進退之政은 **月盈而月虛**니라.
진 퇴 지 정　월 영 이 월 허

○ 后(임금 후) 天(하늘 천) 之(갈 지) 道(길 도) 屈(굽을 굴) 伸(펼 신) 先(먼저 선) 天(하늘 천) 政(정사 정) 進(나아갈 진) 退(물러날 퇴) 政(정사 정) 月(달 월) 盈(찰 영) 虛(빌 허)

후천后天의 도道는 굽혔다 펴는 것이고, 선천先天의 정사政事는 나아갔다 물러나는 (달의 성장成長) 것이다. 나아갔다 물러갔다 하는 정사政事는 달이 찼다 비었다 하는 것이다.

개요概要

달 정사政事에 대한 설명이다. 굴신지도屈伸之道란 굽히고 펴는 이치, 즉 달이 소장消長하는 형상形象을 말한다.

각설各說

1) 후천지도后天之道 굴신屈伸

후천后天의 정사政事는 달을 굴신屈伸으로 보면 16일은 달이 굴屈한 데서 시작하여 다음 달 보름까지 되면 신伸이라고 하는 것이다. 이것을 후천后天 굴신屈伸이라고 한다.

2) 선천지정先天之政 진퇴進退

선천의 천도정사를 선천 달정사로 보면 ①초하루에서 보름까지 달이 커져가서 진전進展하지만 ②16일부터 30일까지 사라져가서 퇴소退消하므로 선천先天을 진퇴進退라고 한다.

3) 진퇴지정進退之政 월영이월허月盈而月虛

나아갔다 물러났다 하는 정사政事는 선천지도先天之道요, 시종始終 원리이다. 달의 작용으로 보면 달이 찼다 비었다 하는 것이다.

선보름 달 정사			후보름 달 정사		

음력2~3일 초승달	음력7~8일 상현달	음력15일 보름달	음력16달 후천삭朔	음력21~22일 하현달	음력27~28일 그믐달
월영月盈			월허月虛		

35 講

八張-後

屈伸之道는 **月消而月長**이니라
굴신지도 월소이월장
抑陰尊陽은 **先天心法之學**이니라
억음존양 선천심법지학
調陽律陰은 **后天性理之道**니라
조양율음 후천성리지도

○ 屈(굽을 굴) 伸(펼 신) 道(길 도) 月(달 월) 消(사라질 소) 長(길 장) 抑(누를 억) 陰(응달 음) 尊(높을 존) 陽(볕 양) 先(먼저 선) 心(마음 심) 法(법 법) 學(배울 학) 調(고를 조) 陽(볕 양) 律(법 율(률)) 陰(응달 음) 后(뒤 후) 性(성품 성) 理(이치 이리) 道(길 도)

굽었다 폈다 하는 도道(후천지도后天之道)는 달이 사라졌다가 달이 자라나니라(종시終始). 음陰을 누르고 양陽을 높이는 것은 선천先天 심법心法의 학學이니라. 양陽을 고르고 음陰을 맞추는 것(합덕合德)은 후천后天 성리性理의 도道이니라.

개요槪要

후천后天의 굴신지도屈伸之道를 통해서 선천先天의 심법지학心法之學과 후천后天의 조양율음調陽律陰으로 변화하는, 정음정양正陰正陽을 통한 선후천先后天 변화變化에 대한 설명이다.

각설各說

1) 굴신지도屈伸之道 월소이월장月消而月長

굴신지도屈伸之道는 굽혔다 펴는 도리道理, 즉 달이 소장消長하는 형상形象(도道)을 말하며, 종시終始원리이다.

2) 억음존양抑陰尊陽 선천심법지학先天心法之學

음陰을 누르고 양陽을 높이는 것은 선천先天의 실천 방법이었다. 『주역』에서는 소인지도小人之道를 누르고 군자지도君子之道를 높이는 것이 선천先天의 심법지학心法之學임을 밝히고 있다. 이것을 인간사로 비유하여 남자를 위주로 한 세상이 되었고, 여자는 항상 눌리어 천대를 받았다는 것이다.

3) 조양율음調陽律陰 후천성리지도后天性理之道

양陽을 고르고 음陰을 맞추는 것(합덕合德)은 열매원리이며, 대형이정大亨利貞 원리이다. 음양陰陽이 합도合道되어 가는 것은 학學과 행行이 일치하는 후천后天 성리性理의 도道이다. 하도河圖와 정역괘도正易卦圖는 1·6, 3·8, 2·7, 4·9, 5·10이 각각 제자리에서 음양조화陰陽調和를 이루고 있다.

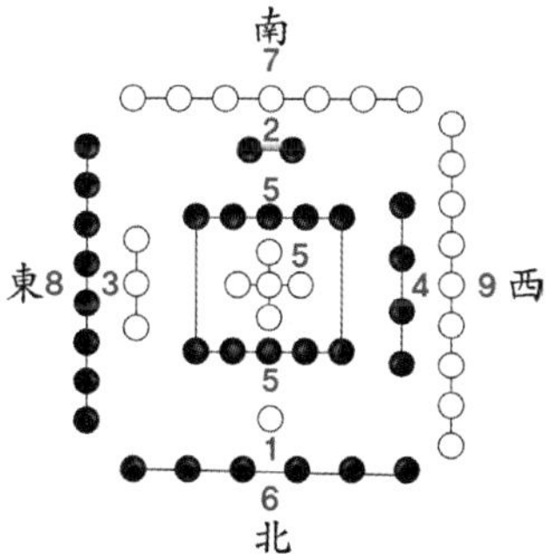

하도

정역팔괘도

天地는 **匪日月**이면 **空殼**이오
천 지 　 비 일 월 　 공 각
日月은 **匪至人**이면 **虛影**이니라.
일 월 　 비 지 인 　 허 영

○ 匪(아닐 비) 空(빌 공) 殼(껍질 각) 至(지극할 지) 虛(빌 허) 影(그림자 영)

하늘(시간원리時間原理의 주체主體)과 땅이 해(사상변화四象變化)와 달(사덕변화四德變化)이 아니면 빈 껍질이고, 해와 달이 지극한 사람(성인聖人, 군자君子)이 아니면 빈 그림자이다.

개요概要

천지天地와 일월日月을 체용體用의 관점에서 설명하고 있다.

각설各說

1) 천지비일월天地匪日月 공각空殼

천지天地는 현상적現象的 천지天地이며, 일월日月은 시간운행時間運行의 주체主體이다. 그러나 천지天地는 광대하지만 일월日月이 없다면 만물이 존재할 수가 없으니 빈 껍질과 같다는 의미이다.

2) 일월日月 월비지인月匪至人 허영虛影

일월日月의 빛은 시간운행의 주체인 일월원리日月原理를 깨달은 지극한 사람이 아니면 빈 그림자에 불과하다는 것이다.

> **潮汐之理**는 **一六壬癸水位北**하고
> 조석지리 일육임계수위북
> **二七丙丁火宮南**하야 **火氣**는 **炎上**하고
> 이칠병정화궁남 화기 염상
> **水性**은 **就下**하야 **互相衝突**하며
> 수성 취하 호상충돌
> **互相進退而隨時候氣節**은 **日月之政**이니라.
> 호상진퇴이수시후기절 일월지정

○ 潮(조수 조) 汐(조수 석) 理(이치 이) 壬(천간 임) 癸(천간 계) 丙(천간 병) 丁(천간 정) 宮(집 궁) 南(남녘 남) 氣(기운 기) 炎(불탈 염) 性(성품 성) 就(이룰 취) 互(서로 호) 相(서로 상) 衝(찌를 충) 激(물결 부딪쳐 흐를 격) 進(나아갈 진) 退(물러날 퇴) 隨(따를 수) 候(기다릴 후) 節(마디 절)

밀물과 썰물의 이치理致는 일육一六 임계수壬癸水가 북北쪽에 자리잡고, 이칠二七 병정화丙丁火가 남南쪽에 들어 있다 하여 불기운은 타오르고, 물 성질性質은 흘러내려 서로 충격衝激하며 서로 진퇴進退하면서 시時와 후候와 기氣와 절節을 따르게 되니, 이것은 해와 달의 정사政事이다.

개요概要

일월정사日月政事와 도서원리圖書原理에 대한 설명이다.

각설各說

1) 조석지리潮汐之理 일육임계수위북一六壬癸水位北

밀물과 썰물의 이치理致는 낙서원리인 일육一六이 문왕팔괘도文王八卦圖의 일육임계수一六任癸水로 북北쪽에 자리잡고 있다는 것이다.

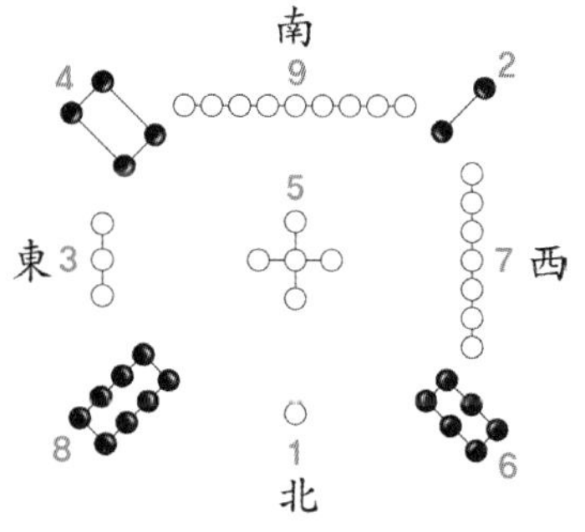

낙서洛書

문왕팔괘도文王八卦圖

조석지리潮汐之理와 수조남천水潮南天과 수석북지水汐北地

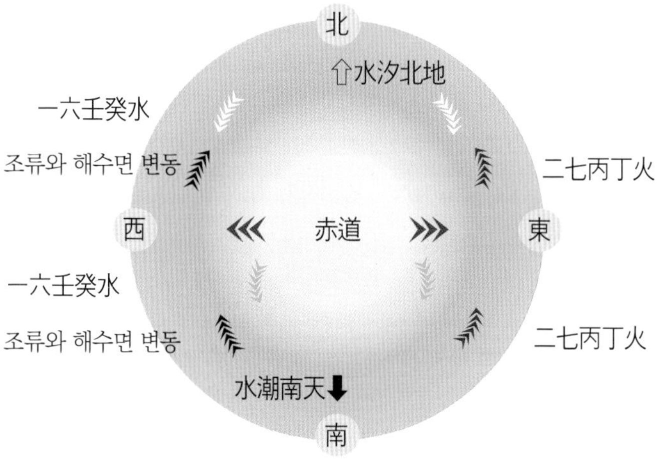

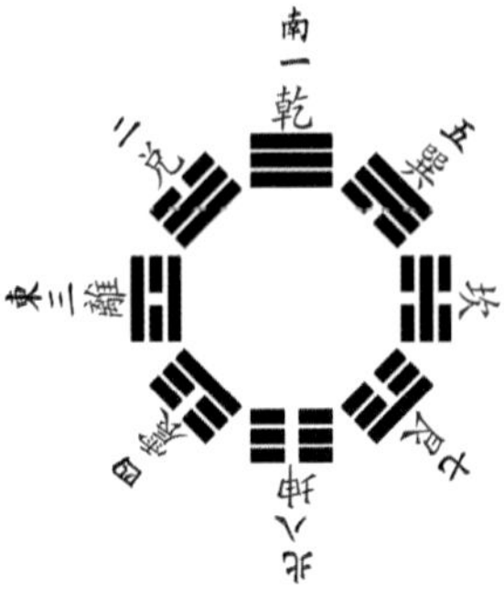

복희팔괘도伏羲八卦圖

정역팔괘도正易八卦圖

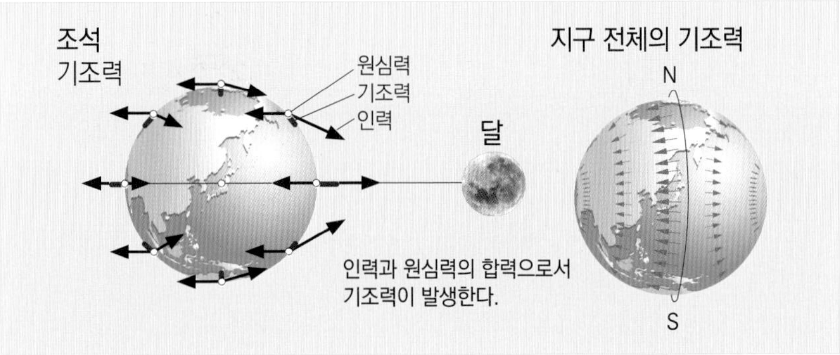

2) 이칠병정화궁남二七丙丁火宮南

낙서洛書의 이칠병정화二七丙丁火가 염상炎上하여 문왕팔괘도文王八卦圖의 남南쪽에 들어 있다는 것이다.

3) 화기염상火氣炎上 수성취하水性就下 호상충동互相衝突

화기火氣는 염상炎上하고, 수성水性은 취하就下하여 내린다. 이칠병정화二七丙丁火의 불기운은 타오르고, 일육임계수一六任癸水의 물 성질性質은 흘러내려 서로 충격衝激한다는 것이다. 이것이 오행五行원리이다.

4) 호상진퇴이수시후기절互相進退而隨時候氣節 일월지정日月之政

서로가 나아가고 물러서면서 시時와 후候와 기氣와 절節에 따르니 이것이 해와 달의 정사政事라는 것이다.

嗚呼라 **日月之政**이여 **至神至明**하니 **書不盡言**이로다.
오호 일월지정 지신지명 서불진언

○ 嗚(탄식 소리 오) 呼(부를 호) 政(정사 정) 至(지극할 지) 神(귀신 신) 明(밝을 명) 書(쓸 서) 盡(다할 진) 言(말씀 언)

오호라 해와 달의 정사政事는 지극히 신묘하고 지극히 (밝은 이치를) 드리워낸 것이니, 글로서는 다 말할 수 없음이로다.

개요概要

일월日月政事과 신명지덕神明之德에 대한 설명이다.

각설各說

1) 일월지정日月之政

일월日月의 시간정사時間政事로서 신명神明이다.

2) 지신지명至神至明

일월日月의 시간정사時間政事를 60간지干支로 형상화形象化한 것이다. 그리고 이를 통해서 신묘하고 밝은 이치를 드러내고 있다는 것이다.

3) 서불진언書不盡言

일월지도日月之道의 지극히 신묘하고 밝은 이치를 글로서는 말하고자 함을 다할 수 없다는 것이다.

36 講

九張-前

嗚呼라 **天何言哉**시며 **地何言哉**시리오마는 **一夫能言**하노라
오호 천하언재 지하언재 일부능언
一夫能言兮여 **水潮南天**하고 **水汐北地**로다.
일부능언혜 수조남천 수석북지

○ 嗚(탄식 소리 오) 呼(부를 호) 何(어찌 하) 哉(어조사 재) 能(능할 능) 兮(어조사 혜) 潮(밀물 조) 南(남녘 남) 天(하늘 천) 水(물 수) 汐(썰물 석)

오호라, 하늘이 무엇을 말하시며, 땅이 무엇을 말하리오마는 일부一夫가 능히 말하노라. 일부一夫가 능히 말할 수 있음이여, 밀물은 남南쪽 하늘에 모이고, 썰물은 북쪽 땅에서 빠짐이로다.

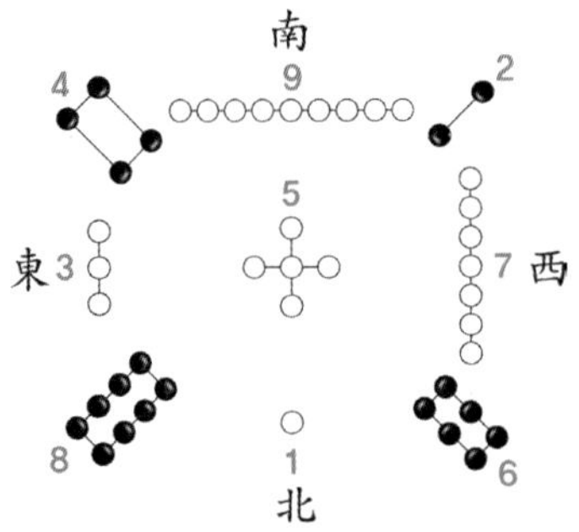

낙서洛書

문왕팔괘도文王八卦圖

개요概要

천지天地도 말하지 않은 선후천의 변화를 조석潮汐의 이치에 결부시켜 설명하고 있다.

각설各說

1) 천하언재지하언재天何言哉地何言哉 일부능언一夫能言

천지天地도 말씀하지 않으신 후천后天의 이치와 일월지정日月之政 및 선

후천변화先后天原理를 일부一夫선생이 능히 말한다는 것이다.

2) 일부능언혜一夫能言兮 수조남천水潮南天 수석북지水汐北地

일부一夫가 능히 말할 수 있는 것은 선후천변화를 복희괘도와 조석潮汐현상을 결부시켜서 설명하고 있다. ①선천(복희괘도)에서 조석潮汐현상을 통해 밀물은 남쪽 하늘에서 모이고, 썰물은 북쪽에서 빠져 땅이 드러나니, 남천南天·북지北地라고 한 것이다. 반면에 ②후천(정역괘도)의 조석현상은 선천先天과는 반대이니 남지북천南地北天이다.

달정사와 조석변화

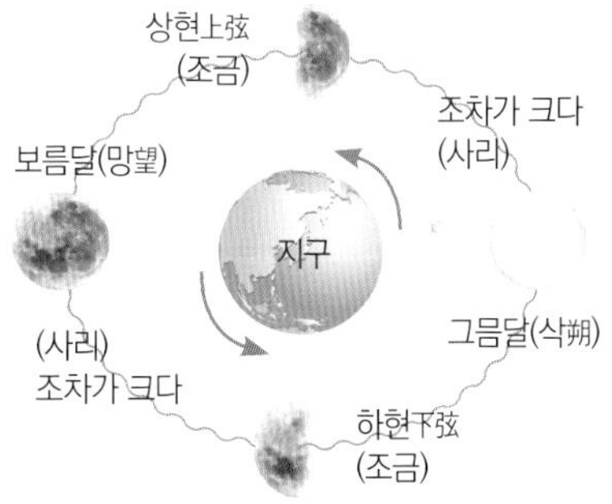

조석지리潮汐之理와 수조남천水潮南天과 수석북지水汐北地

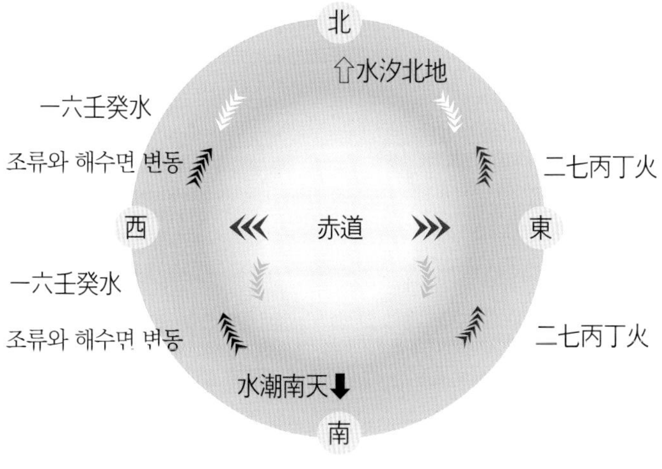

水汐北地兮여 **早暮**를 **難辦**이로다.
수석북지혜　조모　난판
水火旣濟兮여 **火水未濟**로다.
수화기제혜　화수미제

○ 汐(조수 석) 地(땅 지) 早(새벽 조) 暮(저물 모) 難(어려울 난) 辦(힘쓸 판) 旣(이미 기) 濟(건널 제) 未(아닐 미)

물(밀물과 썰물)이 북北쪽 땅에서 빠지는 일이 이르고 늦음을 판가름하기 어렵도다. 수화기제水火旣濟여 화수미제火水未濟로다.

개요槪要

일월지정日月之政과 조석지리潮汐之理를 공간적 의미인 기제미제旣濟未濟에 결부시켜 설명하고 있다.

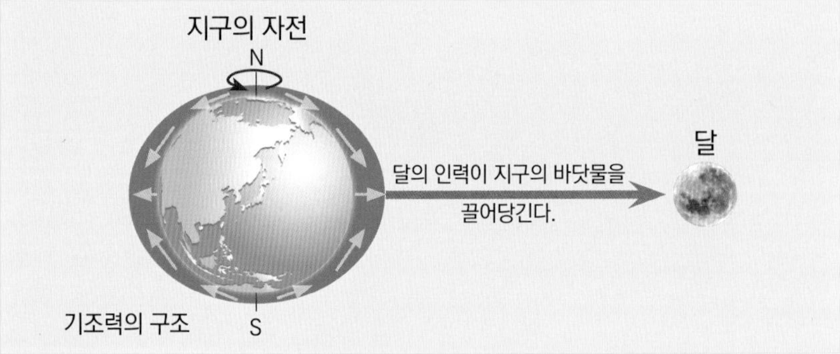

각설各說

1) 수석북지혜水汐北地兮 조모난판早暮難辦

『정역』에서는 후천后天의 조석潮汐현상이 수석북지水汐北地라고 한다. ①수석水汐은 썰물을 의미하며, 북지北地는 하도河圖 도상의 일육수一六水를 말하며, 수조水潮(밀물)는 하도河圖 도상의 이칠화二七火를 의미한다. 이러한 일월지정日月之政의 이치가 이르고 저무는 것을 판단하기가 어렵다는 것이다.

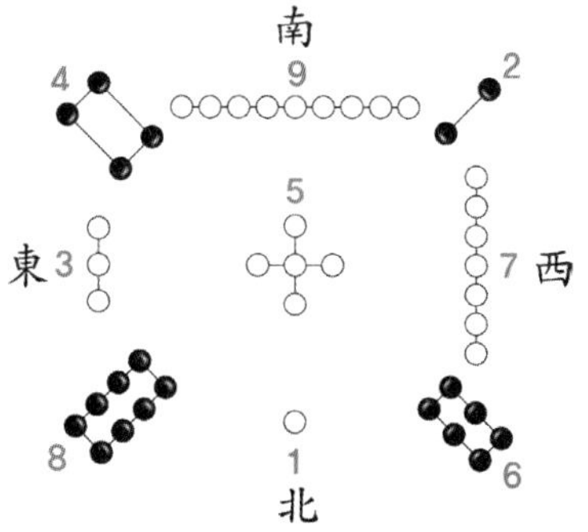

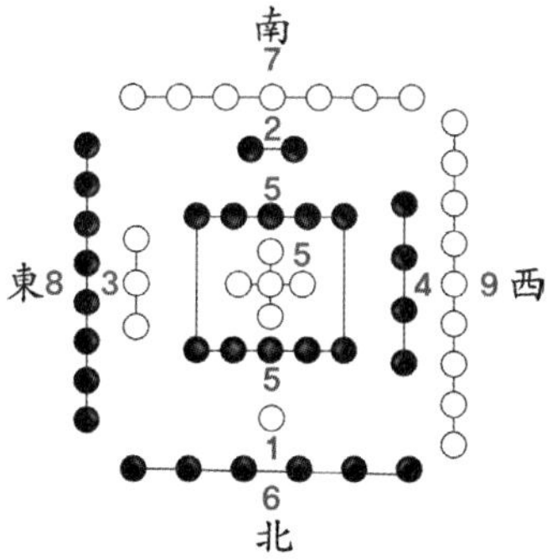

2) 수화기제혜水火旣濟兮 화수미제火水未濟

수화기제水火旣濟는 선천先天의 낙서적洛書的 변화變化요, 화수미제火水未濟는 후천后天의 하도적河圖的 종시변화終始變化를 말한다. 이것은 새로운 변화變化의 시작始作이며, 하도河圖와 낙서洛書의 선후천先后天 변화變化는 동시同時 운행運行으로 이루어진다는 것이다.

기제·미제와 선후천 변화 원리

逆生 倒生	旣濟					旣濟					先天의 洛書的 變化
	水	火				水	火				
	①	②	3	4	5	⑥	⑦	8	9	10	
倒生 逆成	10	9	8	⑦	⑥	5	4	3	②	①	后天의 河圖的 變化
				火	水				火	水	
				未濟					未濟		

大道從天兮여 **天不言**가 **大德從地兮**여 **地從言**이로다.
대도종천혜 천불언 대덕종지혜 지종언
天一壬水兮여 **萬折必東**이로다.
천일임수혜 만절필동
地一子水兮여 **萬折于歸**로다.
지일자수혜 만절우귀

○ 道(길 도) 從(좇을 종) 不(아닐 불) 言(말씀 언) 萬(일만 만) 折(꺾을 절) 必(반드시 필) 東(동녘 동) 于(어조사 우) 歸(돌아갈 귀)

큰 도道는 하늘을 따르니, 하늘이 말씀을 않겠는가. 큰 덕德은 땅을 따르니, 땅은 말씀을 따름이로다. 천일임수는 만 번을 꺾여도 반드시 동쪽으로 흐름이로다. (생명生命의 근간根幹인) 지일자수地一子水(임자壬子)도 만萬 번이나 꺾여도 기어코 임수壬水를 따라 돌아감이로다.

개요槪要

대도大道란 천天의 하향적下向的 작용作用과 지地의 상향적上向的 작용作用으로 지도地道를 포함한 천도天道를 의미한다.

각설各說

1) 대도종천혜大道從天兮 천불언天不言

①대도大道는 천天의 하향적下向的 작용作用과 지地의 상향적上向的 작용作用으로 지도地道를 포함한 천도天道를 의미한다. 하도·낙서로 보면 하도적河圖的 작용에 낙서적洛書的 작용이 포함되어 있음과 같다. ②천불언天不言은 성인聖人을 통해 하향적下向的, 하도적河圖的, 종시적終始的 작용作用으로 말씀을 전달한다는 것이다.(천도天道)

2) 대덕종지혜大德從地兮 지종언地從言

큰 덕德이 땅을 따름이니, 땅도 말씀을 따른다는 것이다.

3) 천일임수혜天一壬水兮 만절필동萬折必東

①후천에는 하늘이 만물의 근원인 수水의 조석변화를 통해서 작용한다는 것이다. 천지수화天地水火 안에서 만물萬物이 생육生育한다는 것은 천지인天地人 합일사상合一思想을 말한다. ②만절萬折은 만 마디 곡절, 만 가지 물줄기를 말한다. 황하黃河에 비유하고 있다. 만절필동萬折必東은 황하黃河의 물은 어디로 흘러가는지 모르지만 반드시 동東으로 흘러간다는 것이다.

4) 지일자수혜地一子水兮 만절우귀萬折于歸

생명의 근간인 지일자수地一子水(임자壬子) 만萬 번이나 꺾여서 기어코 임수壬水를 따라가서 완성된다는 말이다. 지일자수혜地一子水兮는 간지干支를 말하고, 귀歸는 되돌아감을 의미한다.

37 講

九張-後

歲甲申流火 六月七日에 **大聖七元君**은 **書**하노라.
세갑신유화 유월칠일 대성칠원군 서

○ 歲(해 세) 甲(천간 갑) 申(지지 신) 流(흐를 유(류)) 聖(성스러울 성) 元(으뜸 원) 君(군자 군)

갑신년 유화 유월 칠일에 대성칠원군은 쓰노라.

개요概要

『정역正易』에서의 성통聖統을 설명하고 있다.

각설各說

1) 세갑신유화歲甲申流火 유월칠일六月七日 대성칠원군大聖七元君 서書

①갑신년甲申年 유화流火는 갑신甲申 오월五月이 윤달에서 유화流火를 유월이라고 한 것이다. 그리고 유월 칠일에 대성大聖 칠원군七元君은 쓴다고 한 것이다.

②대성칠원군大聖七元君은 일부一夫선생을 지칭한 것이다. 칠원七元은 도가적道家的인 표현으로 북두칠성北斗七星을 의미한다.

이 구절에서 ㉠칠七은 복희伏羲, 하우夏禹, 기자箕子, 문왕文王, 주공周公, 공자孔子의 성통聖統을 일부一夫 선생이 계승했음을 말한다. ㉡원元은 시원始原을 뜻하는 것이다.

嗚呼라 **天地无言**이시면 **一夫何言**이리오
오호 천지무언 일부하언
天地有言하시니 **一夫敢言**하노라.
천지유언 일부감언

○ 嗚(탄식 소리 오) 呼(부를 호) 何(어찌 하) 敢(감히 감)

오호라, 하늘과 땅이 말이 없으시면 일부一夫가 어찌 말하리오.

하늘과 땅이 말씀하시니 일부一夫가 감히 말하노라.

개요概要

일부一夫 선생이 하늘의 뜻을 자각하여 말을 했다는 것이다.

각설各說

1) 오호嗚呼 천지무언天地无言 일부하언一夫何言

하늘과 땅이 말이 없으시면 일부一夫가 어찌 말하겠는가?

2) 천지유언天地有言 일부감언一夫敢言

천지유언天地有言이란? 때가 되어 하늘의 뜻을 자각하여 일부一夫선생이 말을 한다는 것이다.

> **天地**가 **言 一夫言**하고 **一夫**가 **言天地言**하노라
> 천 지 언 일 부 언 일 부 언 천 지 언
> **大哉**라 **金火門**이여
> 대 재 금 화 문
> **天地出入**하고 **一夫出入**하니 **三才門**이로다.
> 천 지 출 입 일 부 출 입 삼 재 문

하늘과 땅이 일부一夫에게 말하라고 말씀하시고, 일부一夫는 하늘과 땅의 말씀을 말하니라. 위대함이라, 금화문金火門이여. 하늘과 땅이 드나들고, 일부一夫가 드나드니, 삼재문三才門이로다.

개요概要

천지天地와 금화교역金火交易과 삼재지도三才之道(괘효적卦爻的 표현)의 위대함을 설명하고 있다.

각설各說

1) 천지언天地言 일부언一夫言, 일부一夫 언천지언言天地言

①천지언天地言은 건곤십오乾坤十五를 의미하며, ②일부언一夫言은 십오일언十五一言을 말한다.

2) 대재大哉 금화문金火門, 천지출입天地出入 일부출입一夫出入,

금화문金火門으로 천지天地가 출입하고 일부一夫도 출입하니 금화문金火門이 크다는 것이다. ①『정역正易』에서는 금화문金火門이 금화교역金火交易의 문門이고, ②『주역周易』에서는 건곤乾坤이 역지문易之門이다.

3) 삼재문三才門

삼재문三才門이란? 천지인天地人이 같이 통하는 큰 문門이다. 즉 천지天地도 사람도 이 문門으로 출입하니 천지인天地人 삼재문三才門이다.

38講

日月星辰이 **氣影**하고 **一夫氣影**하니 **五元門**이로다.
일월성신 기영 일부기영 오원문

八風이 **風**하고 **一夫風**하니 **十无門**이로다.
팔풍 풍 일부풍 십무문

日月은 **大明乾坤宅**이오
일월 대명건곤택

天地는 **壯觀雷風宮誰**이라
천지 장관뇌풍궁수

○ 星(별 성) 辰(지지 진) 氣(기운 기) 影(빛 영) 明(밝을 명) 乾(하늘 건) 坤(땅 곤) 宅(집 택) 壯(씩씩할 장) 觀(볼 관) 雷(우레 뇌(뢰)) 風(바람 풍) 宮(집 궁) 誰(누구 수)

일월성신의 기운이 빛나고 일부一夫의 기운氣運이 빛나니 오원문일세.

팔풍八風(팔괘八卦)이 바람(손巽) 불고 일부一夫가 바람 부니 십무문일세.

해와 달은 크게 건곤乾坤의 집을 밝히고, 하늘과 땅은 장히 뇌풍雷風의 집을 보는구나.

개요概要

일월성신日月星辰이 기영氣盈하다는 것은 금화호역金火互易에 따라 일월성신日月星辰도 새 기운氣運이 충만하여, 일부一夫의 기운도 빛나니 후천오원수后天五元數인 오원문五元門이 이루어짐을 뜻한다.

각설各說

1) 일월성신日月星辰 기영氣影 일부기영一夫氣影 오원문五元門

천지天地가 변화하면 일월성신日月星辰이 따라서 운행도수運行度數가 바뀌고 은하계와 태양계 중심축이 지축地軸과 일치되므로 남북동서南北東西가 기氣가 통하여 십자로十字路가 이루어지므로 막혔던 기氣가 열려 천지만물天地萬物의 기운氣運이 빛나고, 일월성신日月星辰과 더불어 일부一夫의 기운도 빛나니, 이것을 후천后天이 되는 오원문五元門이라 한 것이다.

정역에서의 지축변화와 선후천

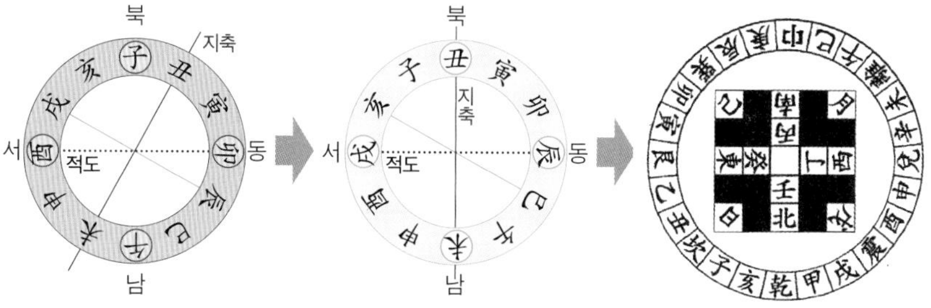

선천先天
(자오묘유子午卯酉)

후천后天
(진술축미辰戌丑未)

2) 팔풍八風 풍風 일부풍一夫風, 십무문十无門

문왕팔괘도文王八卦圖에서는 밖으로만 지향하던 것이 정역팔괘도正易八卦圖에서는 안으로 수렴되어 괘상卦象의 방향이 바뀐 변동을 풍風이라 표현한 것이다. 십무문十无門은 십수팔괘도十數八卦圖의 완성이요, 이천칠지二天七地가 팔괘八卦의 원리임을 말한다.

『정역正易』에서는 십수대도무문十數大道无門이다. 즉 팔풍八風이 일풍一風하면 구풍九風이고, 구풍九風에 일부풍一夫風하면, 십풍十風인데 십풍十風이라고 아니하고 십무문十无門이라고 하는 것은 금화문金火門이기 때문이다.

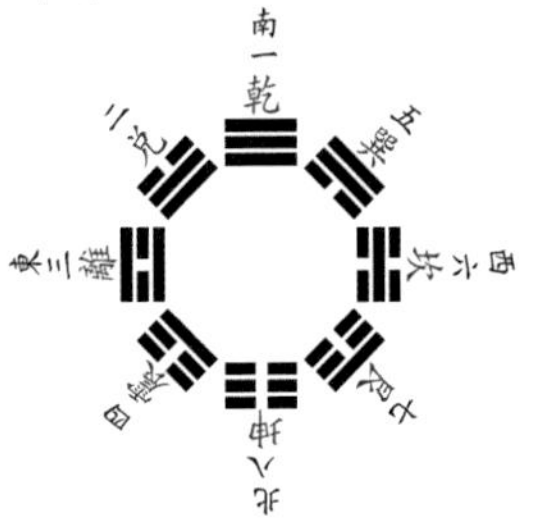

복희팔괘도伏羲八卦圖

문왕팔괘도文王八卦圖

정역팔괘도正易八卦圖

3) 일월日月 대명건곤택大明乾坤宅

일월日月은 건곤乾坤의 집에서 크게 밝힌다 하니 이는 후천后天 정역팔괘도正易八卦圖를 보면서 노래한 구절이다. 정역팔괘正易八卦에서 일월日月이 크게 건곤乾坤의 집을 밝힘은 건곤乾坤이 중립하고 좌우로 감리坎離가 있고, 일월日月이 좌우로 사구四九, 이칠二七과 더불어 섰다는 뜻이다. 택宅은 정역팔괘도正易八卦圖를 말한다.

4) 천지天地 장관뇌풍궁수壯觀雷風宮誰

정역팔괘도正易八卦圖는 건곤乾坤을 중심으로 좌우로 육진뢰六震雷, 일손풍一巽風이 옹호하고 이천二天, 칠지七地, 사감수四坎水, 구이화九離火, 팔간산八艮山, 삼태택三兌澤이 뇌천대장괘雷天大壯卦(䷡)와 풍지관괘風地觀卦(䷓)의 상象을 이룬다. 그러므로 장관壯觀은 대장괘大壯卦(䷡)와 풍지관괘風地觀卦(䷓)를 의미하고, 뇌풍

궁雷風宮은 후천합덕后天合德, 뇌풍항괘雷風恒卦(䷟)를 말한다.

선후천先后天과 십간十干

갑을병정무기경신임계甲乙丙丁戊己庚辛壬癸	화금火金(선천先天)
기경신임계갑을병정무己庚辛壬癸甲乙丙丁戊	금화金火(후천后天)

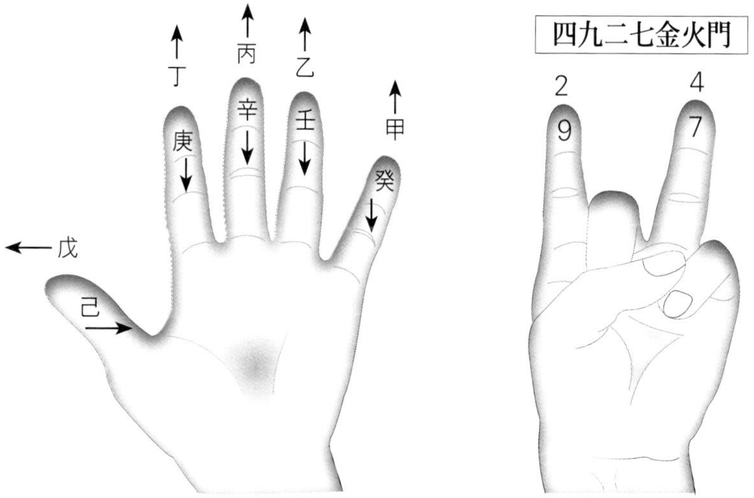

十張-前

○화무상제언化无上帝言

誰識先天復上月이 **正明金火日生宮**가
수 식 선 천 복 상 월　정 명 금 화 일 생 궁

化无上帝言이시니라
화 무 상 제 언

復上에 **起月**하면 **當天心**이오
복 상　기 월　당 천 심

皇中에 **起月**하면 **當皇心**이라
황 중　기 월　당 황 심

敢將多辭古人月이 **幾度復上當天心**고
감 장 다 사 고 인 월　기 도 복 상 당 천 심

○ 識(알 식) 先(먼저 선) 復(돌아올 복) 生(날 생) 宮(집 궁) 化(될 화) 无(없을 무) 帝(임금 제) 言(말씀 언) 復(돌아올 복) 起(일어날 기) 當(당할 당) 皇(임금 황) 敢(감히 감) 將(장차 장) 多(많을 다) 辭(말 사) 古(옛 고) 幾(기미 기) 度(법도 도)

화무상제께서 거듭하신 말씀이라.

누가 알랴, 선천先天의 복상復上(갑甲)달이 바로 금화金火가 날로 나는 집을 밝힐 줄이야. 화무상제께서 말씀이시니라.

복상復上(갑위甲位)에서 달을 일으키면 천심天心(무戊)에 당하고 황심皇中에서 달을 일으키면(용육用六) 황심皇心에 당하는구나.

감히 말 많은 옛 사람의 달을 헤아려 보면 몇 번이나 복상復上을 건너 천심天心에 당할 것인고.

개요概要

선후천先后天과 달정사政事에 대한 화무상제의 말씀이다.

각설各說

1) 수식선천복상월 誰識先天復上月 정명금화일생궁正明金火日生宮

①복상월復上月(천심월天心月)은 본래 선천先天의 초하루에서 시작하여 선보름까지의 달인데, 선후천先后天이 전도顚倒(구이착종九二錯綜 금화교역金火交易)되어 16일부터 초하루 달이 새롭게 드러난다는 것이다. ②정명正明이란 후천后天에는 금화교역金火交易을 통해서 새로운 일월日月이 나오는 것을 말한다.

선보름			후보름		

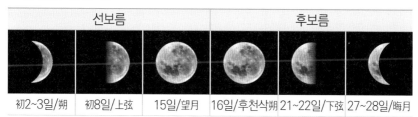

初2~3일/朔	初8일/上弦	15일/望月	16일/후천삭朔	21~22일/下弦	27~28일/晦月

2) 화무상제언化无上帝言

『정역正易』에서 화무옹化无翁, 화화옹化化翁, 화옹化翁, 화무상제化无上帝, 반고盤古는 같은 의미이다. 그러나 그 용도用途에 따라서 의미가 서로 다를 수 있다.

정역에서의 하느님의 별칭

구 분	공통점	입장	격格	비 고
①화무옹化无翁·화옹化翁·화화옹化化翁	조화옹造化翁으로서 동일한 개념	하늘의 입장	스승	
②화무상제化无上帝		사람의 입장	군주	
③반고盤古		땅의 입장	부모	천지만물의 시조

3) 복상復上 기월起月 당천심當天心

달이 거듭하여(복상에) 뜨면 하늘의 중심인 천심天心에 당한다는 것이다. 기월起月은 달이 일어나 시작하는 상태를 말한다. 그러므로 복상기월復上起月은 선천先天의 갑자甲子자리인 무진戊辰, 무술戊戌의 초하루에

달이 일어난다는 의미이다. 그러므로 갑甲의 위치가 복상復上이다. 당천심當天心은 현상적現象的인 달이다. 천심天心에 당當한다는 정역팔괘도로 보면 천심天心은 이천二天이 닿는 무戊의 천심天心과 칠지七地가 닿는 무戊의 황심皇心자리를 말한다.

4) 황중皇中 기월起月 당황심當皇心

달이 지구중심에 뜨면 황심皇心에 해당한다. 황중皇中은 오수五數(임오壬午-보름)이며, 기己에서 계癸까지의 기己의 위치가 황중皇中이다. 달이 황중皇中을 기점으로 하면 황심월皇心月이다. ①황중기월皇中起月은 선천先天의 16일인 계미癸未가 후천后天의 계미癸未, 계축癸丑의 초하루(후천역법后天曆法)에 달이 뜬다는 것이다. ②당황심當皇心은 황심월皇心月, 후천后天의 합덕合德을 의미한다. 망월望月이 되어 밝은 달을 황심월皇心月이라고 한다.

선후천달정사

선보름			후보름		

初2~3일/朔	初8일/上弦	15일/望月	16일/후천삭朔	21~22일/下弦	27~28일/晦月
戊辰戊戌-起月		皇中/皇心月/癸未癸丑-起月			
復上月/天心月			皇中月/皇心月		

5) 감장다사고인월敢將多辭古人月 기도복상당천심幾度復上當天心

월月은 역수변화원리曆數變化原理, 책력산출冊曆算出의 과정을 말하고, 기도복상당천심幾度復上當天心의 천심天心은 후천后天의 합덕合德을 의미한다.

月起復上하면 **天心月**이오
월 기 복 상　　천 심 월
月起皇中하면 **皇心月**이니
월 기 황 중　　황 심 월
普化一天 化翁心이 **丁寧分付皇中月**이로소이다.
보 화 일 천　화 옹 심　　정 녕 분 부 황 중 월

○ 復(돌아올 복) 當(당할 당) 起(일어날 기) 復(돌아올 복) 皇(임금 황) 普(널리 보) 化(될 화) 翁(늙은이 옹) 丁(천간 정) 寧(편안할 녕{영}) 分(나눌 분) 付(줄 부)

달을 복상復上에서 일으키면 천심월天心月이요, 달을 황중皇中에서 일으키면 황심월皇心月이니, 한 하늘(일관된 하늘의 이치)을 널리 화化하시는 화옹의 마음이 정녕코 황중월皇中月 쓰기를 분부하시는 것이다.

개요概要

달 정사인 천심월天心月과 황중월皇中月에 대한 설명이다.

각설各說

1) 월기복상月起復上 천심월天心月

월기복상月起復上을 간지干支로 말하면 무술戊戌, 무진戊辰에서 임자壬子까지를 말한다. 천심월天心月은 선천先天 달이다. ①천심월天心月은 무진戊辰 달이 정역팔괘도正易八卦圖의 이천二天 자리에 와서 만월滿月이 되는 달이다. ②반면에 후천后天의 황심월皇心月은 무진戊辰 달이 변한 계미癸未 달이 정역팔괘도正易八卦圖의 칠지七地자리에 와서 만월滿月이 되는 달을 말한다. ①갑甲으로부터 시始하여 계癸로 종終하면 천심월天心月이 되고, ②기己로부터 시始하여 무戊로 종終하면 황심월皇心月이 된다.

2) 월기황중月起皇中 황심월皇心月

월기황중月起皇中은 마음속에서 달을 일으킨다는 것이다. 황심월皇心月은 인산의 마음으로(그믐-초생달) 천도天道의 선후천先后天 변화變化에 대비함을 말한다. 『주역周易』 지뢰복괘地雷復卦(䷗)는 24절기 중 일양시생一陽始生하는 동지괘冬至卦로도 나타내며, 선후천先后天이 전도顚倒되어 낙서洛書 선천先天이 하도河圖 후천后天으로 복귀復歸한다는 뜻도 있다. 그러므로 지뢰복괘地雷復卦(䷗) 「단사彖辭」에서 천지天地의 마음을 볼 수 있다고 한 것이다.(기견천지지심호其見天地之心乎) 그리고 초하루에서 달이 일어나 보름달이 되면 천심天心에 당當한다고 한다.

3) 보화일천普化一天 화옹심化翁心 정녕분부황중월丁寧分付皇中月

한 하늘을 널리 화化하시는 화옹의 마음이 정녕코 황중월皇中月 쓰기를 권하고 있다는 말이다. 일천一天은 하나의 하느님을 의미한다. 역수曆數로 보면 하나요(一), 하늘에 계시면 하느님(十)이다. 그러므로 일천一天 화옹심化翁心은 한 하늘인 화옹의 마음이다.

○화무상제중언化无上帝重言

化无上帝重言이시니라.
화 무 상 제 중 언
推衍에 **无或違正倫**하라
추 연 무 혹 위 정 륜
倒喪天理父母危시니라.
도 상 천 리 부 모 위

○ 化(될 화) 无(없을 무) 帝(임금 제) 重(거듭할 중) 言(말씀 언) 推(옮을 추) 衍(넘칠 연) 无(없을 무) 或(혹 혹) 違(어길 위) 倫(인륜 륜(윤)) 倒(거꾸러 도, 넘어질 도) 喪(죽을 상) 理(이치 이) 母(어미 모) 危(위태할 위)

화무상제께서 거듭하신 말씀이니라. 수리數理를 미루어 불릴 때에 하늘의 바른 윤리倫理(사덕四德의 진리眞理)를 어기지 말라. 천리天理를 거꾸로 잃어버리면 부모父母가 위태하시니라.

개요槪要

화무상제火无上帝의 말씀에 대한 중요성을 거듭 강조하신 말씀이다.

각설各說

1) 화무상제중언化无上帝重言

화무상제火无上帝께서 시간적時間的 원리를 인간의 주체적 자각으로 도덕성道德性 확립을 거듭 말씀하신 것이다.

2) 추연推衍 무혹위정륜无或違正倫

수리數理를 미루어 불릴 때에 하늘의 바른 윤리倫理(사덕四德의 진리眞理)를 어기지 말라는 것이다.

3) 도상천리부모위倒喪天理父母危

①천리天理를 거꾸로 잃어버리면 부모父母가 위태롭다는 것이다. 위정

론違正倫으로 보면 패륜이 없도록 하라는 것이다. 정역正易의 윤리倫理와 천지역수天之曆數, 그리고 사덕원리四德原理에 어긋남이 없도록 하라는 것이다. ②부모父母는 건곤乾坤, 천지天地, 십오十五, 60간지干支로는 무기戊己(무오戊五, 기십己十) 등을 의미한다.

十張-後

不肖敢焉推理數리오마는 **只願安泰父母心**이로소이다.
불 초 감 언 추 리 수 　　 지 원 안 태 부 모 심
歲甲申 七月十七日 己未에
세 갑 신 칠 월 십 칠 일
不肖子金恒은 **敢泣奉書**하노라.
불 초 자 김 항 　 감 읍 봉 서

○ 肖(닮을 초) 敢(감히 감) 焉(어찌 언) 推(옮을 추) 理(이치 이) 數(헤아릴 수) 只(다만 지) 願(원할 원) 安(편안할 안) 泰(클 태) 歲(해 세) 己(천간 기) 未(아닐 미) 肖(닮을 초) 恒(항상 항) 敢(감히 감) 泣(울 읍) 奉(받들 봉) 書(쓸 서)

불초가 감히 어찌 (천지의) 이치를 헤아릴 수 있으리오마는 다만 부모의 마음이 편안하시길 원할 뿐이다. 갑신년 칠월 십칠일 기미에 불초자 김항은 흐느껴 울며 감히 받들어 쓰노라.

개요概要

화무상제火无上帝의 거듭된 말씀에 감사하는 글이다.

각설各說

1) 불초감언추리수不肖敢焉推理數 지원안태부모심只願安泰父母心

일부一夫선생이 천지부모天地父母의 마음이 편안하길 기원하면서 『정역』을 쓴다는 의미이다. 이때, 추리推理란 360도 정력正曆의 천지도수天地度數를 추리推理한다는 것이다.

2) 세갑신歲甲申 칠월십칠일七月十七日 기미己未 불초자김항不肖子金恒 감읍봉서敢泣奉書

갑신년(1884년)에 감읍하며 받들어 『정역』을 편찬하였다는 것이다.

○화옹친시감화사化翁親視監化事

> **化翁親視監化事**라
> 화 옹 친 시 감 화 사
> **嗚呼**라 **金火正易**하니 **否往泰來**로다.
> 오 호 　 금 화 정 역 　 부 왕 태 래

○ 化(될 화) 翁(늙은이 옹) 親(친할 친) 視(볼 시) 監(볼 감) 事(일 사)

화옹께서 친히 보이신 감화사라.

오호라, 금과 화가 바로 바뀌니 천지비가 가고 지천태가 오는구나.

개요概要

조화옹(화무상제)께서 친히 보시고 감화하신 사실을 밝히심을 말한다. 즉 금화교역金火交易에 대한 설명이다.

각설各說

1) 화옹친시감화사化翁親視監化事

조화옹인 화옹化翁이 친히 보시고 감화監化하심을 밝히는 것이다. 즉, 감화사監化事는 금화교역을 통해 천지天地가 변화하는 일을 거울같이 비추어 보이심을 말한다.

2) 오호嗚呼 금화정역金火正易 부왕태래否往泰來

금화정역金火正易은 오행五行을 중심으로 한 정역正易을 금화정역이라고 한다. 금화金火가 서로 바뀌니 천지비괘天地否卦가 가고 지천태괘地天泰卦가 온다는 것이다. 지천태괘地天泰卦는 건곤乾坤이 중심中心에 바로 선 정역괘正易卦를 말하며, 천지만물天地萬物이 서로 통하며 안으로 굳건하고 밖으로 유순柔順한 군자지도君子之道는 자라나고 소인지도小人之道는 사라져 태평성대를 이루는 후천后天을 의미한다.

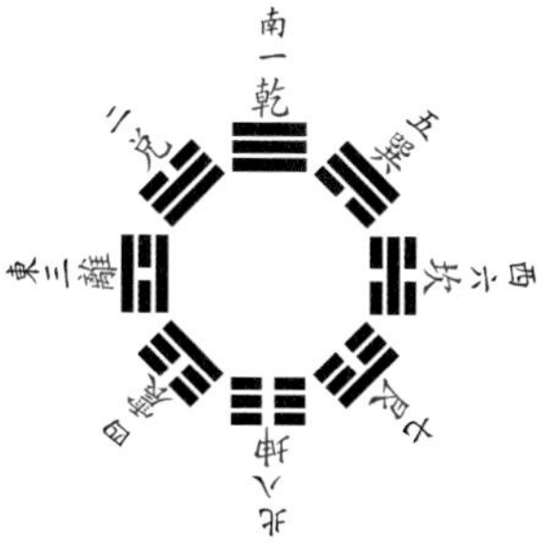

복희팔괘도(천지비天地否)

정역팔괘도(지천태地天泰)

嗚呼라 **己位親政**하니 **戊位尊空**이로다.
오 호 기 위 친 정 무 위 존 공
嗚呼라 **丑宮**이 **得旺**하니 **子宮退位**로다.
오 호 축 궁 득 왕 자 궁 퇴 위
嗚呼라 **卯宮**이 **用事**하니 **寅宮**이 **謝位**로다.
오 호 묘 궁 용 사 인 궁 사 위

○ 嗚(탄식 소리 오) 呼(부를 호) 火(불 화) 易(바꿀 역) 否(아닐 부) 往(갈 왕) 泰(클 태) 來(올 래(내)) 己(천간 기) 位(자리 위) 親(친할 친) 政(정사 정) 戊(천간 무) 尊(높을 존) 空(빌 공) 丑(지지 축) 宮(집 궁) 得(얻을 득) 旺(성할 왕) 子(지지 자) 退(물러날 퇴) 位(자리 위) 卯(지지 묘) 用(쓸 용) 事(일 사) 寅(지지 인) 謝(물러날 사)

오호라, 기위己位에서 친히 정사政事하시니 무위戊位는 존공尊空되는구나.

오호라, 축궁丑宮이 왕운을 얻으니 자궁子宮이 자리를 물러나는구나.

오호라, 묘궁卯宮이 일을 하게 되니 인궁寅宮이 자리를 떠나는구나.

개요概要

선후천先后天 변화變化에 대한 설명이다. 『정역正易』에서는 시간적인 입장에서 천도天道의 어떠한 일대변혁이 일어나는 시위時位를 기준으로 하여 그 이전의 세계를 선천先天이라 하고, 그 이후의 세계를 후천后天이라 한다.

각설各說

1) 기위친정己位親政

기위친정己位親政이란? ①선천先天은 무위无位가 주재主宰하였으나 ② 후천后天은 기위己位가 주재主宰하여 친히 정사政事를 한다는 것이다. 이때 기위己位는 무극신无極神·상제上帝님의 자리이다.

2) 무위존공戊位尊空

무위존공戊位尊空은 후천后天에는 십무극十无極 기위己位가 친親히 정사政事를 하고 묘궁卯宮을 용사用四하기 때문에 선천先天에 정사政事하던 무위戊位가 존공尊空되고, 인궁寅宮으로 쓰던 일一도 물러간다. 존공尊空은 십오존공十五尊空으로 사력변화四曆變化를 통해서 이루어진다. 『정역正易』에서 존공尊空의 의미는 높이 모시거나 그 자리를 비워두는 것을 의미한다.

3) 축궁득왕丑宮得旺

후천后天에는 정월正月을 묘월卯月에서 시작하여 이를 묘궁용사卯宮用事라고 한다. 이 묘궁용사卯宮用事를 하게 되는 체제는 축궁丑宮에서 왕운旺運을 얻게 되는 것이다. 즉 선천先天에서는 하늘의 정사政事가 자子에서 열리지만 후천后天에서는 땅의 정사政事로 바뀌어서 축궁丑宮이 왕운旺運을 얻는다는 것이다.

4) 자궁퇴위子宮退位

선천先天에 인궁용사寅宮用事하던 자궁子宮의 체體가 그 위치位置에서 물러간다는 것이다. ①자인오신子寅午申은 선천先天의 선후천先后天이고, 축묘미유丑卯未酉는 후천后天의 선후천先后天이다. ②갑기甲己가 기갑己甲으로 전도됨에 따라 육갑六甲이 육기六己로 된다. 즉 육갑六甲의 초두初頭에 ㉠갑자甲子로 쓰던 것을 ㉡기축己丑으로 쓴다는 것이다. 이것은 지축地軸의 변동으로 인한 것으로 ③자궁子宮이 물러나고 축궁丑宮이 들어섬으로 표현하였다.

자인오신子寅午申과 선후천

口 分															
		先天之先天								先天之后天					
선천 先天	자인오신 子寅午申			자 子	축 丑	인 寅	묘 卯	진 震	사 巳	오 午	미 未	신 申	유 酉	술 戌	해 亥
후천 后天	축묘미유 丑卯未酉	해 亥	자 子	축 丑	인 寅	묘 卯	진 震	사 巳	오 午	미 未	신 申	유 酉	술 戌	해 亥	
				后天之先天						后天之后天					

정역에서의 지축변화와 선후천

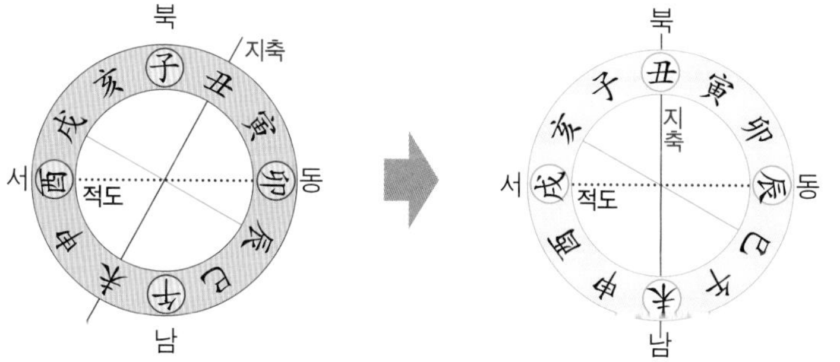

선천先天(자오묘유子午卯酉)　　후천后天(진술축미辰戌丑未)

5) 묘궁용사卯宮用事 인궁사위寅宮謝位

후천后天에는 정월세수正月歲首를 묘궁卯宮이 일을 하게 되니 선천先天의 세수歲首로 쓰이는 인궁寅宮은 자리에서 떠나는구나. ①갑기야반생갑자甲己夜半生甲子 병인두丙寅頭 자축인子丑寅으로 삼원수三元數로 쓰이던 것이 ②기갑야반생계해己甲夜半生癸亥 정묘두丁卯頭 해자축인묘亥子丑寅卯로 오원수五元數로 쓰이게 됨을 말한 것이다. 그러므로 "오호라 오운五運이 운運하고 육기六氣가 기氣하여 십일귀체十一歸體하니 공덕무량功德无量이로다."라고 한 것이다.

❑선천정월先天正月 세수歲首
갑기야반생갑자甲己夜半生甲子 병인두丙寅頭 자축인子丑寅 삼원수三元數

❑후천정월后天正月 세수歲首
기갑야반생계해己甲夜半生癸亥 정묘두丁卯頭 해자축인묘亥子丑寅卯 오원수五元數

16	17	18	19	20	21	22	23	23	25	26	27	28	29	30	1	2	3	4	5	6	7	8	9	10	11	12	13	14	15
1	2	3	4	5	6	7	8	9	10	11	12	13	14	15	16	17	18	19	20	21	22	23	23	25	26	27	28	29	30
癸未	甲申	乙酉	丙戌	丁亥	戊子	己丑	庚寅	辛卯	壬辰	癸巳	甲午	乙未	丙申	丁酉	戊戌	己亥	庚子	辛丑	壬寅	癸卯	甲辰	乙巳	丙午	丁未	戊申	己酉	庚戌	辛亥	壬子
											↓三元數																		
癸丑	甲寅	乙卯	丙辰	丁巳	戊午	己未	庚申	辛酉	壬戌	癸亥	甲子	乙丑	丙寅	丁卯	戊辰	己巳	庚午	辛未	壬申	癸酉	甲戌	乙亥	丙子	丁丑	戊寅	己卯	庚辰	辛巳	壬午
											↑五元數																		

十一張-前

嗚呼라 **五運**이 **運**하고 **六氣**가 **氣**하야
오호 오운 운 육기 기
十一歸體하니 **功德无量**이로다.
십일귀체 공덕무량

○ 嗚(탄식 소리 오) 呼(부를 호) 運(돌 운) 氣(기운 기) 歸(돌아갈 귀) 體(몸 체) 功(공 공) 德(덕 덕) 无(없을 무) 量(헤아릴 량{양})

오호라, 오운이 운전하고 육기가 기동하여 십十과 일一이 한 몸이 되는 공덕(인격적차원人格的次元)이 그지없구나.

개요概要

오유육기五運六氣에 대한 설명이다. 오운五運은 음양陰陽으로 나누면 십간十干이 되고, 육기六氣를 음양陰陽으로 나누면 지지地支가 된다.

각설各說

1) 오운운五運運 육기기六氣氣

오운五運이 천간天干으로 육갑六甲의 지지地支를 다섯 번 운행한다는 것이고, 육기六氣는 지지地支로 천간天干을 여섯 번 돈다는 것이다.

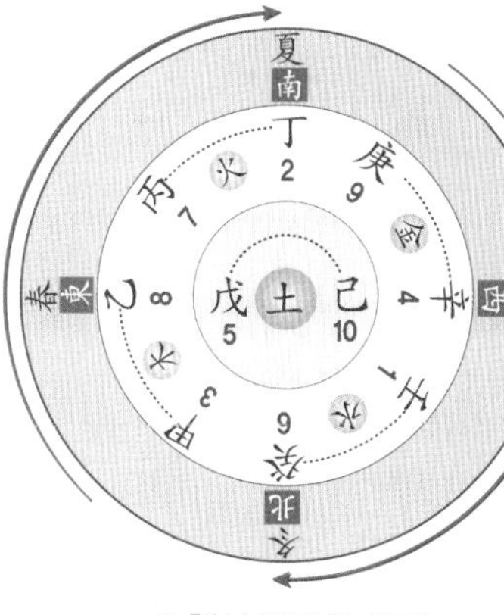

오행상생도와 천간

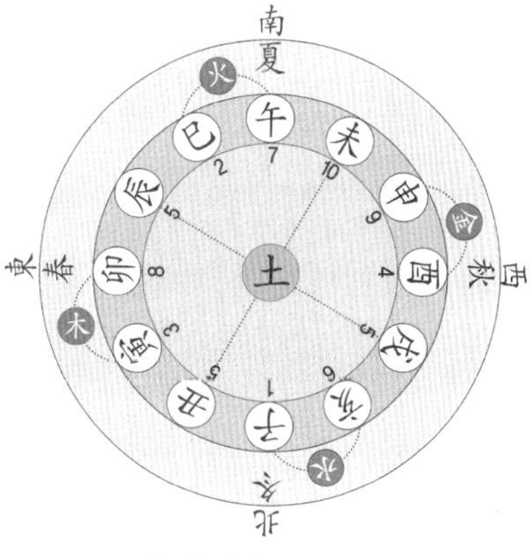

육기방위도와 지지

2) 십일귀체十一歸體

모든 것이 오운육기五運六氣로 돌아서 십일귀체十一歸體한다는 것이다. 다시 말하면 용육用六이 작용하여 십十과 일一이 한 몸이 된다. 십일十一은 삼팔三八이요 포오함육胞五含六이나 십진일퇴十進一退도 모두 십일귀체十一歸體 원리와 관련이 있다.

3) 공덕무량功德无量

공덕功德이 한량없다는 것은 오운육기五運六氣가 십일귀체十一歸體됨으로서 그 공덕功德이 그지없다는 것이다.

○무극체위도수无極體位度數

无極體位度數라
무 극 체 위 도 수
己巳 戊辰 己亥 戊戌이니라.
기 사 무 진 기 해 무 술
度는 **逆**하고 **道**는 **順**하니라
도 역 도 순
而數 六十一이니라.
이 수 육 십 일

○ 无(없을 무) 極(다할 극) 體(몸 체) 位(자리 위) 度(법도 도) 數(셀 수) 戊(천간 무) 辰(지지 진) 己(천간 기) 亥(지지 해) 戌(지지 술) 逆(거스를 역) 道(길 도) 順(순할 순) 而(말 이을 이)

무극이 체위한 무극도수라. 기사, 무진, 기해, 무술이니라. 간지干支로는 거슬리고 수數로는 순順하다. 그 수數는 육십일六十一이니라.

개요概要

십무극十无極의 체위도수體位度數인 십토기위十土己位의 성도도수成道度數에 대한 설명이다.

각설各說

1) 무극체위도수无極體位度數, 기사己巳 무진戊辰 기해己亥 무술戊戌

태양지정太陽之政의 무극无極이 체위體位한 도수度數를 말한다. 무극无極의 체위도수體位度數는 61도이다. 하도적河圖 작용으로 천간天干 작용이 무기戊己부터 기사己巳, 무진戊辰, 기해己亥, 무술戊戌이다. 즉 하늘의 사주四柱이다.

无極體位度數

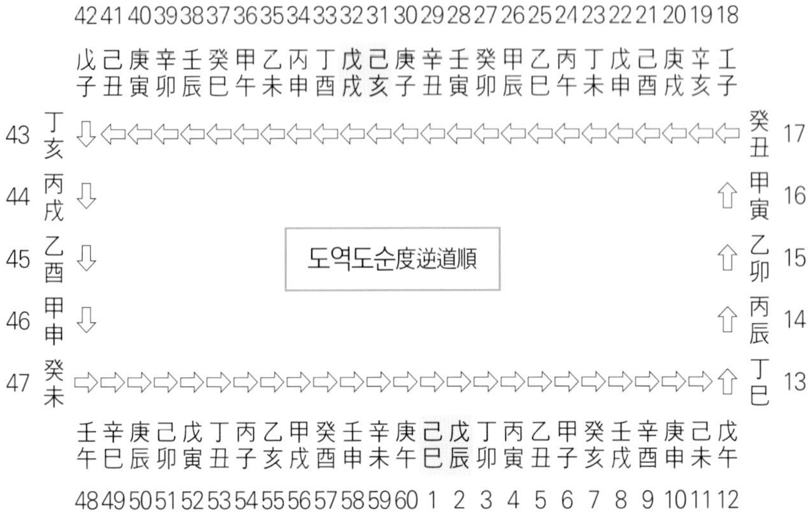

2) 도역도순度逆道順 이수육십일而數六十一

도역도순度逆道順은 ①간지干支로는 기사己巳에서 무술戊戌로 가기 때문에 역逆으로 가는 것이고, ②수數로 가는 도道는 기십己十에서 무오戊五로 가기 때문에 순順이다. 그러므로 기위己位는 도역이도순度逆而道順하여 기위己位는 기사己巳(년年)·무진戊辰(월月)·기해己亥(일日)·무술戊戌(시時)로서 십기十己에서 무오戊五를 지나 다시 기사궁己巳宮을 전순하여 61도에서 성도成道한다. 이것을 무극체위도수无極體位度數라 한다.

○황극체위도수皇極體位度數

皇極體位度數라
황 극 체 위 도 수

戊戌 己亥 戊辰 己巳니라.
무 술 기 해 무 진 기 사

度는 **順**하고 **道**는 **逆**하니라.
도 순 도 역

而數는 **三十二**니라.
이 수 삼 십 이

○ 皇(임금 황) 極(다할 극) 體(몸 체) 位(자리 위) 度(법도 도) 數(셀 수) 戊(천간 무) 戌(지지 술) 亥(지지 해) 辰(지지 진) 巳(지지 사)

황극의 체위도수는 무술 기해 무신 기사이다.

간지로는 순하고 수로는 거스른다. 그 수는 32이다.

개요槪要

오황극五皇極의 체위도수體位度數는 오토무위五土戊位이니 그 체위도수에 대한 설명이다.

각설各說

1) 황극체위도수皇極體位度數 무술戊戌 기해己亥 무진戊辰 기사己巳

후천后天에서는 오황극五皇極이 체體이다. 황극皇極의 체위體位한 도수度數가 무술戊戌·기해己亥·무신戊申·기사己巳이다. 월정사月政事로 땅 사주四柱이다.

십무극十无極을 체體로 하고 일태극-선천先天은 태극太極을 용用으로 한다. 후천后天에서는 오황극五皇極을 체體로 하고, 십무극十无極을 용用으로 한다는 것이다. 그 이치理致는 정역팔괘도正易八卦圖에서 밝히고 있다.

皇極體位度數

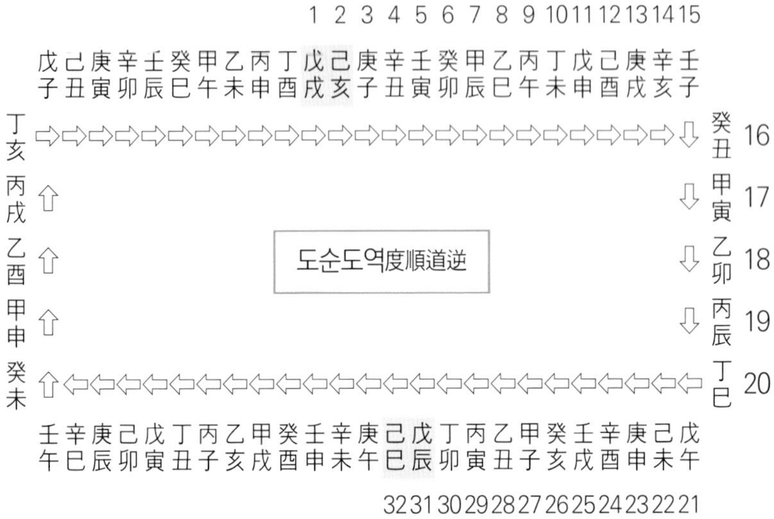

2) 도순도역度順道逆 이수삼십이而數三十二

도순도역度順道逆은 ①간지도수干支度數에서 무술戊戌에서 기해己亥·무진戊辰·기사己巳로 순행順行하니 도순度順이고, ②도수度數로는 오五에서 십十으로 역행逆行하므로 도역道逆이라 한 것이다. 그러므로 지지干支로는 순順하고 수數로는 거스른다고 하는 것이다. 그리고 32도 기사궁己巳宮에서 성도成道하니 그 수數는 무술戊戌에서 기사己巳까지의 32도라고 하는 것이다.

十一張-後

○ 월극체위도수月極體位度數

月極體位度數라
월 극 체 위 도 수
庚子 戊申 壬子 庚申 己巳니라.
경 자 무 신 임 자 경 신 기 사
初初一度는 **有而无**니라.
초 초 일 도 유 이 무
五日而候니라.
오 일 이 후
而數는 **三十**이니라.
이 수 삼 십

○ 月(달 월) 極(다할 극) 體(몸 체) 位(자리 위) 度(법도 도) 數(셀 수) 初(처음 초) 度(법도 도) 候(기다릴 후)

월극月極의 체위도수는 경자(1/포胞) 무신(9/태胎) 임자(13/양養) 경신(21/생生) 기사(30/성成)이다. 초초일도初初一度는 있어도 없다. 오五일을 기다려 달이 생기니라. 그 수는 30이다.

개요槪要

태음정사인 월극체위月極體位의 성도도수成道度數를 설명한 것이다.

각설各說

1) 월극체위도수月極體位度數, 경자庚子 무신戊申 임자壬子 경신庚申 기사己巳

월극체위도수月極體位度數란? 일수一水(임수壬水)와 사금四金(경금庚金)으로 된 월극체위를 수중水中의 중위中位인 무술궁戊戌宮에서 잉태하여 후천后天 무위도수戊位度數를 이루는 달(기해己亥)은 경자庚子의 초일도初一度에서 포胞(모체에서 떨어져 나와 개체가 되는 힘)하고, 9도(무신戊申)에서 태

胎하고, 13도(임자壬子)에서 양養하고, 21도(경신庚申)에서 생生하고, 30도(기사己巳)에서 성도成道한다는 것이다.

月極體位度數

1 2 3 4 5 6 7 8 9 10 11 12 13

戊子 己丑 庚寅 辛卯 壬辰 癸巳 甲午 乙未 丙申 丁酉 戊戌 己亥 庚子 辛丑 壬寅 癸卯 甲辰 乙巳 丙午 丁未 戊申 己酉 庚戌 辛亥 壬子

丁亥 ⇨⇨⇨⇨⇨⇨⇨⇨⇨⇨⇨⇨⇨⇨ ⇩ 癸丑14

丙戌 胞 胎 ⇩ 甲寅15

乙酉 ⇩ 乙卯16

甲申 ⇩ 丙辰17

癸未 成 ⇦⇦⇦⇦⇦⇦⇦⇦ 生 ⇦ 養 丁巳18

庚子➡胞, 戊申➡胎, 戊午➡養

庚申➡生, 己巳➡成

壬午 辛巳 庚辰 己卯 戊寅 丁丑 丙子 乙亥 甲戌 癸酉 壬申 辛未 庚午 己巳 戊辰 丁卯 丙寅 乙丑 甲子 癸亥 壬戌 辛酉 庚申 己未 戊午

30 29 28 27 26 25 24 23 22 21 20 19

2) 초초일도初初一度 유이무有而无

①태음太陰의 경우 초일도初一度 경자庚子에서 포胞하나, 초초일도初初一度는 있어도 없는 것이라 하였고, ②태양太陽의 경우 일칠도一七度 병오丙午에서 포胞하나 초초일도初初一度는 없어도 있는 것이다.

3) 오일이후五日而候

1년을 72후候로 나눈 것을 말한다. 오행五行(토금수목토土金水木火)이 일순一循하는 ①5일이 일후一候이다. ②한 달은 육후六候이고, ③일 년은 칠십이후七十二候이다.

4) 이수삼십而數三十

월극체위月極體位의 성도도수成道度數를 말한다. 경자일도庚子一度에서 포胞하여 기사己巳까지 삼십도三十度로 성도成道한다.

경자庚子 ⇨ 무신戊申 ⇨ 경오戊午 ⇨ 경신庚申 ⇨ 기사己巳(30도)

○일극체위도수日極體位度數

日極體位度數라
일 극 체 위 도 수
丙午 甲寅 戊午 丙寅 壬寅 辛亥니라.
병 오 갑 인 무 오 병 인 임 인 신 해

❍ 日(해 일) 極(다할 극) 體(몸 체) 位(자리 위) 度(법도 도) 數(셀 수) 甲(천간 갑) 寅(지지 인) 戊(천간 무) 午(지지 오) 丙(천간 병) 寅(지지 인) 壬(천간 임) 辛(천간 신) 亥(지지 해)

일극日極의 체위도수는 병오(포胞) 갑인(태胎) 무오(양養) 병인(생生) 임인(성成) 신해(종終)니라.

개요概要

태양도수太陽度數인 일극체위日極體位의 성도도수成道度數를 설명한 것이다.

각설各說

1) 일극체위도수日極體位度數, 병오丙午 갑인甲寅 무오戊午 병인丙寅 임인壬寅 신해辛亥

일극체위도수日極體位度數란? 기위도수己位度數 이루는 날(기해己亥)의 7도度(병오丙午)에 포胞하고, 15도度(갑인甲寅)에 태胎하고, 19도度(무오戊午)에 양養하고, 27도度(병인丙寅)에 화化하여 36도度를 뛰어 넘어서 임인壬寅에서 생生하고 신해辛亥에서 성도成道한다.

⇨

1 2 3 4 5 6 7 8 9 10 11 12 13

戊子 己丑 庚寅 辛卯 壬辰 癸巳 甲午 乙未 丙申 丁酉 戊戌 己亥 庚子 辛丑 壬寅 癸卯 甲辰 乙巳 丙午 丁未 戊申 己酉 庚戌 辛亥 壬子

丁亥 ⇧⇨⇨⇨⇨⇨⇨⇨⇨ 36도를 뛰어넘어➡ ⇨⇨ ⬆胞 ⇨⇨⇨⇨ ⬆成 ⇩ 癸丑 14

丙戌 ⇧ 丙午 胞➡ 甲寅 胎➡ 戊午 養 ➡ ⇩ 胎➡ 甲寅 15

乙酉 ⇧ 丙寅 化➡ 壬寅 生➡ 辛亥 成 ⇩ 乙卯 16

甲申 ⇧ ⇩ 丙辰 17

癸未 ⇦⇦⇦⇦ 丙寅에서 다시 36도를 뛰어넘어서⇦ 化⬇ ⇦⇦⇦⇦⇦⇦ 養⬇ 丁巳 18

壬午 辛巳 庚辰 己卯 戊寅 丁丑 丙子 乙亥 甲戌 癸酉 壬申 辛未 庚午 己巳 戊辰 丁卯 丙寅 乙丑 甲子 癸亥 壬戌 辛酉 庚申 己未 戊午

27 26 25 24 23 22 21 20 19

十二張-前

初初一度는 **无而有**니라
초 초 일 도　무 이 유
七日而復이니라 **而數**는 **三十六**이니라.
칠 일 이 복　이 수　삼 십 육

○ 初(처음 초) 无(없을 무) 有(있을 유) 復(돌아올 복)

초초初初 일도一度는 없어도 있느니라. 칠七일에 회복하니라. 그 수數는 36이니라.

개요槪要

태양지정 일극체위도수 36에 대한 설명이다.

각설各說

1) 초초일도初初一度 무이유无而有

①태음太陰은 초일도初一度인 경자庚子에서 포胞하고, 초초일도는 경자庚子에서 도전倒顚하면 기해己亥가 된다. 그러므로 초초일도初初一度는 있어도 없는 것이다. ②태양의 경우 일칠도一七度인 병오에서 포胞하므로 초초일도는 기해己亥가 된다. 초초일도初初一度는 경자궁庚子宮은 없어도 기해궁己亥宮은 있다는 것이다. 달이 외면은 보이지 않지만 안은 보이는 이치이다.

2) 칠일이복七日而復 이수삼십육而數三十六

칠七일에 회복하는 도수가 일극체위도수 36도라는 것이다.

○화옹무위원천화化翁无位原天火

化翁은 **无位**시고 **原天火**시니 **生地十己土**니라.
화옹 무위 원천화 생지십기토

○ 化(될 화) 翁(늙은이 옹) 无(없을 무) 位(자리 위) 原(근원 원) 地(땅 지) 己(천간기)

화옹은 자리가 없으시고 원천原天의 화火이시니, 지십기토를 낳느니라.

개요概要

화옹化翁은 천지만물을 생화生化하는 조화주로서 무소부재無所不在하여 일정한 한 곳에 자리를 정함이 없다는 것이다.

각설各說

1) 화옹무위化翁无位 원천화原天火

화옹化翁은 건곤乾坤이 합덕合德된 원천화原天火를 말한다. 화옹化翁은 변화의 주인공이요, 인격적 하느님이다. 원천原天의 화火이다.

2) 생지십기토生地十己土

지십기토地十己土는 태음太陰과 태양太陽의 근원이다. 역수曆數로는 10이고, 오행五行의 체體이다. 십十은 무극수无極數로써 생성生成과 종시終始를 총괄한다.

己巳宮은 **先天而后天**이니라.
기사궁 선천이후천

○ 己(천간 기) 巳(지지 사) 宮(집 궁) 先(먼저 선) 而(말 이을 이) 后(뒤 후)

기사궁己巳宮은 선천이로되 후천이다.

개요概要

무위체위도수无位體位度數인 기사궁己巳宮이 선천이후천先天而后天임을 설명하고 있다.

각설各說

1) 기사궁己巳宮 선천이후천先天而后天

무극체위수无極體位數의 기사己巳는 하느님 자리이다. 기사궁己巳宮이 원천화原天火로서 선천先天이로되 후천后天이다. 이는 하도河圖가 선천先天인데 후천后天이 됨을 밝힌 것이다. 기사궁己巳宮은 지십기토地十己土의 성도지궁成道之宮이다. 무위체위도수无位體位度數인 기사궁己巳宮에서 성도成道하여 후천后天을 용사用事하나 그 체體는 선천先天이므로 선천이후천先天而后天이라고 한 것이다.

기사궁의 선천이후천

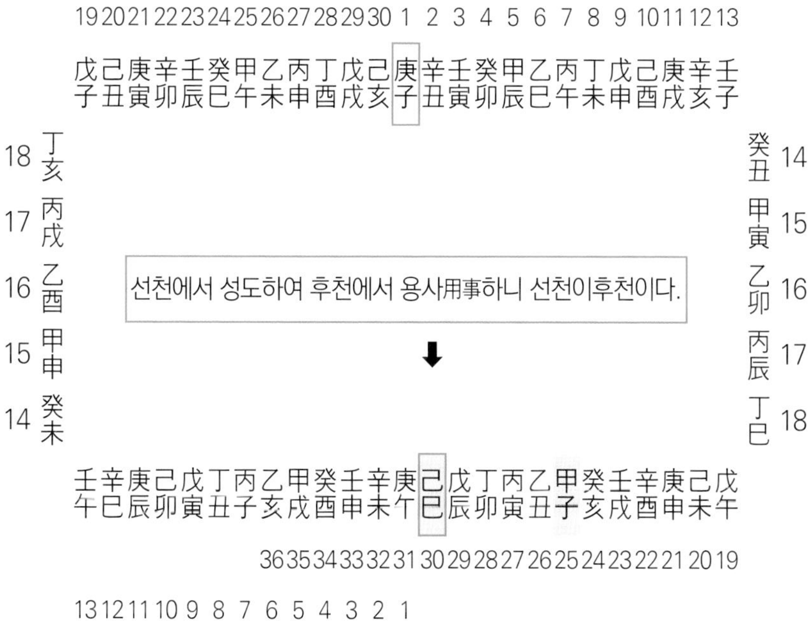

地十己土는 **生天九辛金**하고
지 십 기 토　생 천 구 신 금
天九辛金은 **生地六癸水**하고
천 구 신 금　생 지 육 계 수

○ 地(땅 지) 己(천간 기) 辛(천간 신) 金(쇠 금) 生(날 생) 癸(천간 계)

지십기토는 천구신금을 낳고, 천구신금은 지육계수를 낳는다.

개요概要

선후천先后天의 도역생성원리倒逆生成原理와 생장수장生長收藏의 원리를 결부시켜서 선후천변화先后天變化를 설명하고 있다.

1. 오행五行과 상극·상생
   - 가. 상생相生질서 : 목화토금수木火土金水
   - 나. 상극相剋질서 : 수화금목토水火金木土
2. 선후천과 사계절
   - 가. 봄, 여름(생장生長) : 선천
   - 나. 가을, 겨울(수장收藏) : 후천
3. 선후천과 오행
   - 가. 선천 : 목木(갑甲)을 시두始頭로 역생逆生하는 생장生長작용을 위주로 한 순서는 목화토금수木火土金水이다.
   - 나. 후천 : 금金(경庚)을 시두始頭로 도생倒生하는 상극작용(수장收藏을 위한 숙살肅殺)으로 그 순서는 금수목화토金水木火土이다.
4. 정역의 선후천과 오행원리
   - 가. 선천의 역생작용와 오행
     - 1) 역생의 순서 : 천일임수天一壬水 ⇨ 지이정화地二丁火 ⇨ 천삼갑목天三甲木 ⇨ 지사경금地四庚金 ⇨ 천오무토天五戊土 ⇨ 지육계

水地六癸水 ⇨ 천칠병화天七丙火 ⇨ 지팔을목地八乙木 ⇨ 천구신금天九辛金 ⇨ 지십기토地十己土

2) 만물의 생장生長을 주관

3) 선천오행작용 : 수水, 화火, 목木, 금金, 토土(生長을 위한 상생작용)

나. 후천의 도생작용과 오행

1) 도생의 순서 : 지십기토地十己土 ⇨ 천구신금天九辛金 ⇨ 지팔을목地八乙木 ⇨ 천칠병화天七丙火 ⇨ 지육계수地六癸水 ⇨ 천오무토天五戊土 ⇨ 지사경금地四庚金 ⇨ 천삼갑목天三甲木 ⇨ 지이정화地二丁火 ⇨ 천일임수天一壬水

2) 만물의 새로운 생명 창조를 위한 숙살 작용

3) 후천오행작용 : 토土, 금金, 목木, 화火, 수水

	수水		화火		목木		금金		토土	
先天 (逆成)	임壬	계癸	병丙	정丁	갑甲	을乙	경庚	신辛	무戊	기己
	일一	육六	칠七	이二	삼三	팔八	사四	구九	오五	십十
	토土		금金		목木		화火		수水	
后天 (倒生)	무戊	기己	경庚	신辛	갑甲	을乙	병丙	정丁	임壬	계癸
	오五	십十	사四	구九	삼三	팔八	칠七	이二	일一	육六

각설各說

1) 지십기토地十己土 생천구신금生天九辛金

지십기토地十己土는 십토十土로서 십十이 구九를 생하니, 천구신금天九辛金이다. ①선천先天에서 신구금辛九金은 십토十土로 역생逆生하는 구금九金이나, ②후천后天에서는 십토十土에서 도생倒生하는 구금九金이므로 천구신금天九辛金이 된다는 것이다.

2) 천구신금天九辛金 생지육계수生地六癸水

①선천의 육계수六癸水는 구금九金으로 역생逆生하는 육수六水이나, ② 후천后天에서는 구금九金에서 도생倒生하는 육수六水이므로 지육계수地六癸水가 된다는 것이다.

先天 (逆成)	수水		화火		목木		금金		토土	
	임壬	계癸	병丙	정丁	갑甲	을乙	경庚	신辛	무戊	기己
	일一	육六	칠七	이二	삼三	팔八	사四	구九	오五	십十
后天 (倒生)	토土		금金		목木		화火		수水	
	무戊	기己	경庚	신辛	갑甲	을乙	병丙	정丁	임壬	계癸
	오五	십十	사四	구九	삼三	팔八	칠七	이二	일一	육六

十二張-後

地六癸水는 **生 天三乙木**하고
지 육 계 수 생 천 삼 을 목
天三乙木은 **生 地二丁火**하고
천 삼 을 목 생 지 이 정 화
地二丁火는 **生 天五戊土**니라.
지 이 정 화 생 천 오 무 토
戊戌宮은 **后天而先天**이니라
무 술 궁 후 천 이 선 천

○ 地(땅 지) 六(여섯 육) 癸(천간 계) 水(물 수) 戊(천간 무) 戌(지지 술) 宮(집 궁)

지육계수는 천삼을목을 생하고 천삼을목은 지이정화를 생하고 지이정화는 천오무토를 낳는다. 무술궁은 후천后天이로되 선천先天이니라.

개요概要

토금수목화土金水木火 오행五行의 역생逆生은 삼천양지三天兩地로서 후천后天에서는 토土에서 태음太陰이 생겨남을 말한다.

각설各說

1) 지육계수地六癸水 생천삼을목生天三乙木

①선천의 을팔목乙八木은 육수六水가 역생逆生하는 팔목八木이나, ②후천后天에서는 육수六水가 도생倒生하는 삼목三木이므로 천삼을목天三乙木을 생한나는 것이다.

2) 천삼을목天三乙木 생지이정화生地二丁火

①선천先天에서 정화丁火는 이화二火에서 역생逆生하는 삼목三木이나, ②후천后天에서는 삼목三木에서 도생倒生하는 이화二火이므로 지이정화地

二丁火를 생한다는 것이다.

	수水		화火		목木		금金		토土	
先天(逆成)	임壬	계癸	병丙	정丁	갑甲	을乙	경庚	신辛	무戊	기己
	일一	육六	칠七	이二	삼三	팔八	사四	구九	오五	십十
	토土		금金		목木		화火		수水	
后天(倒生)	무戊	기己	경庚	신辛	갑甲	을乙	병丙	정丁	임壬	계癸
	오五	십十	사四	구九	삼三	팔八	칠七	이二	일一	육六

3) 지이정화地二丁火 생천오무토生天五戊土

①선천先天에서 무토戊土는 이화二火에서 역생逆生하는 오토五土이나, ②후천后天에서는 오토五土가 도생倒生하는 이화二火이므로 지이정화地二丁火를 생한다는 것이다.

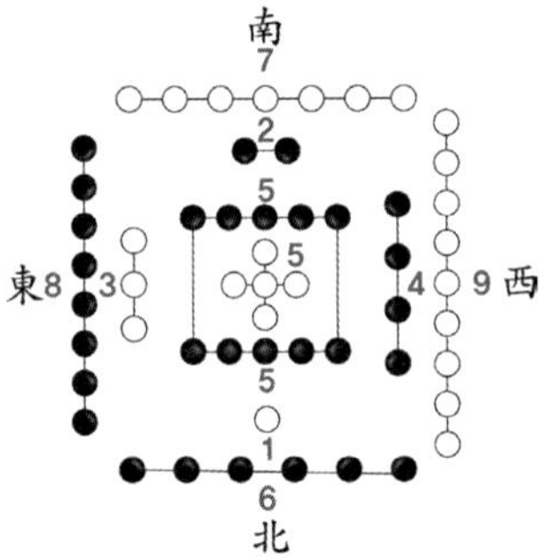

하도

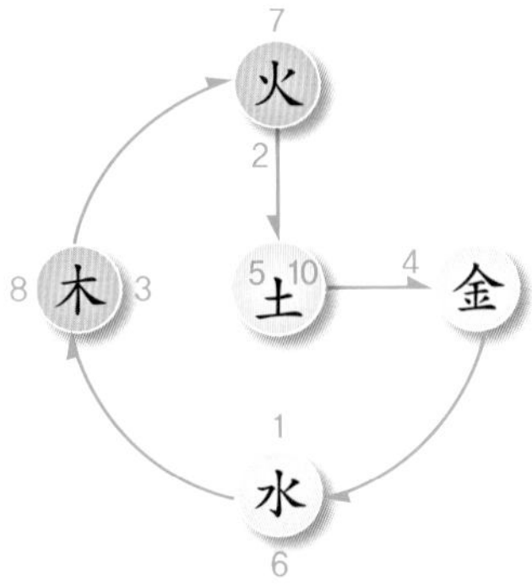

하도의 상생순환

4) 무술궁戊戌宮 후천이선천后天而先天

무술戊戌宮에서 합덕合德됨을 말한다. 무술궁戊戌宮은 황극皇極으로 낙서洛書 관계가 있다. 『주역』에서는 낙서洛書가 후천后天이었으나 『정역』에서는 앞으로 선천先天이 됨을 뜻하는 것이다. 무술戊戌宮은 합덕合德의 위치요, 인격성人格性으로 후천后天의 완성을 의미한다. 종시終始로 보면 다시 선천先天으로 이어진다.

天五戊土는 **生 地四庚金**하고
천 오 무 토　생 지 사 경 금
地四庚金은 **生 天一壬水**하고
지 사 경 금　생 천 일 임 수
天一壬水는 **生 地八甲木**하고
천 일 임 수　생 지 팔 갑 목
地八甲木은 **生 天七丙火**하고
지 팔 갑 목　생 천 칠 병 화

○ 天(하늘 천) 五(다섯 오) 戊(천간 무) 土(흙 토) 地(땅 지) 四(넉 사) 庚(천간 경) 金(쇠 금) 一(한 일) 壬(천간 임) 水(물 수) 八(여덟 팔) 甲(천간 갑) 木(나무 목) 七(일곱 칠) 丙(천간 병) 火(불 화)

천오무토는 지사경금을 생하고, 지사경금은 천일임수를 생하고, 천일임수는 지팔갑목을 생하고, 지팔갑목은 천칠병화를 생하고

개요概要

앞 구절의 내용을 이어서 설명하고 있다.

각설各說

1) 천오무토天五戊土 생生 지사경금地四庚金

①선천先天에서 경금庚金은 무오토戊五土로 역생逆生하는 구금九金이나, ②후천后天에서는 무오토戊五土가 도생倒生하는 사금四金이므로 지사경금地四庚金이 된다.

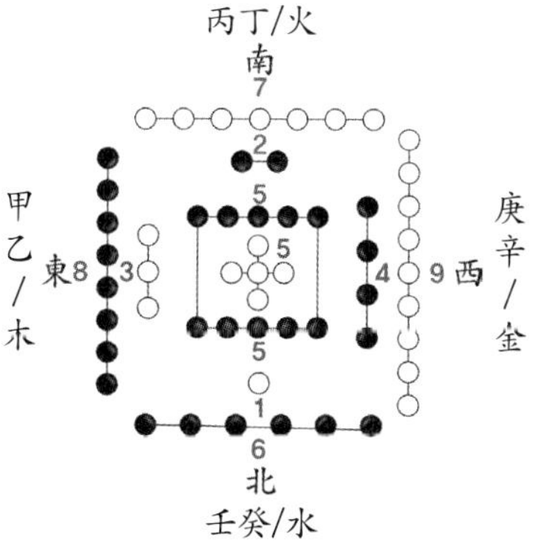

하도河圖

	수水		화火		목木		금金		토土	
先天 (逆成)	임壬	계癸	병丙	정丁	갑甲	을乙	경庚	신辛	무戊	기己
	일一	육六	칠七	이二	삼三	팔八	사四	구九	오五	십十
	토土		금金		목木		화火		수水	
后天 (倒生)	무戊	기己	경庚	신辛	갑甲	을乙	병丙	정丁	임壬	계癸
	오五	십十	사四	구九	삼三	팔八	칠七	이二	일一	육六

2) 지사경금地四庚金 생生 천일임수天一壬水

①선천先天에서는 일임수一壬數가 역생逆生하는 사경금四庚金이나, ②후천后天에서는 사금四金이 도생倒生하는 일수一水이므로 천일임수天一壬水가 되는 것이다.

3) 천일임수天一壬水 생生 지팔갑목地八甲木

①선천先天에서 갑목甲木은 일수一水가 역생逆生하는 삼목三木이나, ②후천后天에서는 일수一水를 도생倒生하는 목木이므로 지팔갑목地八甲木이 된다.

4) 지팔갑목地八甲木 생生 천칠병화天七丙火

①선천先天에서 병화丙火는 팔목八木이 역생逆生하는 칠화七火이나, ②후천后天에서는 팔목八木이 도생倒生하는 칠화七火이므로 천칠병화天七丙火가 되는 것이다.

十三張-前

天七丙火는 **生 地十己土**니라
천칠병화 생 지십기토
地十己土는 **生 天九庚金**하고
지십기토 생 천구경금
天九庚金은 **生 地六癸水**하고
천구경금 생 지육계수
地六癸水는 **生 天三甲木**하고
지육계수 생 천삼갑목
天三甲木은 **生 地二丙火**하고
천삼갑목 생 지이병화
地二丙火는 **生 天五戊土**하고
지이병화 생 천오무토
天五戊土는 **生 地四辛金**하고
천오무토 생 지사신금

○ 天(하늘 천) 五(다섯 오) 戊(천간 무) 土(흙 토) 地(땅 지) 四(넉 사) 庚(천간 경) 金(쇠 금) 一(한 일) 生(날 생) 壬(천간 임) 水(물 수) 八(여덟 팔) 甲(천간 갑) 木(나무 목) 七(일곱 칠) 丙(천간 병) 火(불 화)

천칠병화天七丙火는 지십기토地十己土를 낳느니라
지십기토地十己土는 천구경금天九庚金을 낳고,
천구경금天九庚金은 지육계수地六癸水를 낳고,
지육계수地六癸水는 천삼갑목天三甲木을 낳고,
천삼갑목天三甲木은 지이병화地二丙火를 낳고,
지이병화地二丙火는 천오무토天五戊土를 낳고,
천오무토天五戊土는 지사경금地四辛金을 낳고

개요概要

앞 구절의 내용을 이어 지십기토地十己土와 기사궁己巳宮이 만들어지는 과정을 설명하고 있다.

각설各說

1) 천칠병화天七丙火 생지십기토生地十己土

①선천先天에서 기십토己十土는 칠화七火가 역생逆生하는 십토十土이나, ②후천后天에서는 칠화七火를 도생倒生하는 십토十土이므로 지십기토地十己土를 낳는 것이다.

先天 (逆成)	수水		화火		목木		금金		토土	
	임壬	계癸	병丙	정丁	갑甲	을乙	경庚	신辛	무戊	기己
	일一	육六	칠七	이二	삼三	팔八	사四	구九	오五	십十
后天 (倒生)	토土		금金		목木		화火		수水	
	무戊	기己	경庚	신辛	갑甲	을乙	병丙	정丁	임壬	계癸
	오五	십十	사四	구九	삼三	팔八	칠七	이二	일一	육六

2) 지십기토地十己土 생천구경금生天九庚金

①선천先天에서 경금庚金은 사금四金이 역생逆生하는 십토十土이나, ②후천后天에서는 십토十土가 도생倒生하는 구금九金이므로 천구경금天九庚金이 되는 것이다.

3) 천구경금天九庚金 생지육계수生地六癸水

①선천先天에서 육계수六癸水는 육수六數가 역생逆生하는 구금九金이나, ②후천后天에서는 구금九金이 도생倒生하는 육수六水이므로 지육계수地六癸水가 되는 것이다.

4) 지육계수地六癸水 생천삼갑목生天三甲木

①선천先天에서 갑목甲木은 육수六水를 역생逆生하는 삼목三木이나, ②후천后天에서는 육수六水가 도생倒生하는 삼목三木이므로 천삼갑목天三甲木이 되는 것이다.

5) 천삼갑목天三甲木 생지이병화生地二丙火

①선천先天에서 병화丙火는 삼목三木이 역생逆生하는 칠화七火이나, ②

후천后天에서는 삼목三木이 도생倒生하는 이화二火이므로 지이병화地二丙火가 되는 것이다.

6) 지이병화地二丙火 생천오무토生天五戊土

①선천先天에서 무토戊土는 이화二火가 역생逆生하는 오토五土이나, ② 후천后天에서는 오토五土가 도생倒生하는 이화二火이므로 천오무토天五戊土가 되는 것이다.

7) 천오무토天五戊土 생지사신금生地四辛金

①선천先天에서 신금辛金은 오토五土가 역생逆生하는 구금九金이나, ② 후천后天에서는 오토五土가 도생倒生하는 사금四金이므로 지사신금地四辛金이 되는 것이다.

	수水		화火		목木		금金		토土	
先天 (逆成)	임壬	계癸	병丙	정丁	갑甲	을乙	경庚	신辛	무戊	기己
	일一	육六	칠七	이二	삼三	팔八	사四	구九	오五	십十
	토土		금金		목木		화火		수水	
后天 (倒生)	무戊	기己	경庚	신辛	갑甲	을乙	병丙	정丁	임壬	계癸
	오五	십十	사四	구九	삼三	팔八	칠七	이二	일一	육六

46 講

十三張-後

天一壬水는 生地八乙木하고
천 일 임 수　생 지 팔 을 목
地八乙木은 生天七丁火하고
지 팔 을 목　생 천 칠 정 화
天七丁火는 生地十己土니라.
천 칠 정 화　생 지 십 기 토
地十己土는 成天一壬水하고
지 십 기 토　성 천 일 임 수
天一壬水는 成地二丁火하고
천 일 임 수　성 지 이 정 화
地二丁火는 成天九辛金하고
지 이 정 화　성 천 구 신 금
天九辛金은 成地八乙木하고
천 구 신 금　성 지 팔 을 목
地八乙木은 成天五戊土니라.
지 팔 을 목　성 천 오 무 토

○ 天(하늘 천) 五(다섯 오) 戊(천간 무) 土(흙 토) 地(땅 지) 四(넉 사) 庚(천간 경) 金(쇠 금) 一(한 일) 生(날 생) 壬(천간 임) 水(물 수) 八(여덟 팔) 甲(천간 갑) 木(나무 목) 七(일곱 칠) 丙(천간 병) 火(불 화)

천일임수天一壬水는 지팔을목生地八乙木을 생하고

지팔을목地八乙木은 천칠정화生天七丁火를 생하고

천칠정화天七丁火는 지십기토生地十己土를 생하니라.

지십기토地十己土는 천일임수天一壬水를 이루고

천일임수天一壬水는 지이정화地二丁火를 이루고

지이정화地二丁火는 천구신금天九辛金을 이루고

천구신금天九辛金은 지팔을목地八乙木을 이루고

지팔을목地八乙木은 천오무토天五戊土를 이루니라.

개요概要

도역원리와 선후천 생성원리에 관한 설명이다.

각설各說

1) 천일임수天一壬水 생지팔을목生地八乙木

①선천에서는 일수一水가 역생逆生하는 팔목八木이나, ②후천后天에서는 팔목八金이 도생倒生하는 일수一水이므로 지팔을목地八乙木이 생生하는 것이다.

2) 지팔을목地八乙木 생천칠정화生天七丁火

①선천에서는 정화丁火는 을목乙木이 역생逆生하는 칠화七火이나, ②후천后天에서는 을목乙木이 도생倒生하는 화火이므로 천칠정화天七丁火가 생生하는 것이다.

3) 천칠정화天七丁火 생지십기토生地十己土

①선천에서는 기토己土는 칠화七火가 역생逆生하는 십토十土이나, ②후천后天에서는 칠화七火가 도생倒生하는 토土이므로 지십기토地十己土가 생生하는 것이다.

4) 지십기토地十己土 성천일임수成天一壬水

①선천에서는 임수壬水는 십토十土가 역생逆生하는 일수一水요, ②후천后天에서는 십토十土가 도생倒生하는 수水이므로 천일임수天一壬水를 이룬다.

先天 (逆成)	수水		화火		목木		금金		토土	
	임壬	계癸	병丙	정丁	갑甲	을乙	경庚	신辛	무戊	기己
	일一	육六	칠七	이二	삼三	팔八	사四	구九	오五	십十
后天 (倒生)	토土		금金		목木		화火		수水	
	무戊	기己	경庚	신辛	갑甲	을乙	병丙	정丁	임壬	계癸
	오五	십十	사四	구九	삼三	팔八	칠七	이二	일一	육六

5) 천일임수天一壬水 성지이정화成地二丁火

①선천에서 정화丁火는 일수一水가 역생逆生하는 이화二火이나, ②후천后天에서는 일수一水가 도생倒生하는 화火이므로 지이정화成地二丁火를 이룬다.

6) 지이정화地二丁火 성천구신금成天九辛金

①선천에서 신금辛金은 이화二火가 역생逆生하는 구금九金이나, ②후천后天에서는 이화二火가 도생倒生하는 금金이므로 천구신금天九辛金을 이룬다.

7) 천구신금天九辛金 성지팔을목成地八乙木

①선천에서 을목乙木은 구금九金이 역생逆生하는 삼목三木이나, ②후천后天에서는 구금九金이 도생倒生하는 목木이므로 지팔을목地八乙木을 이룬다.

8) 지팔을목地八乙木 성천오무토成天五戊土

①선천에서 무토戊土는 팔목八木이 역생逆生하는 십토十土이나, ②후천后天에서는 팔목八木이 도생倒生하는 토土이므로 천오무토天五戊土를 이룬다.

先天 (逆成)	수水		화火		목木		금金		토土	
	임壬	계癸	병丙	정丁	갑甲	을乙	경庚	신辛	무戊	기己
	일一	육六	칠七	이二	삼三	팔八	사四	구九	오五	십十
后天 (倒生)	토土		금金		목木		화火		수水	
	무戊	기己	경庚	신辛	갑甲	을乙	병丙	정丁	임壬	계癸
	오五	십十	사四	구九	삼三	팔八	칠七	이二	일一	육六

十四張-前

天五戊土는 **成地六癸水**하고
천오무토 성지육계수
地六癸水는 **成天七丙火**하고
지육계수 성천칠병화
天七丙火는 **成地四庚金**하고
천칠병화 성지사경금
地四庚金은 **成天三甲木**하고
지사경금 성천삼갑목
天三甲木은 **成地十己土**니라.
천삼갑목 성지십기토
丙甲庚三宮은 **先天之天地**니라
병갑경삼궁 선천지천지
丁乙辛三宮은 **后天之地天**이니라.
정을신삼궁 후천지지천
先天三天兩地니라. **后天三地兩天**이니라.
선천삼천양지 후천삼지양천

○ 天(하늘 천) 五(다섯 오) 戊(천간 무) 土(흙 토) 地(땅 지) 四(넉 사) 庚(천간 경) 金(쇠 금) 一(한 일) 生(날 생) 壬(천간 임) 水(물 수) 六(여섯 육) 甲(천간 갑) 木(나무 목) 己(천간 기) 七(일곱 칠) 丙(천간 병) 火(불 화) 先(먼저 선) 后(뒤 후) 三(석 삼) 地(땅 지) 兩(두 양(량))

천오무토天五戊土는 지육계수地六癸水를 이루고,

지육계수地六癸水는 천칠병화天七丙火를 이루고,

천칠병화天七丙火는 지사경금地四庚金을 이루고

지사경금地四庚金은 천삼갑목天三甲木을 이루고

천삼갑목天三甲木은 지십기토地十己土를 이루니라.

병丙과 갑甲과 경庚의 삼궁三宮은 선천先天의 하늘과 땅이니라

정丁과 을乙과 신辛의 삼궁三宮은 후천后天의 땅과 하늘이니라.

선천先天은 삼천양지三天兩地니라.

후천后天은 삼지양천三地兩天이니라.

개요概要

삼천양지三天兩之와 삼지양천三地兩天을 태泰·비否의 원리와 비교하여 설명하고 있다.

각설各說

1) 천오무토天五戊土 성지육계수成地六癸水

①선천에서 계수癸水는 오토五土가 역생逆生하는 일육一六이나, ②후천后天에서는 오토五土가 도생倒生하는 수水이므로 지육계수地六癸水를 이룬다.

	수水		화火		목木		금金		토土	
先天(逆成)	임壬	계癸	병丙	정丁	갑甲	을乙	경庚	신辛	무戊	기己
	일一	육六	칠七	이二	삼三	팔八	사四	구九	오五	십十
	토土		금金		목木		화火		수水	
后天(倒生)	무戊	기己	경庚	신辛	갑甲	을乙	병丙	정丁	임壬	계癸
	오五	십十	사四	구九	삼三	팔八	칠七	이二	일一	육六

2) 지육계수地六癸水 성천칠병화成天七丙火

①선천에서 병화丙火는 육수六水가 역생逆生하는 칠화七火이나, ②후천后天에서는 육수六水가 도생倒生하는 화火이므로 천칠병화天七丙火를 이룬다.

3) 천칠병화天七丙火 성지사경금成地四庚金

①선천에서 경금庚金은 칠화七火가 역생逆生하는 사금四金이나, ②후천后天에서는 칠화七火가 도생倒生하는 금金이므로 지사경금地四庚金을 이룬다.

4) 지사경금地四庚金 성천삼갑목成天三甲木

①선천에서 갑목甲木은 사금四金이 역생逆生하는 삼목三木이나, ②후천

后天에서는 사금四金이 도생倒生하는 목木이므로 천삼갑목天三甲木을 이룬다.

5) 천삼갑목天三甲木 성지십기토成地十己土

①선천先天의 기토己土는 삼목三木이 역생逆生하는 십토十土이나, ②후천后天에서는 삼목三木이 도생倒生하는 토土이므로 지십기토成地十己土를 이룬다.

6) 병갑경삼궁丙甲庚三宮 선천지천지先天之天地

병갑경丙甲庚 삼궁三宮은 양陽이므로 선천先天이 되고, 하늘이 되니 삼천三天의 상象이다. 십간원도수十干原度數로 보면 병칠丙七, 갑팔甲八, 경사庚四이다. 그 중 갑경甲庚 이간二干은 음수陰數로서 지地가 되니 이는 양지兩地의 상象이다. 그러므로 병갑경丙甲庚은 삼천양지三天兩地로서 선천先天의 천지天地가 되는 것이다. 달리 말하면 후천지지천后天之地天에서 선천先天을 천지天地라 함은 천지비괘天地否卦에서 유래한 것이다. 수지상수手支象數로 보면 일삼오칠구一三五七九인 삼천양지三天兩地를 천지天地라 하고 이사육팔십二四六八十인 삼지양천三地兩天을 지천地天이라 한다.

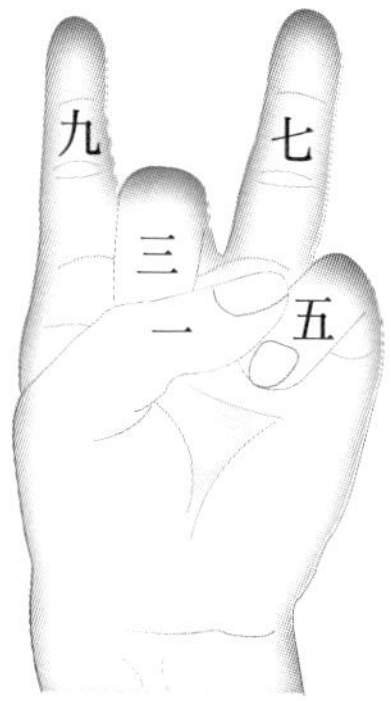

정역의
삼천양지三天兩地

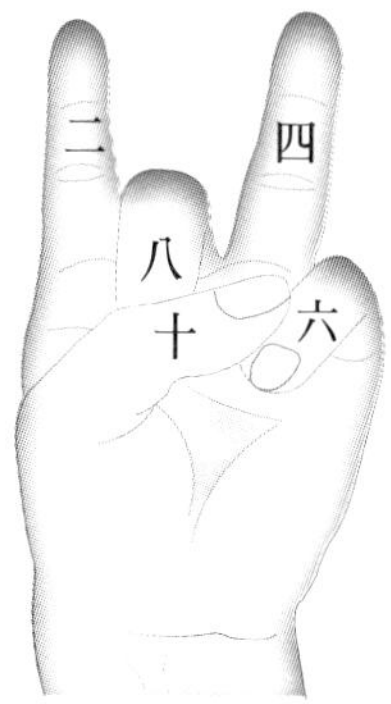

정역의
삼지양천三地兩天

7) 정을신삼궁丁乙辛三宮 후천지지천后天之地天

정을신丁乙辛 삼궁三宮은 음陰이므로 후천后天이 되고, 지地가 되니 이는 삼지三地의 상象이요, 이것을 십간원도수十干原度數로 보면 정이丁二, 을삼乙三, 신구辛九인데 을신乙辛 이간二干은 양수陽數로 천天이 되니 양천兩天의 상象이다. 그러므로 정을신丁乙辛은 후천后天의 삼지양천三地兩天으로서 후천后天의 지천地天이 되는 것이다.

8) 선천삼천양지先天三天兩地 후천삼지양천后天三地兩天

①『주역周易』에서는 생수生數인 일一·이二·삼三·사四·오五에서 일一·삼三·오五가 기수奇數로 삼천參天이요, 이二·사四는 우수偶數로서 양지兩地이니 이를 삼천양지參天兩地고 한다.

②『정역正易』에서는 기수奇數인 일삼오칠구一三五七九에서 생수生數인 일삼오一三五는 천도天道의 도수이고, 성수成數인 칠구七九는 지덕地德을 수로 규정하여 삼천양지三天兩地라 한다.

③삼지양천三地兩天은 후천의 상으로 우수偶數인 이사육팔십二四六八十에서 육팔십六八十은 삼지三地되고, 이사二四는 양천兩天으로 규정하여 삼지양천三地兩天이라 한다.

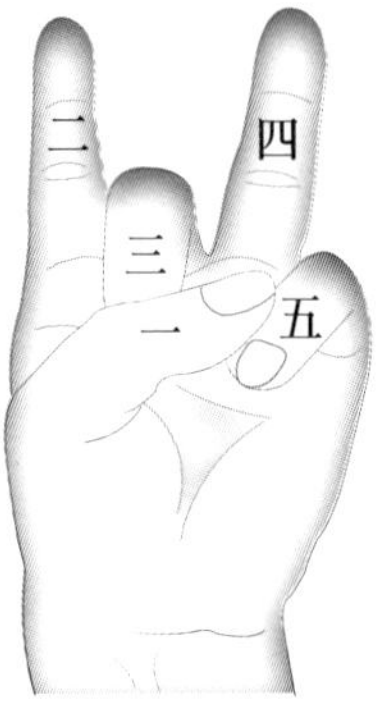

주역의
삼천양지三天兩地

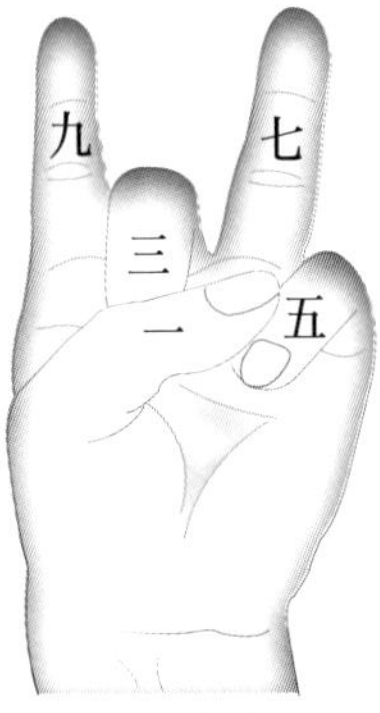

정역의
삼천양지三天兩地

정역의
삼지양천三地兩天

十四張-後

子寅午申은 **先天之先后天**이니라.
자 인 오 신　　선 천 지 선 후 천
丑卯未酉는 **后天之先后天**이니라.
축 묘 미 유　　후 천 지 선 후 천

자와 인, 오와 신은 선천의 선후천이다.

축과 묘, 미와 유는 후천의 선후천이다.

개요概要

지지地支와 선후천先后天에 대한 설명이다.

각설各說

1) 자인오신子寅午申 선천지선후천先天之先后天

자인오신子寅午申에서 ①자인子寅은 동북양방東北陽方의 수목水木으로 선천先天이 열리는 곳이므로 선천先天의 선천先天이요, ②오신午申은 서남음방西南陰方의 화금火金으로 자화가 바뀌어 금화金火로 교역交易하여 후천后天이 열리니 선천先天의 후천后天이다. 『정역正易』은 선천先天을 선천의 선천先天(복희괘도)과 선천의 후천后天(문왕괘도)으로 나누었다.

자인오신子寅午申과 선후천

口分			先天之先天						先天之后天					
선천 先天	자인오신 子寅午申		자 子	축 丑	인 寅	묘 卯	진 震	사 巳	오 午	미 未	신 申	유 酉	술 戌	해 亥

2) 축묘미유丑卯未酉 후천지선후천后天之先后天

축묘미유丑卯未酉에서 ①축묘丑卯는 동북양방東北陽方의 토목土木이므로 후천后天의 선천先天이요, ②미유未酉는 서남음방西南陰方의 토금土金

이므로 후천后天의 후천后天이라는 것이다.

축묘미유丑卯未酉와 선후천변화

口 分				后天之先天						后天之后天					
후천 后天	축묘미유 丑卯未酉	해 亥	자 子	축 丑	인 寅	묘 卯	진 震	사 巳	오 午	미 未	신 申	유 酉	술 戌	해 亥	

자인오신子寅午申과 축묘미유丑卯未酉의 선후천변화

口 分				先天之先天						先天之后天					
선천 先天	자인오신 子寅午申			자 子	축 丑	인 寅	묘 卯	진 震	사 巳	오 午	미 未	신 申	유 酉	술 戌	해 亥
후천 后天	축묘미유 丑卯未酉	해 亥	자 子	축 丑	인 寅	묘 卯	진 震	사 巳	오 午	미 未	신 申	유 酉	술 戌	해 亥	
				后天之先天						后天之后天					

정역에서의 지축변화와 선후천

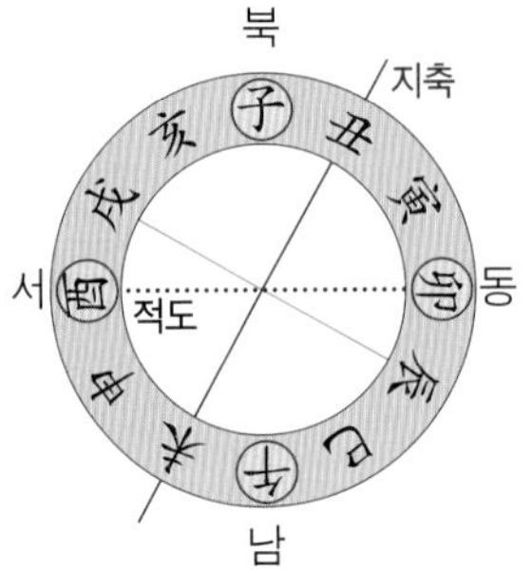

선천先天(자오묘유子午卯酉)

후천后天(진술축미辰戌丑未)

선천先天은 수화水火를 사용하였으나, 후천에서는 십수기위十數己位가 친정親政함으로 수화水火를 쓰지 않고 축토丑土와 미토未土를 사용하여 도생역성 하는 것이다.

○상원축회간지도上元丑會干支圖

己丑宮은 **庚寅 辛卯 壬辰 癸巳 甲午**
기 축 궁 　경 인 신 묘 임 진 계 사 갑 오
乙未 丙申 丁酉 戊戌이니라.
을 미 병 신 정 유 무 술
己亥宮은 **庚子 辛丑 壬寅 癸卯 甲辰**
기 해 궁 　경 자 신 축 임 인 계 묘 갑 진
乙巳 丙午 丁未 戊申이니라.
을 사 병 오 丁未 무 신

○ 己(천간 기) 丑(지지 축) 宮(집 궁) 庚(천간 경) 寅(지지 인) 辛(천간 신) 卯(지지 묘) 壬(천간 임) 辰(지지 진) 癸(천간 계) 巳(지지 사) 甲(천간 갑) 午(지지 오) 乙(천간 을) 未(지지 미) 丙(천간 병) 申(지지 신) 丁(천간 정) 酉(지지 유) 戊(천간 무) 戌(지지 술) 亥(지지 해)

상원 축회의 간지도라.

기축己丑은 경인庚寅 신묘辛卯 임진壬辰 계사癸巳 갑오甲午 을미乙未 병신丙申 정유丁酉 무술戊戌이다.

기해己亥는 경자庚子 신축辛丑 임인壬寅 계묘癸卯 갑진甲辰 을사乙巳 병오丙午 정미丁未 무신戊申이다.

개요概要

후천后天 책력冊曆인 상원축회간지도上元丑會干支圖에 대한 설명이다. 선천先天은 상원자회上元子會요, 후천后天은 상원축회上元丑會이다.

각설各說

1) 상원축회긴지도上元丑會干支圖

선천先天은 상원자회上元子會이고, 후천后天은 상원축회上元丑會이다. 기토십己土十이요, 축토십丑土十이므로 기축己丑이 후천축회后天丑會의 시始가 된다. ①상원上元이 원천原天의 기틀이라면 ②원천原天은 상원上元의 길이다. 상원上元은 무위无位로서 기위己位와 무위戊位가 생生하는 곳이며, 후천后天 간지干支가 나오는 곳이다. ③선천先天은 갑甲부터 시작하는데 ④후천后天은 기己부터 시작한다. 그러므로 상원축회간지도上元丑會干支圖는 기축己丑에서 시작해서 무자戊子까지 간 것이다. 이것이 후천책력도수后天冊曆度數이다.

2) 기축궁己丑宮 **경인**庚寅 **신묘**辛卯 **임진**壬辰 **계사**癸巳 **갑오**甲午 **을미**乙未 **병신**丙申 **정유**丁酉 **무술**戊戌

수지상수로 보면 제 일지一指 기축己丑으로부터 십지十指 무술戊戌에서 종終한다. 즉 기축己丑에서 상원上元이 시작된다는 것이다.

3) 기해궁己亥宮 **경자**庚子 **신축**辛丑 **임인**壬寅 **계묘**癸卯 **갑진**甲辰 **을사**乙巳 **병오**丙午 **정미**丁未 **무신**戊申

제 일지一指 기해己亥로부터 십지十指 무신戊申에서 종終한다. 기해己亥는 경자庚子, 신축辛丑, 임인壬寅, 계묘癸卯, 갑진甲辰, 을사乙巳, 병오丙午, 정미丁未, 무신戊申이다.

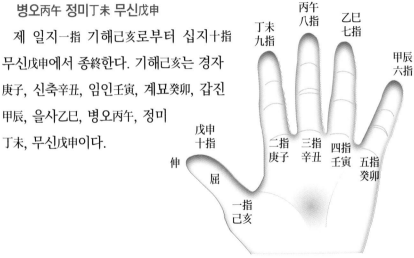

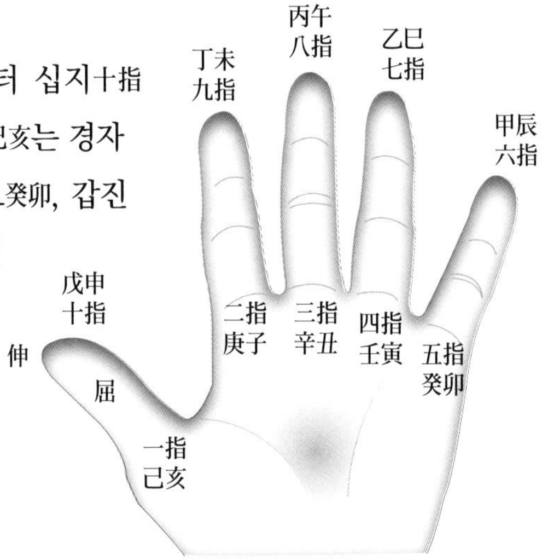

상원축회간지도上元丑會干支圖

己丑	庚寅	辛卯	壬辰	癸巳	甲午	乙未	丙申	丁酉	戊戌	己亥	庚子	辛丑	壬寅	癸卯	甲辰	乙巳	丙午	丁未	戊申	己酉	庚戌	辛亥	壬子	癸丑	甲寅	乙卯	丙辰	丁巳	戊午
己丑宮										己亥宮										己酉宮									
己未	庚申	辛酉	壬戌	癸亥	甲子	乙丑	丙寅	丁卯	戊辰	己巳	庚午	辛未	壬申	癸酉	甲戌	乙亥	丙子	丁丑	戊寅	己卯	庚辰	辛巳	壬午	癸未	甲申	乙酉	丙戌	丁亥	戊子
己未宮										己巳宮										己卯宮									

十五張-前

己酉宮은 **庚戌 辛亥 壬子 癸丑 甲寅**
기유궁 경술 신해 임자 계축 갑인
乙卯 丙辰 丁巳 戊午이니라.
을묘 병진 정사 무오
己未宮은 **庚申 辛酉 壬戌 癸亥 甲子**
기미궁 경신 신유 임술 계해 갑자
乙丑 丙寅 丁卯 戊辰이니라.
을축 병인 정묘 무진
己巳宮은 **庚午 辛未 壬申 癸酉 甲戌**
기사궁 경오 신미 임신 계유 갑술
乙亥 丙子 丁丑 戊寅이니라.
을해 병자 정축 무인
己卯宮은 **庚辰 辛巳 壬午 癸未 甲申**
기묘궁 경진 신사 임오 계미 갑신
乙酉 丙戌 丁亥 戊子이니라.
을유 병술 정해 무자

○ 酉(지지 유) 宮(집 궁) 庚(천간 경) 戌(지지 술) 辛(매울 신) 亥(지지 해) 壬(천간 임) 子(지지 자) 癸(천간 계) 丑(지지 축) 甲(천간 갑) 寅(지지 인) 乙(천간 을) 卯(지지 묘) 丙(천간 병) 辰(지지 진) 丁(천간 정) 巳(지지 사) 戊(천간 무) 午(지지 오) 未(지지 미) 申(지지 신) 辛(천간 신)

기유궁己酉宮은 경술庚戌 신해辛亥 임자壬子 계축癸丑 갑인甲寅 을묘乙卯 병진丙辰 정사丁巳 무오戊午니라.

기미궁己未宮은 경신庚申 신유辛酉 임술壬戌 계해癸亥 갑자甲子 을축乙丑 병인丙寅 정묘丁卯 무진戊辰이니라.

기사궁己巳宮은 경오庚午 신미辛未 임신壬申 계유癸酉 갑술甲戌 을해乙亥 병자丙子 정축丁丑 무인戊寅이니라.

기묘궁己卯宮은 경진庚辰 신사辛巳 임오壬午 계미癸未 갑신甲申 을유乙酉 병술丙戌 정해丁亥 무자戊子니라.

개요概要

24장張 후면後面을 이어서 후천后天 책력冊曆인 상원축회간지도上元丑會干支圖에 대한 설명이다.

上元丑會干支圖

己丑	庚寅	辛卯	壬辰	癸巳	甲午	乙未	丙申	丁酉	戊戌	己亥	庚子	辛丑	壬寅	癸卯	甲辰	乙巳	丙午	丁未	戊申	己酉	庚戌	辛亥	壬子	癸丑	甲寅	乙卯	丙辰	丁巳	戊午
己丑宮										己亥宮										己酉宮									
己未	庚申	辛酉	壬戌	癸亥	甲子	乙丑	丙寅	丁卯	戊辰	己巳	庚午	辛未	壬申	癸酉	甲戌	乙亥	丙子	丁丑	戊寅	己卯	庚辰	辛巳	壬午	癸未	甲申	乙酉	丙戌	丁亥	戊子
己未宮										己巳宮										己卯宮									

각설各說

1) 기유궁己酉宮 경술庚戌 신해辛亥 임자壬子 계축癸丑 갑인甲寅 을묘乙卯 병진丙辰 정사丁巳 무오戊午

제 일지一指 기유己酉로부터 십지十指 무오戊午에서 종終한다. 기유궁己酉宮은 경술庚戌, 신해辛亥, 임자壬子, 계축癸丑, 갑인甲寅, 을묘乙卯, 병진丙辰, 정사丁巳, 무오戊午이다.

2) 기미궁己未宮 경신庚申 신유辛酉 임술壬戌 계해癸亥 갑자甲子 을축乙丑 병인丙寅 정묘丁卯 무진戊辰

제 일지一指 기미己未로부터 십지十指 무진戊辰에서 종終한다. 기미궁己未宮은 경신庚申, 신유辛酉, 임술壬戌, 계해癸亥, 갑자甲子, 을축乙丑, 병인丙寅, 정묘丁卯, 무진戊辰이다.

3) 기사궁己巳宮 경오庚午 신미辛未 임신壬申 계유癸酉 갑술甲戌 을해乙亥 병자丙子 정축丁丑 무인戊寅

제 일지一指 기사己巳로부터 십지十指 무인戊寅에서 종終한다. 기사궁己巳宮은 경오庚午, 신미辛未, 임신壬申, 계유癸酉, 갑술甲戌, 을해乙亥, 병자丙

子, 정축丁丑, 무인戊寅이다.

4) 기묘궁己卯宮 경진庚辰 신사辛巳 임오壬午 계미癸未 갑신甲申 을유乙酉 병술丙戌 정해丁亥 무자戊子

제 일지一指 기묘己卯로부터 십지十指 무자戊子에서 종終한다. 기묘궁己卯宮은 경진庚辰, 신사辛巳, 임오壬午, 계미癸未, 갑신甲申, 을유乙酉, 병술丙戌, 정해丁亥, 무자戊子이다.

상원축회간지도上元丑會干支圖(후천)

己	庚	辛	壬	癸	甲	乙	丙	丁	戊	己	庚	辛	壬	癸	甲	乙	丙	丁	戊	己	庚	辛	壬	癸	甲	乙	丙	丁	戊
丑	寅	卯	辰	巳	午	未	申	酉	戌	亥	子	丑	寅	卯	辰	巳	午	未	申	酉	戌	亥	子	丑	寅	卯	辰	巳	午
己丑宮										己亥宮										己酉宮									
己	庚	辛	壬	癸	甲	乙	丙	丁	戊	己	庚	辛	壬	癸	甲	乙	丙	丁	戊	己	庚	辛	壬	癸	甲	乙	丙	丁	戊
未	申	酉	戌	亥	子	丑	寅	卯	辰	巳	午	未	申	酉	戌	亥	子	丑	寅	卯	辰	巳	午	未	申	酉	戌	亥	子
己未宮										己巳宮										己卯宮									

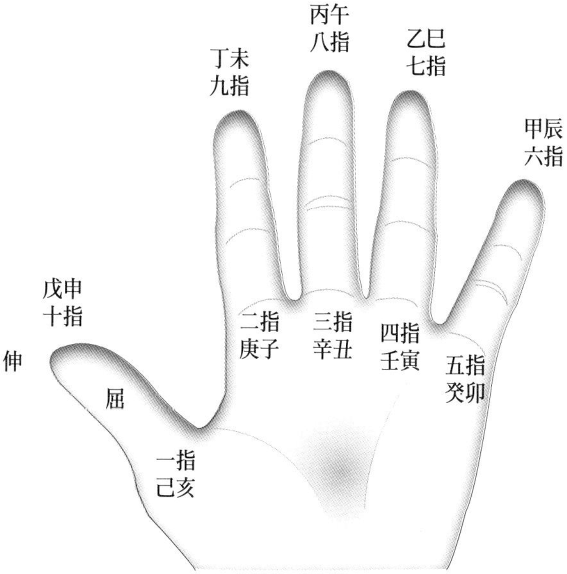

51講 十五張-後~十六張-前

이십팔수二十八宿 별자리

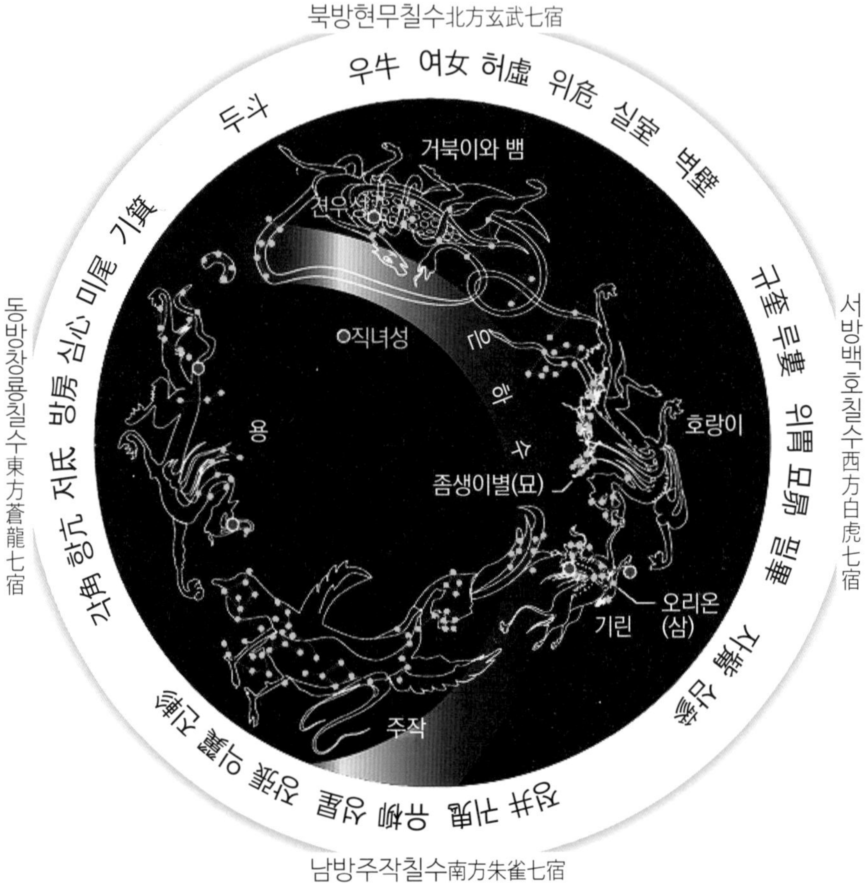

○이십팔수운기도二十八宿運氣圖

중국에서 달의 공전주기가 27.32일이라는 것에 착안하여 적도대赤道帶를 28개의 구역으로 나눈 것으로, 각 구역이 각각의 수宿이다. 하늘은 본시 체위體位와 방위方位가 없다. 진診에서 벽壁까지 성좌星座를 구성하는 큰 별의 수는 대략 108개요, 그 도수度數는 216도이며, 실室에서 각角까지의 별의 수는 대략 55개요, 그 도수度數는 144도이다. 합이 360의 원이다.

이십팔수운기도二十八宿運氣圖 (후천)

후천后天	癸未	甲申	乙酉	丙戌	丁亥	戊子	己丑	庚寅	辛卯	壬辰	癸巳	甲午	乙未	丙申
별자리	진 軫	익 翼	장 張	성 星	류 柳	귀 鬼	정 井	삼 參	자 紫	필 畢	묘 昴	위 胃	루 婁	규 奎
	남방주작칠수南方朱雀七宿							서방백호칠수西方白虎七宿						
후천后天	癸丑	甲寅	乙卯	丙辰	丁巳	戊午	己未	庚申	辛酉	壬戌	癸亥	甲子	乙丑	丙寅

○ 癸(천간 계) 軫(수레 뒤턱 나무 진) 丑(지지 축) 甲(천간 갑) 申(지지 신) 翼(날개 익) 寅(지지 인) 乙(천간 을) 酉(지지 유) 張(베풀 장) 卯(지지 묘) 丙(천간 병) 戌(개 술) 星(별 성) 辰(지지 진) 丁(천간 정) 亥(지지 해) 柳(버들 유{류}) 戊(천간 무) 子(지지 자) 鬼(귀신 귀) 午(지지 오) 己(천간 기) 丑(지지 축) 井(우물 정) 未(지지 미) 丙(천간 병) 癸(천간 계) 巳(지지 사) 壬(천간 임) 辰(지지 진) 辛(천간 신) 卯(지지 묘) 庚(천간 경) 寅(지지 인) 虎(범 호) 宿(별자리 수) 奎(별 이름 규) 婁(별 이름 루{누}) 胃(밥통 위) 昴(별자리 이름 묘) 畢(마칠 필) 觜(털 뿔 자) 參(석 삼{간여할 참}) 戊(천간 무) 戌(지지 술) 室(집 실) 辰(지지 진) 后(뒤 후) 初(처음 초) 月(달 월) 分(나눌 분) 于(어조사 우) 生(날 생) 魄(넋 백)

개요概要

후천后天의 초하루는 계미癸未·계축癸丑이다. 후천 역법의 등장을 의미한다.

이십팔수운기도二十八宿運氣圖의 남방칠수와 서방칠수에 대한 설명이다.

각설各說

1) 남방주작南方朱雀 칠수七宿

남방주작南方朱雀은 정井·귀鬼·류柳·성星·장張·익翼·진軫의 7수 59개 별은 112도를 차지한다. 남쪽 궁宮에는 적제赤帝가 관할하며, 그 정수는 주작朱雀으로 표상된다. ①정井은 머리, 귀鬼는 눈, ②류柳는 부리, ③성星은 목(경頸), ④장張은 모이주머니, ⑤익翼은 날개, 진軫은 꼬리에 해당한다. ⑥계절로는 여름을 상징하며, ⑦오행五行상으로는 화火의 기운이이다. ⑧방위로는 남쪽을 나타내며 날개달린 벌레 360종을 맡았다고 한다.

2) 서방백호西方白虎 칠수七宿

백호白虎는 하늘을 별자리에 따라 구분한 청룡青龍·주작朱雀·현무玄武와 더불어 사신四神 중 하나로서 서관西官에 속하는 서방칠수西方七宿이다. 별자리 규奎·루婁·위胃·묘昴·필畢·자觜·삼參을 다스리는 수호신守護神을 상징한다. 오행五行으로 금金이며, 백호白虎는 백색白色으로 표현되고 있다.

十六張-後~十七張-前

52講

이십팔수운기도二十八宿運氣圖 (선천)

선천先天	丁 酉	戊 戌	己 亥	庚 子	辛 丑	壬 寅	癸 卯	甲 辰	乙 巳	丙 午	丁 未	戊 申	己 酉	庚 戌	辛 亥	壬 子
별자리	벽 壁	실 室	위 危	허 虛	여 女	우 牛	두 斗	기 箕	미 尾	심 心	방 房	저 氐	○	○	항 亢	각 角
	북방현무칠수北方玄武七宿							동방창룡칠수東方蒼龍七宿								
선천先天	丁 卯	戊 辰	己 巳	庚 午	辛 未	壬 申	癸 酉	甲 戌	乙 亥	丙 子	丁 丑	戊 寅	己 卯	庚 辰	辛 巳	壬 午

○ 己(천간 기) 亥(지지 해) 危(위태할 위) 巳(지지 사) 庚(천간 경) 虛(빌 허) 辛(천간 신) 丑(지지 축) 未(지지 미) 壬(천간 임) 寅(지지 인) 牛(지지 우) 申(지지 신) 癸(천간 계) 卯(지지 묘) 斗(말 두) 酉(지지 유) 北(북녘 북) 方(모 방) 玄(검을 현) 武(굳셀 무) 七(일곱 칠) 宿(별자리 수) 虛(빌 허) 危(위태할 위) 室(집 실) 壁(벽 벽) 甲(천간 갑) 辰(지지 진) 箕(키 기) 戌(개 술) 乙(천간 을) 尾(꼬리 미) 亥(지지 해) 弦(반달 현) 丙(천간 병) 心(마음 심) 丁(천간 정) 房(방 방) 戊(천간 무) 氐(근본 저) 寅(지지 인) 酉(지지 유) 卯(지지 묘) 亢(목 항) 庚(천간 경) 角(뿔 각) 空(빌 공) 辛(천간 신) 亥(지지 해) 亢(목 항) 角(뿔 각) 復(돌아올 복) 晦(그믐 회) 月(달 월) 魄(넋 백) 成(이룰 성) 午(지지 오) 望(바랄 망) 東(동녘 동) 方(모 방) 蒼(푸를 창) 龍(용 룡) 角(뿔 각) 亢(목 항) 氐(근본 저) 房(방 방) 心(마음 심) 尾(꼬리 미)

개요槪要

이십팔수운기도二十八宿運氣圖의 북방현무칠수와 동방창룡칠수에 대한 설명이다.

선천先天은 무술戊戌, 무진戊辰이 초하루가 된다.

각설各說

1) 북방현무北方玄武 칠수七宿

두斗·우牛·여女·허虛·위危·실室·벽壁의 7수 25개 별을 말한다. 북쪽 궁宮에는 흑제黑帝가 관할하며, 그 정수는 현무玄武로 표상된다. ①두斗는 거북이와 뱀이 서로 엉켜있는 상이고, ②우牛는 뱀의 상이며, ③여女는 거북이의 상이며, 허虛·위危·실室·벽壁은 모두 거북이와 뱀이 엉켜있는 상으로 본다. ④계절로는 겨울을 상징하며, ⑤오행상으로는 수水의 기운이며, 북쪽 산을 나타내고 방위로는 북쪽을 나타내고, 딱딱한 껍질의 벌레 360종류를 맡았다고 한다.

2) 동방창룡東方蒼龍 칠수七宿

각角·항亢·저氐·방房·심心·미尾·기箕의 7수 30개 별은 75도를 차지한다. 동쪽 궁宮에는 청제靑帝가 관할하며, 그 정수는 창룡蒼龍 또는 청룡靑龍으로 표상된다. 그 모양이 ①각角은 뿔, 항亢은 목, 저氐는 가슴, ②방房은 배(복腹), 심心은 엉덩이, ③미尾와 기箕는 꼬리(항문)에 해당한다. ④계절로는 봄을 상징하며, ⑤오행상五行上으로는 목木의 기운이며, 산을 나타내고 ⑥방위로는 동쪽을 나타내고, 비늘 달린 벌레 360종류를 맡았다고 한다.

○이십팔수운기二十八宿運氣

이십팔수二十八宿는 본래 주천삼백육십오도周天三百六十五度를 표시한 것인데 후천后天에는 그것을 일월日月의 행도行度로 쓰지 않고, 운기運氣의 행도行度로 사용한다. 그러므로 달이 매일每日에 일수一宿를 행하는 것이요, 이십칠팔二十七八 양일兩日에 성수星宿가 없는 것은 달이 이십육일二十六日인 저氐에 이르면 광명光明의 정政이 행行치 못함으로 이십칠일二十七日 이후以後 사일간四日間은 달의 광명光明의 공空하는 때요, 항각이수亢角二宿는 무광無光의 위位이다. 그러므로 항각亢角은 이십구일二十九日과 회일晦日에 짝하여 선천월先天月의 존공尊空되는 상象을 표시한 것이다.

28수宿로 선후천先后天의 운기運氣를 정하는 바 ①선천先天에는 무진戊辰과 무술戊戌을 중궁지중위中宮之中位로 하여 초하루를 정하고 ②후천后天에는 계미癸未·계축癸丑을 중궁지중위中宮之中位로 위치하여 초하루로

정하는 것이다. 그러므로 ③선천先天에는 항각亢角으로 시작하는 것이 ④후천后天에는 항각亢角으로 마치게 되니 이것이 이십팔수운기二十八宿運氣이다.

이십팔수운기도二十八宿運氣圖

구분	후천														
先天	16	17	18	19	20	21	22	23	24	25	26	27	28	29	30
后天	1	2	3	4	5	6	7	8	9	10	11	12	13	14	15
干支	癸未	甲申	乙酉	丙戌	丁亥	戊子	己丑	庚寅	辛卯	壬辰	癸巳	甲午	乙未	丙申	丁酉
星座	진軫	익翼	장張	성星	류柳	귀鬼	정井	삼參	자紫	필畢	묘昴	위胃	루婁	규奎	벽壁
干支	癸丑	甲寅	乙卯	丙辰	丁巳	戊午	己未	庚申	辛酉	壬戌	癸亥	甲子	乙丑	丙寅	丁卯

구분	선천														
先天	1	2	3	4	5	6	7	8	9	10	11	12	13	14	15
后天	16	17	18	19	20	21	22	23	24	25	26	27	28	29	30
干支	戊戌	己亥	庚子	辛丑	壬寅	癸卯	甲辰	乙巳	丙午	丁未	戊申	己酉	庚戌	辛亥	壬子
星座	실室	위危	허虛	여女	우牛	두斗	기箕	미尾	심心	방房	저氐	○	○	항亢	각角
干支	戊辰	己巳	庚午	辛未	壬申	癸酉	甲戌	乙亥	丙子	丁丑	戊寅	己卯	庚辰	辛巳	壬午

53 講

十七張-後

○항각이수존공시亢角二宿尊空詩

何物이 能聽角고 神明도 氐不亢을
하물 능청각 신명 저불항
室張 三十六하니 莫莫莫无量을
실장 삼십육 막막막무량
武功은 平胃散이오 文德은 養心湯을
무공 평위산 문덕 양심탕
正明金火理하야 律呂調陰陽을
정명금화리 율려조음양

○ 何(어찌 하) 物(만물 물) 能(능할 능) 聽(들을 청) 角(뿔 각) 神(귀신 신) 氐(근본 저) 亢(목항) 室(집 실) 張(베풀 장) 莫(없을 막) 量(헤아릴 량{양}) 武(굳셀 무) 功(공 공) 平(평평할 평) 胃(밥통 위) 散(흩을 산) 德(덕 덕) 養(기를 양) 湯(넘어질 탕) 리 律(법 율{률}) 呂(음률 려{여}) 調(고를 조)

무슨 물건이 능히 뿔(각角) 소리를 듣는고. 신명神明의 자리라. 저低에서 항亢으로 나아가지 못함을, 실室에서 장張까지 36도는 아득하고 아득하여 그지 없음을, 무공武功은 위산胃散을 편안하게 하는 약이요, 문덕文德은 심탕心湯(마음)을 기르는 약임을, 금화金火가 바뀌는 이치理致를 바로 알았으니 율려律呂로는 음양陰陽을 고르게 하리라.

개요概要

후천后天에서는 이십팔수운기二十八宿運氣가 진익軫翼에서 시작하니 선천先天의 항각亢角으로 시작하던 이수二宿(항각角亢)가 존공尊空된다. 저수低宿의 다음에 항각亢角이 당當하는 이십칠二十七, 이십팔일二十八日은 신명神明의 자리가 되는 까닭에 이수二宿를 존공尊空하고, 그 항각이수亢角二宿는 이십구二十九, 삼십일三十日에 해당하는 이치를 시詩로써 밝힌 것이다.

先天	16	17	18	19	20	21	22	23	24	25	26	27	28	29	30
后天	1	2	3	4	5	6	7	8	9	10	11	12	13	14	15
	癸未	甲申	乙酉	丙戌	丁亥	戊子	己丑	庚寅	辛卯	壬辰	癸巳	甲午	乙未	丙申	丁酉
별자리	진軫	익翼	장張	성星	류柳	귀鬼	정井	삼參	자紫	필畢	묘昴	위胃	루婁	규奎	벽壁
	癸丑	甲寅	乙卯	丙辰	丁巳	戊午	己未	庚申	辛酉	壬戌	癸亥	甲子	乙丑	丙寅	丁卯

先天	1	2	3	4	5	6	7	8	9	10	11	12	13	14	15
后天	16	17	18	19	20	21	22	23	24	25	26	27	28	29	30
	戊戌	己亥	庚子	辛丑	壬寅	癸卯	甲辰	乙巳	丙午	丁未	戊申	己酉	庚戌	辛亥	壬子
별자리	실室	위危	허虛	여女	우牛	두斗	기箕	미尾	심心	방房	저氐	○	○	항亢	각角
	戊辰	己巳	庚午	辛未	壬申	癸酉	甲戌	乙亥	丙子	丁丑	戊寅	己卯	庚辰	辛巳	壬午

각설各說

1) 하물능청각何物能聽角 신명저불항神明氐不亢

각항角亢은 신명神明한 황룡黃龍(무진戊辰)의 자리이므로 저수氐宿는 항수亢宿로 나아가지 못하고 존공尊空됨을 말한다.

2) 실장室張 삼십육막막막무량三十六莫莫莫无量

실장室張은 16일의 실室에서 초삼일初三日의 장張까지 즉 무술戊戌에서 을묘乙卯까지 18도, 무진戊辰에서 을묘乙卯까지 18도로서 합合이 36도이라는 것이다.

3) 무공평위산武功平胃散 문덕양심탕文德養心湯

평위산平胃散과 양심탕養心湯은 한약명으로 뱃속에는 평위산을 쓰고, 머릿속이 복잡하면 양심탕을 사용한다고 한다. ①평위산平胃散은 28수의 위수胃宿를 말하고, ②양심탕養心湯은 28수의 심수心宿를 뜻한다. 위胃와 심心은 사구이칠四九二七의 금화교역을 뜻한다.

③위胃는 선천 27일이 후천 12일이 되는 이二와 칠화七火에 당當하고,

④심心은 선천 9일 후천 24일이 되는 사四와 구금九金이 당當하여 사구四九·이칠二七 금화金火가 이루어진다.

28수의 위胃·심心과 사구四九·이칠二七의 금화교역

先天	16	17	18	19	20	21	22	23	24	25	26	27	28	29	30
后天	1	2	3	4	5	6	7	8	9	10	11	12	13	14	15
	癸未	甲申	乙酉	丙戌	丁亥	戊子	己丑	庚寅	辛卯	壬辰	癸巳	甲午	乙未	丙申	丁酉
	진軫	익翼	장張	성星	류柳	귀鬼	정井	삼參	자紫	필畢	묘昴	위胃	루婁	규奎	벽壁
	癸丑	甲寅	乙卯	丙辰	丁巳	戊午	己未	庚申	辛酉	壬戌	癸亥	甲子	乙丑	丙寅	丁卯
	后天朔											平胃散			

先天	1	2	3	4	5	6	7	8	9	10	11	12	13	14	15
后天	16	17	18	19	20	21	22	23	24	25	26	27	28	29	30
	戊戌	己亥	庚子	辛丑	壬寅	癸卯	甲辰	乙巳	丙午	丁未	戊申	己酉	庚戌	辛亥	壬子
	실室	위危	허虛	여女	우牛	두斗	기箕	미尾	심心	방房	저氐	○	○	항亢	각角
	戊辰	己巳	庚午	辛未	壬申	癸酉	甲戌	乙亥	丙子	丁丑	戊寅	己卯	庚辰	辛巳	壬午
	先天朔								養心湯						

4) 정명금화리正明金火理 율려조음양律呂調陰陽

금화교역金火交易에 관한 이치를 바르게 밝힌다는 것이다. 율려로 음양을 조율한다는 것은 금화를 다스리는 것이 후천后天의 조양율음調陽律音에 있다는 것이다.

○구구음九九吟

凡百滔滔儒雅士아 **聽我一曲放浪吟**하라
범 백 도 도 유 아 사　청 아 일 곡 방 랑 음
讀書學易은 **先天事**요 **窮理修身 后人誰**오
독 서 학 역　선 천 사　궁 리 수 신 후 인 수

○ 凡(무릇 범) 百(일백 백) 滔(물 넘칠 도) 儒(선비 유) 雅(초오 아) 聽(들을 청) 我(나 아) 曲(굽을 곡) 放(놓을 방) 浪(물결 랑{낭}) 吟(읊을 음) 讀(읽을 독) 書(쓸 서) 學(배울 학) 易(바꿀 역) 先(먼저 선) 事(일 사) 窮(다할 궁) 理(이치 리) 修(닦을 수) 身(몸 신) 后(뒤 후) 誰(누구 수)

범백이 도도한 선비님네야, 나의 한 곡조 방랑음을 들어보라.

서전을 읽고 배우는 것은 선천先天의 일이라. 이치理致를 궁구窮究하고 몸을 닦는 후천后天의 사람은 누구인가?

개요槪要

선후천 순환의 성도도수가 구구법九九法 안에 있음을 칠운시七韻詩로 찬미한 것이다. 순환도수의 기본은 360도 하도河圖의 십수十數 중에서 중궁수中宮數 십十과 오五를 존공尊空하고, 나머지 용수用數인 1, 2, 3, 4, 6, 7, 8, 9 × 9 = 360이다.

(1×9=9)+(2×9=18)+(3×9=27)+(4×9=36)+
+(6×9=54)+(7×9=63)+(8×9=72)+(9×9=81)=360

각설各說

1) 구구음九九吟

구九는 생장生長을 극極한 수數이다. 그리고 구九가 장長하면 십十이 된다. 그러므로 구구九九란? 구九하고 십十한다는 의미이다. 이것을 하도·낙서의 측면에서 보면 선천先天의 낙서구수洛書九數가 후천后天의 하도河圖 십수十數로 넘어간다는 것이다.

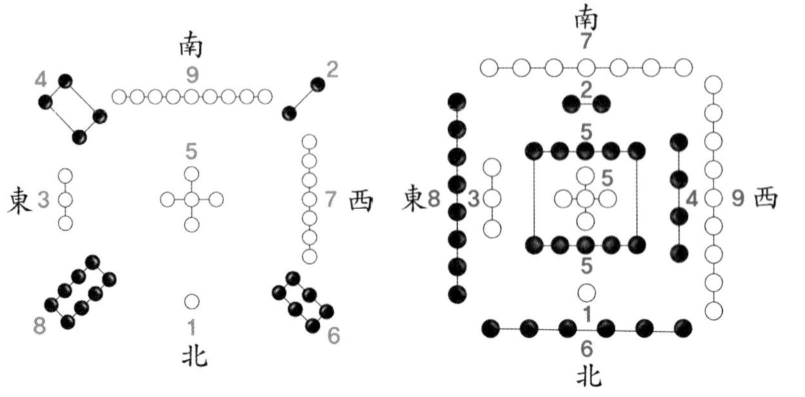

낙서　　　　　　　　하도

2) 범백도도유아사凡百滔滔儒雅士 청아일곡방랑음聽我一曲放浪吟

유아사儒雅士는 행동이 반듯한 선비를 말한다. 주변의 소인지도의 유혹에 흔들리지 않는 선비를 의미한다. 이러한 선비들에게 구구중九九中에 배열한 일육궁一六宮의 이치理致를 들어보라는 것이다.

3) 독서학역讀書學易 선천사先天事, 궁리수신窮理修身 후인수后人誰

책을 읽고 공부를 하는 것은 선천先天의 일이요, 몸을 닦아 이치를 궁구하는 것은 후천后天의 일이다. 즉 시대의 흐름에 도도한 유아사들처럼 『서경書經』을 읽고 『주역周易』을 공부하는 것은 선천先天의 일이요, 이치를 궁구하고 수양하여 몸을 닦고 행실을 올바르게 하는 후천군자后天君子는 누구인가를 말하고 있다.

三絶韋編吾夫子도 不言无極有意存이라
삼 절 위 편 오 부 자　　불 언 무 극 유 의 존
六十平生狂一夫는 自笑人笑恒多笑라
육 십 평 생 광 일 부　　자 소 인 소 항 다 소

○ 絶(끊을 절) 韋(다룸가죽 위) 編(엮을 편) 吾(나 오) 夫(지아비 부) 无(없을 무) 極(다할 극) 存(있을 존) 平(평평할 평) 狂(미칠 광) 笑(웃을 소) 恒(항상 항) 多(많을 다)

가죽 끈이 세 번 끊어지신 우리 공부자孔夫子께서는 무극无極을 말씀 안하시고 뜻만 두셨음이라. 60평생 미친 사람처럼 산 일부는 스스로 웃고 사람들이 웃으니 항상 웃음이 많았노라.

개요概要

무극无極에 대한 공자孔子의 의도를 설명하고 있다.

각설各說

1) 삼절위편오부자三絶韋編吾夫子 불언무극유의존不言无極有意存

『주역』 공부에 가죽 끈이 세 번 끊어지신 공자孔子께서 무극无極에 대하여 말씀 안하시고 뜻만 두었다는 것이다.

2) 육십평생광일부六十平生狂一夫 자소인소항다소自笑人笑恒多笑

일부一夫선생의 웃음은 공자孔子의 삼절위편三絶韋編의 300수數와 일부一夫의 육십평생 60수數가 합하여 360이 되었다는 것이다. 그러므로 능히 웃을만한 것을 보고 웃는다는 것이다.

十八張-前

笑中有笑笑何笑오 **能笑其笑笑而歌**라
소중유소소하소 능소기소소이가

○ 笑(웃을 소) 何(어찌 하, 무었 하) 能(능할 능) 歌(노래 가)

웃음 속에 웃음이 있으니 그 웃음은 무슨 웃음을 웃음이오. 능히 그 웃음을 웃고 웃으며 노래를 함이라.

개요概要

구구법九九法을 통하여 정역正易 십수원리十數原理를 설명하고 있다.

각설各說

1) 소중유소소하소笑中有笑笑何笑 능소기소소이가能笑其笑笑而歌

구구음의 결구結句는 웃을 소笑 자가 10획으로 묘하게 처리되어 있다. 구구음의 시구詩句는 이치를 읊은 것이 아니라 일부一夫선생이 구구법을 통해서 천지天地 이수理數를 헤아리고 후천무극后天无極의 이치를 통관洞觀하여 후천역后天易인 정력正曆을 완성하였음을 세상에 밝힌 것이다.

三百六十當朞日을
삼백육십당기일
大一元三百數는 **九九中**에 **配列**하고
대일원삼백수 구구중 배열
无无位六十數는 **一六宮**에 **分張**하야
무무위육십수 일육궁 분장

○ 朞(돌 기) 排(밀칠 배) 列(벌일 열(렬)) 分(나눌 분) 張(베풀 장)

삼백육십三百六十의 기일己日에 당하는 것을 그 중 하나의 큰 으뜸인 대일원삼백수大一元三百數는 구구九九셈 속에 배열配列하고, 없고 없는 자리 육십수六十數는 일육궁一六宮에 갈라 베푼다 하야,

개요槪要

정역수正易數의 구성법칙은 구구법칙九九法則에 의거하고 있음을 설명하고 있다.

각설各說

1) 삼백육십당기일三百六十當朞日

1년의 기수가 360일에 해당한다는 것이다.

2) 대일원삼백수大一元三百數 구구중九九中 배열排列

300수로 크게 하나가 되는 수를 말한다. 일원수100×3(삼재三才) = 대일원수 300이다. 구구중九九中 배열排列은 구구법九九法에 의해 쌓여있는 것을 질서있게 배열한다는 것이다. 원형이정元亨利貞을 형상形象한 수지상수手支象數에 따라 배열配列한 것을 도표로 보면 다음과 같다.

대일원수大一元數와 무무위수无无位數 및 십오존공十五尊空

- 360일(당기일當朞日)
- 300(대일원大一元) = 건지책乾之策 216 + 곤지책坤之策 144
  - ①건지책乾之策 216 = 192(양효)×36(4사상수×9노양수)
  - ②곤지책坤之策 144 = 192(음효)×24(4사상수×6노음수)
- 60(무무위无无位) = 하도중궁수 15 + 낙서중궁수 5 = 20×천지인
- 60(무무위) – 5(단오귀공) = 오십오점소소五十五點昭昭(하도)

  –15(십오귀공十五歸空) = 사십오점반반四十五點斑斑(낙서)

3) 무무위육십수无无位六十數 일육궁一六宮 분장分張

대일원수 합수合數 360수를 배열한 후 나머지 60수는 자연히 무무위

无无位되어 일육궁一六宮으로 갈라두게 된다는 것이다. 수지상수手指象數로 일육궁一六宮자리에서 포오함육胞五含六이 이루어지는 것을 말한다. 즉 역생逆生의 오五와 도생倒生의 육六이 합合한 자리이다.

하도의 도생역성/낙서의 역성도생

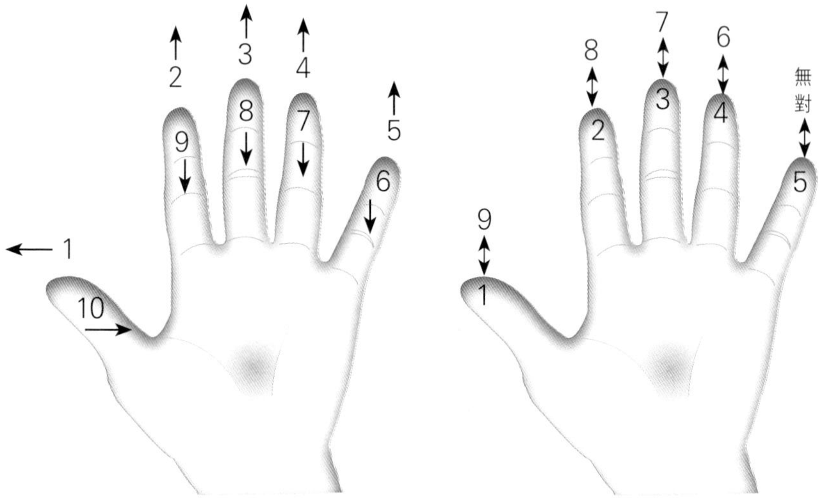

포오함육

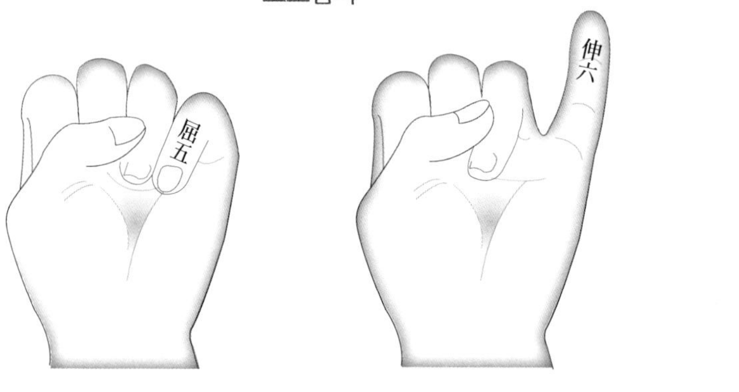

單五를 **歸空**하면 **五十五點昭昭**하고
단 오　귀 공　오 십 오 점 소 소
十五를 **歸空**하면 **四十五點班班**하다.
십 오　귀 공　사 십 오 점 반 반

○ 歸(돌아갈 귀) 空(빌 공) 點(점 점) 昭(밝을 소, 환하게 나타날 소) 班(얼룩 반, 나눌 반)

단오五를 귀공歸空하면 오십오점五十五點이 분명하고,
십오十五를 귀공歸空하니 사십오점四十五點이 분명하다.

개요概要

십오존공원리十五尊空原理와 단오귀공원리單五歸空原理에 관한 설명이다.

각설各說

1) 단오귀공單五歸空 오십오점소소五十五點昭昭

단오귀공單五歸空, 십오귀공十五歸空의 원리이다. 그 근거는 십오十五 + 오五= 이십二十 × 천지인天地人= 무무위수无无位數 60에서 단오귀공單五歸空하면 하도河圖의 55가 된다. 즉 55로 환하게 드러난다는 것이다. 귀공歸空은 반대로 돌려두어 형체가 없는 것이다.

무무위수 60 – 단오귀공 = 55

2) 십오귀공十五歸空 사십오점반반四十五點班班

십오十五 + 오五= 이십二十 × 천지인天地人= 무무위수无无位數 60에서 십오十五를 귀공歸空하면 낙서洛書 45가 된다. 즉 45로 나누어 놓여진다는 것이다.

무무위수 60 – 십오귀공 = 45

我摩道正理玄玄眞經이 只在此宮中이니
아마도정리현현진경 지재차궁중
誠意正心하야 終始無怠하면
성의정심 종시무태
丁寧我化化翁이 必親施敎하시리니
정녕아화화옹 필친시교
是非是好吾好아
시비시호오호

○ 我(나 아) 摩(갈 마) 道(길 도) 正(바를 정) 理(다스릴 리) 玄(검을 현) 眞(참 진) 經(날 경) 只(다만 지) 在(있을 재) 此(이 차) 宮(집 궁) 誠(정성 성) 意(뜻 의) 終(끝날 종) 始(처음 시) 无(없을 무) 怠(게으름 태) 寧(편안할 녕{영}) 我(나 아) 化(될 화) 翁(늙은이 옹) 必(반드시 필) 親(친할 친) 施(베풀 시) 敎(가르침 교)

아마도 바른 원리와 현묘한 진리를 밝힌 경전이 다만 이 궁수宮數에 있는 것이니 뜻을 정성스럽게 하고, 마음을 바르게 하며, 시종일관始終一貫 게으름이 없으면 정녕코 화무상제께서 반드시 친히 가르침을 베푸실 것이니, 이것이 바로 내가 좋아하는 것을 좋아하는 까닭이 아닌가.

개요槪要

『정역正易』의 이치가 하도河圖·낙서洛書 속에 있음을 설명하고 있다.

각설各說

1) 아마도정리현현진경我摩道正理玄玄眞經 지재차궁중只在此宮中

정리현현진경正理玄玄眞經은 『정역正易』의 별칭別稱이다. 아마도 바른 이치와 현현玄玄한 진경眞經이 다만 이 궁宮(하도河圖와 낙서洛書) 속에 있다는 의미이다.

2) 성의정심誠意正心 종시무태終始无怠

성의정심誠意正心하여 종시무태終始無怠하면 뜻을 참되게 하고 마음을 바르게 하여 처음이나 끝이나 게으름이 없도록 하라는 것이다.

3) 정녕아화화옹丁寧我化化翁 **필친시교**必親施敎, **시비시호오호**是非是好吾好

정녕코 우리 조화옹께서 반드시 친히 가르쳐주실 것이니 이것이 바로 내가 좋아하는 것을 좋아하는 것이 아닌가를 말한다.

57 講

十八張-後

○ 십오가十五歌

水火旣濟兮여 火水未濟로다
수 화 기 제 혜　화 수 미 제
旣濟未濟兮여 天地三元이로다
기 제 미 제 혜　천 지 삼 원
未濟旣濟兮여 地天五元이로다
未 濟 旣 濟 兮　지 천 오 원
天地地天兮여 三元五元이로다
천 지 지 천 혜　삼 원 오 원

○ 旣(이미 기) 未(아닐 미) 濟(건널 제)

수화水火가 기제旣濟됨이여 화수火水가 미제未濟로다.

기제旣濟가 미제未濟됨이여 천지天地는 삼원三元이로다.

미제未濟가 기제旣濟됨이여 지천地天이 오원五元이로다.

천지天地가 지천地天됨이여 삼원三元이 오원五元이로다.

개요槪要

십오가十五歌는 십오일언十五一言을 노래한 것이다. 십오十五는 십일十一의 체體가 되고, 십일十一은 십오十五의 용用이 되는 체용體用의 이치를 기린 것이다.

각설各說

1) 십오가十五歌

십오일언十五一言을 노래한 것이다. 십오일언十五一言은 『정역正易』의 「상편上篇」으로서 십十과 오五를 합습한 하나됨을 노래한 것이다.

2) 수화기제혜水火既濟兮 화수미제火水未濟

수화기제水火旣濟는 선천先天의 역생逆生작용(1~9)이고, 화수미제火水未濟는 후천后天의 도생작용倒生作用(10~1)으로 새로운 시작을 말한다.

> 역逆 : ①, ②, 3, 4, 5, ⑥, ⑦, 8, 9, 10 水火旣濟(用事)
> 도倒 : 10, 9, 8, ⑦, ⑥, 5, 4, 3, ②, ① 火水未濟(用政)

3) 기제미제혜旣濟未濟兮 천지삼원天地三元

천지삼원天地三元은 선천先天의 삼오착종三五錯綜 삼원수三元數를 의미한다. ①삼오착종三五錯綜은 갑진甲辰에서 무진戊辰으로 변하는 것이다. 즉 갑삼甲三에서 무오戊五로 변하는 것을 삼원三元이라고 한다. ②수화기제水火旣濟와 화수미제火水未濟의 반복反復됨이 바로 선후천변화원리先后天變化原理임을 밝히고 있다.

> 기제旣濟 : 선천先天에서 정사政事하는 수화水火(1水2火, 6數7火)
> 미제未濟 : 후천后天에서 용정用政하는 화수火水(7火6水, 2火1水)

4) 미제기제혜未濟旣濟兮 지천오원地天五元

『정역正易』에서 구이착종九二錯綜은 금화金火 정역正易을 말한다. 후천后天 지구地球는 해亥·기己가 축軸이 되어 야반夜半이 해亥에서 기起하는데, 해亥는 음지陰支를 이루는 상象이 되므로 삼원三元의 양陽을 내포한 다음의 음지陰支인 묘卯까지 해자축인묘亥子丑寅卯의 오원五元이 된 것이다.

해자축인묘亥子丑寅卯와 오원五元

16	17	18	19	20	21	22	23	23	25	26	27	28	29	30	1	2	3	4	5	6	7	8	9	10	11	12	13	14	15
1	2	3	4	5	6	7	8	9	10	11	12	13	14	15	16	17	18	19	20	21	22	23	23	25	26	27	28	29	30
癸未	甲申	乙酉	丙戌	丁亥	戊子	己丑	庚寅	辛卯	壬辰	癸巳	甲午	乙未	丙申	丁酉	戊戌	己亥	庚子	辛丑	壬寅	癸卯	甲辰	乙巳	丙午	丁未	戊申	己酉	庚戌	辛亥	壬子
																			天地三元 : 子丑寅 地天五元 : 亥子丑寅卯										
癸丑	甲寅	乙卯	丙辰	丁巳	戊午	己未	庚申	辛酉	壬戌	癸亥	甲子	乙丑	丙寅	丁卯	戊辰	己巳	庚午	辛未	壬申	癸酉	甲戌	乙亥	丙子	丁丑	戊寅	己卯	庚辰	辛巳	壬午

5) 천지지천天地地天 삼원오원三元五元

『정역正易』에서 천지天地는 천지비괘天地否卦(䷋)이고, 지천地天은 지천태괘地天泰卦(䷊)를 의미한다. 그러므로 ①선천先天은 천지삼원天地三元이요, ②후천后天은 지천오원地天五元이라고 한 것이다.

58講

三元五元兮여 **上元元元**이로다 삼 원 오 원 혜　상 원 원 원	
上元元元兮여 **十五一言**이로다 상 원 원 원 혜　십 오 일 언	
十五一言兮여 **金火而易**이로다 십 오 일 언 혜　금 화 이 역	

○ 三(석 삼) 元(으뜸 원) 五(다섯 오) 兮(어조사 혜) 十(열 십) 一(한 일) 言(말씀 언) 金(쇠 금) 火(불 화) 而(말 이을 이) 易(바꿀 역)

(선천의) 삼원三元이 (후천의) 오원五元됨이여, 상원上元에 원元이 원元됨이로다.

상원上元에 원元이 원元이 됨이여, 십오十五가 일언一言이로다.

십오十五가 일언一言이 됨이여, 금金과 화火가 바뀌게 됨이로다.

개요概要

선천先天의 삼원三元과 후천后天의 오원五元에 대한 설명이다.

각설各說

1) 삼원오원혜三元五元兮 상원원원上元元元

상원上元은 갑자甲子로 시작한다. 삼원三元(선천)이 오원五元(후천)되니 상원上元의 원원元元이라는 것이다.

2) 상원원원혜上元元元兮 십오일언十五一言

상원上元이란? 무극无極자리에서 황극皇極 태극太極이 하나로 일치됨을 말한다. ①존재存在 자체自體로는 태극太極과 황극皇極, 무극无極이 본래 하나이다. ②존재론적인 차원에서는 태극太極과 황극皇極, 무극无極이 분리된다. 하도河圖에 있어서 본체수本體數 십오十五가 중앙에 합덕合德하여 있는 것은 천도天道의 인간人間 주체화主體化의 원리에 의하여 드러나는 천인합덕天人合德의 경지를 나타낸다. 십오十五는 천지지도天地之道(언言)가 하락河洛의 변화지도變化之道에서 일치一致되며, 일언一言은 삼극三極, 십오十五에 대한 말씀이라는 것이다.

상원원원上元元元 ⇨ 십오일원十五一元 ⇨ 십오건곤十五乾坤

3) 십오일언혜十五一言兮 금화이역金火而易

십오일언十五一言을 통해서 금화교역金火交易의 이치理致를 밝힌 것이다. 금화이역金火而易은 하도河圖의 변화變化, 선후천先后天의 변화이다. 이것을 오행五行으로 보면 금화교역金火交易이다.

59 講

十九張-前

金火而易兮여 **萬曆而圖**로다
금 화 이 역 혜 만 역 이 도
萬曆而圖兮여 **咸兮恒兮**로다
만 역 이 도 혜 함 혜 항 혜
咸兮恒兮兮여 **十兮五兮**로다
함 혜 항 혜 혜 십 혜 오 혜

○ 易(바꿀 역) 兮(어조사 혜) 萬(일만 만) 曆(책력 력{역}) 圖(그림 도) 萬(일만 만) 世(대 세) 策(헤아릴 책) 咸(다 함) 恒(항상 항)

금金과 화火가 바뀌니 만세萬世 책력策曆의 그림이 되는구나.

만세책력萬世策曆의 그림이 되니 택산함澤山咸이 뇌풍항雷風恒으로 되는구나. 택산함澤山咸이 뇌풍항雷風恒으로 되고 보니 십十이요, 오五로다.

개요概要

금화정역도金火正易圖의 근거가 산택통기山澤通氣와 뇌풍용정雷風用政에 있음을 밝히고 있다.

각설各說

1) 금화이역혜金火而易兮 만력이도萬曆而圖

일부一夫선생이 정역팔괘도正易八卦圖로 후천后天의 일을 밝히고, 금화정역도를 완성하여 후천后天의 순환지도循環之度와 원리原理를 밝히시니 만세萬世의 역曆이 된다는 것이다.

2) 만력이도혜萬曆而圖兮 함혜항혜咸兮恒兮

만세萬世의 역曆인 금화정역도金火正易圖의 원리가 『주역周易』 하경下經 택산함괘澤山咸卦의 부부지도와 뇌풍항괘雷風恒卦의 장남長男·장녀長女가 후천后天에서 계승하고 있음을 말한다. 그리고 그 원리의 근거가 산택통기山澤通氣와 뇌풍용정雷風用政에 있음을 밝히고 있다.

3) 함혜항혜咸兮恒兮 십혜오혜十兮五兮

택산함괘澤山咸卦가 뇌풍항괘雷風恒卦로 되니 열(십十)의 기축궁己丑宮이요, 또한 다섯(오五)의 무술궁戊戌宮이다. 간태艮兌(소남小男, 소녀小女)가 자라서 진손震巽(장남長男, 장녀長女)이 되어 그 수數가 십十과 오五가 되었다는 것이다.

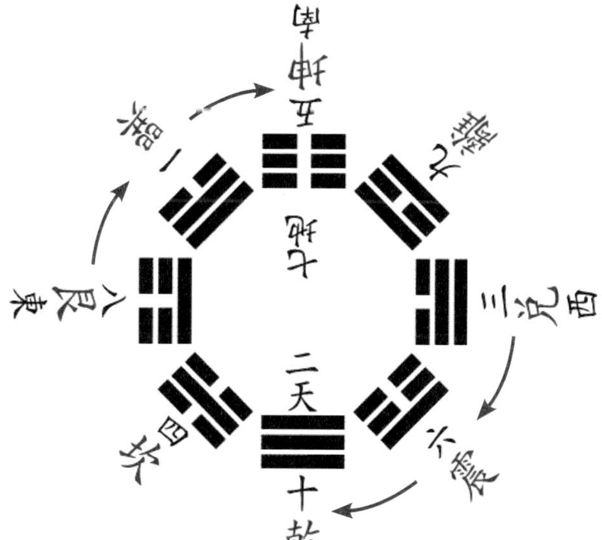

60 講

○선후천정윤도수先后天正閏度數

先天은 體方用圓하니 二十七朔而閏이니라
선천 체방용원 이십칠삭이윤
后天은 體圓用方하니 三百六旬而正이니라
후천 체원용방 삼백육순이정
原天은 无量이니라
원천 무량

○ 體(몸 체) 方(모 방) 用(쓸 용) 圓(둥글 원) 朔(초하루 삭) 閏(윤 윤) 旬(열흘 순) 量(헤아릴 량(양)) 原(근원 원)

선천先天은 방方을 바탕(체體)으로 하고 원圓을 쓰니(용用), 27개월에 윤달이 든다. 후천后天은 원圓을 바탕으로 하고 방方을 쓰니 360일日이 정력正曆이니라. 원천은 한량이 없느니라.

개요概要

선천先天의 윤도수閏度數와 후천后天의 정도수正度數에 대한 설명이다. 즉 선후천先后天의 체용體用관계와 후천后天은 1년이 360일임을 말한다.

각설各說

1) 선후천정윤도수先后天正閏度數

선천先天의 윤역도수閏曆度數와 후천后天의 정력도수正曆度數를 말한다. 달이 하늘을 일주하는, 360도를 일주一周하는 일수日數는 27.3일인데 선천에는 윤도閏度가 있는 까닭으로 도度와 일日이 정합正合치 못해서 윤일閏日이 생기는 것이다. 그러나 후천后天은 360도와 360일 일치하여 도度와 일日이 정합正合하니 정력正曆이 되는 것이다.

2) 선천체방용원선천先天體方用圓 이십칠삭이윤二十七朔而閏

체원體圓은 천도天道, 시간성時間性으로 체體이다. 용방用方은 지도地道

이다. 선천先天은 방方을 바탕으로 하고, 원圓을 쓰니 27개월個月에 윤달이 든다. 그러므로 선천先天은 윤도수閏度數를 사용한다는 것이다. 3년에 윤閏이 있어 실제 윤일閏日은 32일이며, 오세재윤五歲再閏이라 5년에 윤달이 두 번이니, 실제 윤일閏日은 54일이다. 54일을 두 달로 나누면 27일이 되어 27일을 한 삭朔으로 이에 윤閏한다는 것이다. 즉 윤역閏曆의 세계를 말한다.

3) 후천체원용방후천后天體圓用方 삼백육순이정三百六旬而正

후천后天은 정도正道를 사용한다. 지도地道는 방方(공간空間性)을 체體로 하는 것은 선천先天이다. 후천后天은 용원用圓으로 원圓을 바탕으로 하고 방方을 쓰니 360일日이 정력正曆이니라.

4) 원천原天 무량无量

상원上元의 원천原天은 지경地境이 없다는 것이다. 원천原天의 조화調和는 무궁하여 끝이 없으므로 무량无量이라고 한 것이다. 따라서 선후천先后天의 변화變化도 생생지위역生生之謂易이요, 종즉유시終則有始라 그 순환循環은 영원하다는 것이다.

十九張-後

○선후천주회도수先后天周回度數

先天은 **二百十六萬里**니라
선천 이백십육만리
后天은 **三百二十四萬里**니라
후천 삼백이십사만리
先后天合計數는 **五百四十萬里**니라
선후천합계수 오백사십만리
盤古 五化元年壬寅으로 **至大淸光緖十年 甲申**에
반고 오화원년임인 지대청광서십년 갑신
十一萬八千六百四十三年이니라
십일만팔천육백사십삼년

○ 盤(소반 반) 古(옛 고) 化(될 화) 元(으뜸 원) 壬(천간 임) 寅(지지 인) 至(이를지) 淸(맑을 청) 光(빛 광) 緖(실마리 서) 甲(천간 갑) 申(지지 신)

선후천의 주회도수라. 선천은 이백십육만리니라.

후천은 삼백이십사만리가 되느니라. 선후천의 합계수는 오백사십만리이니라.

반고 오화 원년 임인으로부터 청나라 광서 십년 갑신(1884)까지 118,643년이니라.

개요概要

선후천先后天 주회도수는 지구의 공전도수를 말한다. 도학적으로는 시간時間이 공간空間으로 드러남을 말한다.

각설各說

1) 선후천주회도수先后天周回度數

주회도수周回度數는 지구地球가 태양주위를 공전公轉하는 도수度數이니

지구地球가 1회 공전公轉하는 거리를 말한다.

2) 선천先天 이백일십육만리二百一十六萬里

이백십육만리의 산출 근거는 36×6 = 216×10,000= 2,160,000이다.
①선천先天은 음陰에서 양陽으로 변화하는 과정이라 육六으로 승乘한다.
②만리萬里는 100×100으로 천지역수天之曆數의 극極을 말한다.

지구의 공전방향(1회 공전시간 365 ¼일/『정역』 540만리)

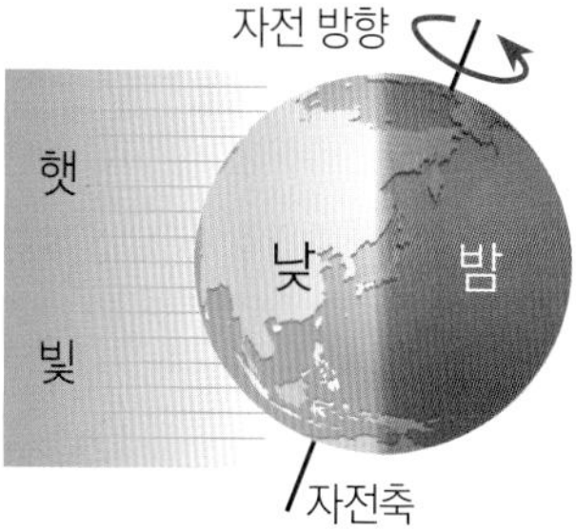

①밤 : 선천 ⇨ 선천주회 216만리
②낮 : 후천 ⇨ 후천주회 324만리
도합 ⇨ 540만리

3) 후천后天 삼백이십사만리三百二十四萬里

산출 근거는 36×9 = 324×10,000= 3,240,000이다. 후천后天은 양陽이 음陰으로 변變하니 구九로 승乘한다.

4) 선후천합계수先后天合計數 오백사십만리五百四十萬里

선후천先后天의 합수合數인 오백사십만리五百四十萬里는 천지양원天地兩元의 합수合數이다.

지구의 자전 방향(1회 자전시간 24시간)

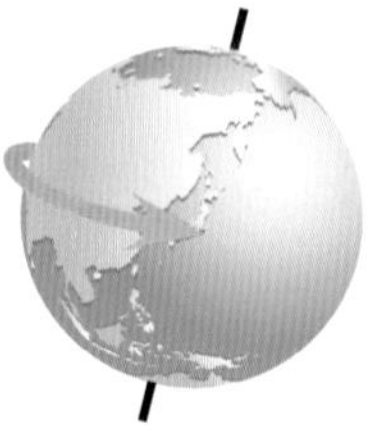

5) 반고盤古 오화원년임인五化元年壬寅 지대청광서십년至大清光緒十年

지구와 태양의 공전거리를 시간으로 말한다. 반고盤古 오화五化 원년元年은 임인壬寅으로부터 청淸나라 광서光緒까지 10년인 갑신甲申까지 118,643년이다. 오화원년五化元年 임인壬寅은 소강절의 운세원리를 원용한 것이다.

6) 갑신甲申 십일만팔천육백사십삼년十一萬八千六百四十三年

갑신년甲申年이 서기西紀 1884년으로 일부선생이 59세로서 『정역正易』을 서정書正하던 해이다.

62 講

余年三十六에 **始從蓮潭李先生**하니
여년삼십육 시종연담이선생

先生이 **賜號二字曰觀碧**이라하고
선생 사호이자왈관벽

賜詩一絶曰
사시일절왈

觀淡은 **莫如水**요 **好德**은 **宜行仁**을
관담 막여수 호덕 의행인

影動天心月하니 **勸君尋此眞**하소
영동천심월 권군심차진

○ 余(나 여) 年(해 년) 始(처음 시) 從(좇을 종) 蓮(연밥 연{련}) 潭(깊을 담) 李(오얏 이{리}) 先(먼저 선) 生(날 생) 賜(줄 사) 號(부르짖을 호) 碧(푸를 벽) 賜(줄 사) 詩(시 시) 絶(끊을 절) 淡(묽을 담) 莫(없을 막) 如(같을 여) 宜(마땅할 의) 行(갈 행) 仁(어질 인) 影(그림자 영) 尋(찾을 심) 此(이 차) 眞(참 진)

내 나이 삼십육三十六에 비로소 연담蓮潭 이선생李先生을 따라 공부를 하니, 선생께서 관벽觀碧이라는 호號 두 자字를 내리시고 아울러 시詩 한수를 내려주셔서 이르기를, 맑은 것을 보는 것은 물만 같은 것은 없고, 덕德을 좋아하는 것은 인仁을 행行함이 마땅함을, 빛이 천심월天心月에서 동하고 있으니, 그대에게 권하노니 이 진리眞理를 찾아보소.

개요概要

맑음을 보는 데는 물만 같음이 없고 덕德을 좋아하면 인仁을 행行함이 마땅하다. 영동천심월影動天心月이라는 시 한수를 내리면서 진리眞理를 찾아보라는 연담蓮潭선생의 말을 설명하고 있다.

각설各說

1) 여년삼십육余年三十六 시종연담이선생始從蓮潭李先生

일부선생이 삼십육三十六세에 연담蓮潭 이선생李先生을 따라 공부를 시작했다는 것이다.

2) 선생사호이자왈관벽先生賜號二字日觀碧, 사시일절왈賜詩一絶日

선생先生이 관벽觀碧이라는 아호와 함께 시 한 절구를 내려서 이르기를,

3) 관담觀淡 막여수莫如水, 호덕의행인好德宜行仁

맑은 것을 보는 것은 물만 같은 것은 없고, 덕德을 좋아하는 것은 인仁을 행行함이 마땅하다.

4) 영동천심월影動天心月 권군심차진勸君尋此眞

"빛이 천심월天心月(황심월皇心月)에서 동하니 그대에게 권하노니"라고 하여 천심월天心月의 빛이 움직이는 진리眞理를 찾아보라는 의미이다.

영동천심월影動天心月

연담선생은 김일부를 불러 "그대는 장차 쇠하여 가는 공자의 도를 이어 천시天時를 받들 것이다"라고 하였다. 그리고 "맑은 것을 보는 것은 물만 같음이 없고, 덕을 좋아하는 것은 인을 행함이 마땅하구나. 빛이 천심월에서 동하니, 그대에게 권하노니 이 진리를 찾아보소(관담막여수觀淡莫如水요 호덕의행인好德宜行仁을 영동천심월影動天心月하니 권군심차진勸君尋此眞하소)"라는 시詩 한수를 남기고 띠울을 떠나 행방을 감추었다고 한다.

일부一夫는 스승의 말을 듣고 크게 감동하여 피나는 노력과 끊임없는 정진을 계속하여 19년 후인 54세 되던 해(1879)에 "영동천심월"의 진리를 깨달았다.

영동천심월影動天心月이란 천심월天心月의 그림자가 움직임을 말한다. 즉 후천后天의 변화 기미를 달 정사로 표현한 것이다. 정역팔괘도에서는 천심天心이 이천二天자리이며, 삼태三兌로 넘어가는 순간을 영동影動이라고 한다. 『정역正易』에서는 이러한 상수론적인 근거를 바탕으로 다음과 같이 주장하고 있다.

첫째, 일부一夫는 선후천 변화원리를 제시하였다. 복희역伏羲易을 극복한 것은 문왕역이며, 문왕역을 극복한 것이 정역正易으로 보았다. 이러한 복희역·문왕역·정역의 사이에서 생生·장長·성成의 변증법적 발전 형식으로 규정하였다. 그리고 복희괘도와 문왕괘도의 선천 질서는 정역괘도의 출현으로 인해 새로운 질서로 전환됨을 두고 선천先天이 후천后天으로 변화됨을 말한다.

복희팔괘도伏羲八卦圖 **생生**

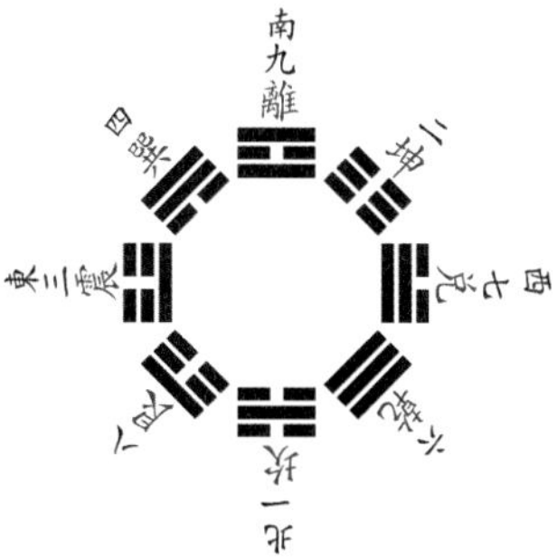

문왕팔괘도文王八卦圖 **장長**

정역팔괘도正易八卦圖 **성成**

둘째, 『정역』에서는 『주역周易』의 체계를 “억음존양抑陰尊陽의 선천의 심법지학心法之學이요”, 『정역正易』의 체계를 “조양율음調陽律陰의 후천의 성리지리性理之理”라 하였다. 억음존양抑陰尊陽을 봉건적 전통의 수직적 신분질서라고 보고, 조양율음調陽律陰은 근대적 이념의 수평적 평등사상을 의미한다고 보았다. 이러한 정역의 선·후천 변화는 당시의 한말 역사적 전환기에 요구되는 시대정신의 표현으로 볼 수 있다.

셋째, 『정역』에서는 하늘을 상징하는 십무극十无極과 사람을 상징하는 오황극五皇極 및 땅을 상징하는 일태극一太極의 삼극지도三極之道를 주장한다. 무극无極, 황극皇極, 태극太極인 삼극三極의 합일合一은 천지우주와 인간의 일치를 강조하고 있다.

63 講

二十張-前

○입도시立道詩

靜觀萬變一蒼空하니 六九之年에 始見空을
정관만변이창공 육구지년 시견공
妙妙玄玄에 玄妙理는 無無有有有無中을
묘묘현현 현묘리 무무유유유무중

○ 靜(고요할 정) 觀(볼 관) 萬(일만 만) 變(변할 변) 蒼(푸를 창) 空(빌 공) 玄(검을 현) 妙(묘할 묘) 理(이치 이)

고요히 만 갈래로 변하는 한 푸른 하늘(창공)을 바라보니,

육구六九(54세)되는 해에 비로소 공工(하늘의 섭리)을 보았네.

묘묘하고 현현에 현묘한 이치는 없고 없고, 있고 있는 유와 무의 가운데 있을.

개요槪要

입도立道라 함은 일부一夫께서 도학에 뜻을 세우심을 시詩로 말하고 있는 것이다. 그 내용은 천지변화지도와 금화교역을 통한 선후천원리를 탐구하심을 말한다.

각설各說

1) 입도시立道詩

입도立道는 일부一夫선생께서 도학道學에 뜻을 세우심을 시詩로 표현한 것이다. 즉 일부一夫께서 천지변화지도와 선후천원리를 탐구하여 도를 세우심을 의미한다. 구설에 의하면 일부一夫선생이 54세가 되시던 1879년 기묘년己卯年에 도道를 통관通觀하시니, 정역팔괘도正易八卦圖가 눈앞에 나타났다고 전한다.

2) 정관만변일창공靜觀萬變一蒼空

정관靜觀은 존재원리요, 만변萬變은 시간 변화를 말한다. ①변일變一에서 일一은 체용體用의 변화를 의미하며, ②창공蒼空은 우주宇宙를 의미한다.

2) 육구지년六九之年 시견공始見工

시견공始見工은 하늘의 뜻을 자각自覺함을 말한다. 용구용육用九用六의 원리로 일부一夫선생이 자각했다는 것이다. 또한 일부一夫께서 6×9 = 54세에 천공을 보았다는 의미로 볼 수 있다.

3) 묘묘현현妙妙玄玄 현묘리玄妙理

묘묘현현妙妙玄玄은 『정역正易』의 원리를 도가적道家的으로 표현한 것이다. 현현玄玄을 불가佛家의 관점에서 보면 공空을 의미한다고 할 수 있다. ①도가道家에서는 성聖스러운과 지혜知慧를 버린 것을 주장한다. 자아의식自我意識을 버림으로써 무無와 자연自然으로 돌아간다고 한다.(무위자연無爲自然) ②불가佛家에서는 모든 인연因緣을 연기緣起로 보는 실체實體의 근거根據가 공空이라고 한다.

4) 무무유유无无有有

무무无无는 현묘玄妙한 이치理致, 형이상학적形而上學的 원리라는 의미로서 무형지경無形之景이며, 유유有有는 묘묘妙妙로서 유형한 곳에 들어있는 이치인 유형지리有形之理를 의미한다.

5) 유무중有无中

유무중有无中은 유有와 무无의 중中이다. 이것은 유형지리와 무형지경을 공관空觀, 통관通觀하는 것이니, 곧 중中인 동시에 공空인 것이다. 황극皇極의 자리라고 할 수도 있다.

○무위시无位詩

道乃分三理自然이니 **斯儒斯佛又斯仙**을 도내분삼리자연　사유사불우사선 **誰識一夫眞蹈此**오 **无人則守有人傳**을 수식일부진도차　무인칙수우인전 **歲甲申月丙子日戊辰二十八**에 **書正**하노라 세갑신월병자일무진이십팔　서정

○ 道(길 도) 乃(이에 내) 分(나눌 분) 理(이치 이) 自(스스로 자) 然(그러할 연) 斯(이 사) 儒(선비 유) 斯(이 사) 佛(부처 불) 又(또 우) 斯(이 사) 仙(신선 선) 誰(누구 수) 識(알 식) 夫(스승 부) 眞(참 진) 蹈(밟을 도) 此(이 차) 則(곧 즉) 守(지킬 수) 有(있을 유) 傳(전할 전) 歲(해 세) 甲(천간 갑) 申(지지 신) 丙(천간 병) 戊(천간 무) 辰(지지 진)

도道가 셋으로 나누어짐이 이치의 자연이니 유儒도 되고, 불佛도 되고, 또한 선仙도 되는 것을, 일부一夫가 진실로 이 것(셋)을 밟힐 줄을,

사람이 없으면 지키고, 사람이 있으면 전하려네.

갑자년 병자월 무진일 이십팔에 쓰고 바로 잡노라.

개요概要

유儒·불佛·선仙의 무위无位에 관한 이치와 도학 전수에 관한 설명이다.

각설各說

1) 무위시无位詩

만물의 조화주造化主이신 화옹化翁의 뜻과 합일合一될 때 무위无位의 경지에 이르게 됨을 시詩로 노래한 것이다. 일부一夫선생께서 능히 무위无位의 경지에 이르게 됨을 말한다.

2) 도내분삼리자연道乃分三理自然 사유사불우사선수식斯儒斯佛又斯仙誰識

도학의 이치가 셋으로 갈라져서 내려온 것은 마땅히 자연스러운 이치가 있다. 그것이 유불도儒佛道라는 것이다.

3) 일부진도차一夫眞蹈此 무인칙수유인전无人則守有人傳

일부一夫선생이 세 가지 나누어진 이 이치를 밝히고, 사람이 없으면 지키다가 이것을 실천할 군자가 있으면 전수를 하겠다는 것이다.

4) 세갑신월병자일무진이십팔歲甲申月丙子日戊辰二十八 서정書正

일부一夫선생께서 갑신년甲申年(1884) 병자월丙子月(11월) 이십팔일二十八日 무진戊辰에 친親히 쓰시고 바로 잡았다는 것을 말한다.

64 講

二十張-後

○ 정역시正易詩

天地之數는 **數日月**이니
천지지수 수일월
日月이 **不正**이면 **易匪易**이라
일월 부정 역비역
易爲正易이라사 **易爲易**이니 **原易**이 **何常用閏易**고
역위정역 역위역 원역 하상용윤역

○ 數(셀 수, 헤아릴 수) 匪 (아닐 비) 爲(할 위) 何(어찌 하) 常(항상 상) 用(쓸 용) 閏(윤달 윤)

하늘과 땅의 수數는 해와 달이 헤아리는 것이니, 해와 달이 바르지(헤아리지) 않으면 역易이 역易이 아님이라. 역易이 바른 역易이 되어야 역易이 (참된) 역易이 될지니, 원역原易이 어찌 항상 윤역閏易만을 쓰리요.

개요概要

정력正曆 360일에 대한 내용을 시詩로서 설명한 것이다.

각설各說

1) 정역시正易時

『정역正易』은 천도天道를 자각한 것이 영원한 진리라는 것이다. 만물의 존재원리로써 사력변화四曆變化의 종점終點이 정력正曆이다.

2) 천지지수天地之數 수일월數日月, 일월부정日月不正 역비역易匪易

천지天地의 수數는 일월日月의 수數로 헤아린다는 것이다. 그러므로 일월日月이 바르지 않으면 역易은 역易이 아니라는 것이다.

3) 역위정역역위역易爲正易易爲易 원역하상용윤역原易何常用閏易

사력변화원리四曆變化原理에 대한 말이다. 원력原曆은 375도의 일부지

기一夫之朞를 말하고, 윤력閏曆은 366도와 365 ¼의 요순지기堯舜之朞를 말한다. 그리고 360도의 정력正曆은 공자지기孔子之朞를 말한다. 그리고 항상 윤력閏曆이 장구히 사용되지는 않는다는 것이다.

사력변화四曆變化와 기수변화朞數變化

기朞의 명칭名稱	일부지기 一夫之朞	제요지기 帝堯之朞	제순지기 帝舜之朞	공자지기 孔子之朞
기수변화 朞數變化	375일	366일	365 1/4	360
윤도수 閏度數	15도度=180시時 (99+81)	6도度(72시時) (81시時에서 9시간 귀공歸空)	5¼도=63시時 (72시時에서 9시간 귀공歸空)	15도度 전체全體 귀공歸空

65 講

○포도시布圖詩

萬古文張日月明하니 一張圖畵雷風生이라
만고문장일월명 일장도화뇌풍생
靜觀宇宙無中壁하니 誰識天工待人成가
정관우주무중벽 수식천공대인성
金火正易圖라
금화정역도

○ 萬(일만 만) 古(옛 고) 文(글월 문) 張(글 장) 明(밝을 명) 張(베풀 장) 圖(그림 도) 畵(그림 화) 雷(우레 뇌(뢰)) 風(바람 풍) 生(날 생) 靜(고요할 정) 觀(볼 관) 宇(집 우) 宙(집 주) 无(없을 무) 中(가운데 중) 碧(푸를 벽) 誰(누구 수) 識(알 식) 天(하늘 천) 工(장인 공) 待(기다릴 대) 成(이룰 성)

만고萬古의 문장文張이 해와 달같이 밝으니 한 장의 그림으로 우레와 바람이 생함이라. 고요한 우주宇宙의 무중벽无中碧을 바라보니 누가 천공天工이 사람나기를 기다려 이를 줄 알겠는가. 금화교역이라.

개요概要

포도시布圖詩는 금화정역金火正易을 드러내 밝힘을 시詩로 밝히고 있다.

각설各說

1) 포도시布圖詩

후천금화정역도后天金火正易圖를 펴는 것을 밝히는 시詩이다.

2) 만고문장일월명萬古文張日月明

만고의 아름다운 문체가 일월日月처럼 밝다는 것이다.

3) 일장도화뇌풍생정관一張圖畵雷風生靜觀

뇌풍雷風은 항괘恒卦로서 영원永遠한 진리眞理(성인지도)를 말한다. 금화정역도를 펼치니 뇌풍雷風이 낳았다는 것이다.

4) 우주무중벽宇宙无中碧

무중벽无中碧은 금화정역도의 한 가운데가 아무것도 없이 비어있는 것을 말한다. 중中은 공空이다. 그러므로 무중벽无中碧은 우주의 중심이며, 십십일일十十一一의 공空이다. 만유생명의 기시처其始處요 귀결처歸結處이다. 씨와 열매의 관계로 보면 씨의 완성이 열매(일一 ⇨ 십十)이다. 십十은 지수地數의 십十이지만, 결과結果에서 지地와 천天의 합덕合德이후 천天의 본체本體가 된다. 일一은 역할로는 천수天數이다. 그러나 일一은 천수天數인 동시에 태극太極이다. 그러므로 무극无極(십+)과 태극太極(일-)은 공간적空間的으로는 같은 위치이다. 선천先天과 후천后天의 공간空間은 따로 있는 것이 아니다. 지地는 천명天命을 완성시켜 주는 존재存在(곤도坤道)이다.

5) 수식천공대인성誰識天工待人成

하늘의 조화를 의미하는 천공天工이 사람을 기다려 일부一夫선생에 의하여 완성이 될 줄 누가 알았겠는가라는 의미이다.

○금화정역도金火正易圖

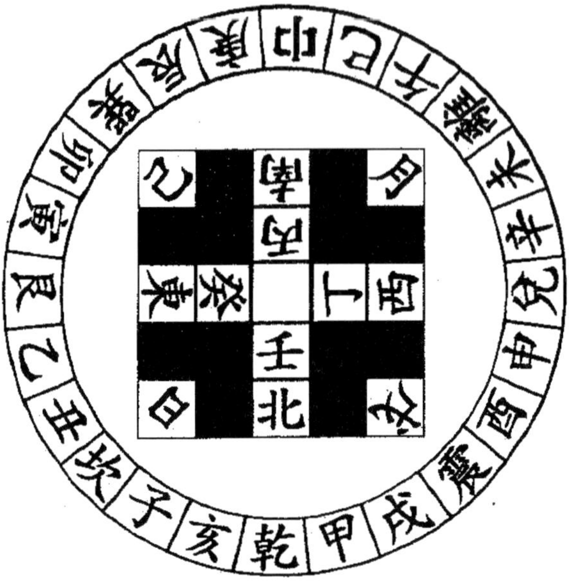

금화정역도金火正易圖는 정역팔괘도正易八卦圖의 지천설위와地天設位와 괘도卦圖의 이치를 세분화하여 금화교역金火交易을 통한 후천后天세계의 이치를 밝힌 것이다.

二十一張-前後

1) 금화정역도金火正易圖의 구성

먼저, 금화정역도金火正易圖 팔괘八卦의 구성은 십간十干, 십이지十二支, 일월日月, 사방위四方位로써 구성되어 있다. 그리고 그 자수字數는 전부 삼십육자三十六字이다.

다음으로, 금화정역도金火正易圖는 외원外圓과 내방內方으로 조직되어 있다. 그 중에서 ①외원外圓은 천天의 상象이요, ②내방內方은 지地의 상象이며 ③중심中心 십자十字는 인人의 상象이다.

2) 금화정역도金火正易圖의 상象과 방향

금화정역도金火正易圖는 모두 안쪽으로 향向하되, 오직 무기일월戊己日月만이 바깥으로 향向하고 있다. 이것은 무기일월戊己日月이 부모생성父母生成하는 상象임을 말한 것이다. 후천后天은 지천태地天泰가 되어 천기天氣는 아래로 내려가 수렴收斂하고, 지기地氣는 양陽을 포包하여 위로 올라가 작용하려고 하므로 ①천天의 상象인 외원外圓은 안으로 향向하고, ②중간中間에 있는 지地의 상象인 내방內方은 바깥으로 향向하는 것이다. 그리고 가운데의 ③십자형十字形의 사람은 향심운동向心運動으로써 신神에게 환행圜行하므로 수렴작용收斂作用을 행行하여 안으로 향向하는 것이다.

3) 금화정역도金火正易圖 지지地支와 오행五行

①십이지十二支는 지地에 속屬하나 거기에 사시운행四時運行의 상象이 있으므로 천원天圓에 있고, ②그 방위方位는 선천先天의 방위方位와 상이相異하다. 팔괘八卦의 방위方位를 따라서 ㉠인묘寅卯 목木이 정북正東인 간艮의 다음에 있고, ㉡사오巳午 화火가 정남正南인 곤坤의 다음에 있고, ㉢신유申酉 금金이 정서正西인 태兌의 다음에 있는 것이다. ㉣축丑은 동북東北 감坎의 다음에 있고, ㉤진辰은 동남東南 손巽의 다음에 있고, ㉥미未는

서남西南 이離의 다음에 있고, ㊅술戌은 서북西北 진震의 다음에 있는 것이다.

4) 금화정역도金火正易圖 십간十干과 오행五行

십간十干의 배열配列은 십간十干의 원도수原度數 중에서 임계수壬癸水 병정화丙丁火, 무기토戊己土의 음양수陰陽數는 낙서洛書 오행五行의 음양수陰陽數와 동일하고, 오직 갑을병甲乙木 경신금庚辛金의 음양수陰陽數가 변變하니 이는 만물萬物의 생생生生은 수화水火로써 체體를 삼고, 토土로써 생명체를 삼는 까닭에 선후천先后天의 변화함에는 체體가 변變하는 것이 아니라 그 용用이 변變하는 것이다.

5) 금화교역도金火正易圖 무기일월戊己日月과 동서남북東北西南의 방위

내방內方의 무기戊己는 손풍巽風 진뢰震雷의 뇌풍상역雷風相易에 의하여 중궁中宮에 뇌풍雷風이 생生하면서 일월日月을 생生하는 부모父母의 위位가 된 것이다. 무기戊己는 또한 정역팔괘도正易八卦圖의 이천칠지二天七地의 작용이다. 그러므로 이천칠지二天七地가 중궁中宮에 들어가 십건十乾, 이천二天, 오곤五坤, 칠지七地의 십기十紀, 이경二經, 오강五綱, 칠위七緯가 된다. 또한 건곤乾坤, 천지天地, 뇌풍중雷風中의 상象이 된 것이다.

무기戊己의 일손一巽, 육진六震, 즉 무극황극无極皇極의 위位에는 육십갑자六十甲子가 배열排列되어 무무위육십수无无位六十數가 일육궁一六宮에 분장分張되는 상象이 된 것이며, 무기일월戊己日月의 사상체위도수四象體位度數에서 십오十五를 존공尊空한 백사십사百四十四의 곤책坤策이 이 중궁中宮에 배열排列되고 있으므로 내방內方에 곤상坤象의 남북서남東北西南이 있는 것이다.

4. 십일일언十一一言

67講

二十二張-前

十土六水는 **不易之地**니라.
십 토 육 수 　 불 역 지 지
一水五土는 **不易之天**이니라.
일 수 오 토 　 불 역 지 천

○ 十(열 십) 土(흙 토) 六(여섯 육{륙}) 水(물 수) 不(아닐 불) 易(바꿀 역) 之(갈 지) 地(땅 지) 天(하늘 천)

십토十土와 수화六水는 바뀌지 않는 땅이니라.

일수一水와 오토五土는 바뀌지 않는 하늘이니라.

개요概要

십일일언十一一言은 『정역正易』 하편下篇으로 ①십오일언十五一言이 체體라면 ②십일일언十一一言은 용用이다. 십오일언十五一言은 건곤乾坤을 설명하고 있는 반면에 십일일언十一一言은 간지도수干支度數로 책력冊曆의 도수度數를 설명 하고 있다.

각설各說

1) 십일일언十一一言

십일일언十一一言은 십十과 일一이 하나되는 천지天地의 용정원리用政原理로서 십무극十无極과 일태극一太極을 근거根據로 한 하락합덕작용河洛合德作用의 변화원칙變化原則을 말한다. ①일一이 무십无十이면 무체无體, ②십十이 무일无一이면 무용无用이니 합合하면 토土이다. 즉 십十과 일一이 하나로 합하는 말씀이라는 의미이다.

2) 십토육수十土六水 불역지지不易之地

①복희괘도의 방위는 북곤지北坤地가 자리하나, ②문왕괘도에서는 감수坎水가 자리하고 있다. 이것은 십토육수十土六水가 생성生成의 근원根源

임을 밝히고 있다. 육수六水는 만물이 생生하는 자리이다. 그러므로 기십토己十土와 일육수一六水는 바뀔 수 없는 땅이라는 것이다.

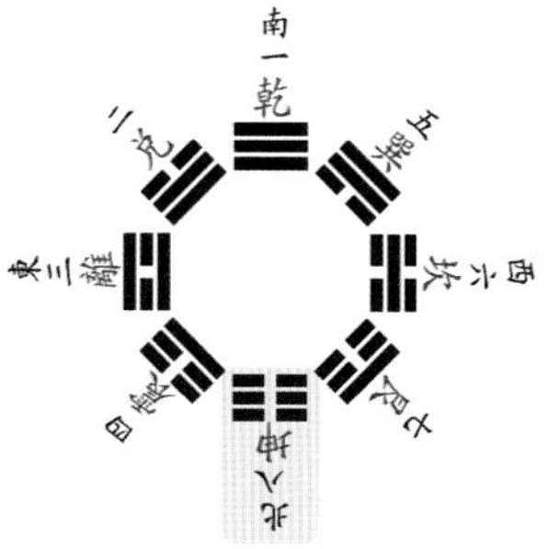

복희팔괘도伏羲八卦圖

문왕팔괘도文王八卦圖

3) 일수오토一水五土 불역지천不易之天

임일수壬一水와 무오토戊午土는 변역變易이 될 수 없는 하늘의 수數이다. ①일수一數는 천일임수天一壬水를 말하고, ②오토五土는 하도·낙서의 중궁수로서 생명의 순환을 주재하는 천오무토天五戊土를 말한다. 그러므로 하늘이 수토水土를 성도成道한 것이 천지天地이니, 임일수壬一水와 무오토戊午土는 서로 바뀌지 않는 하늘이라고 한 것이다.

天政은 **開子**하고 **地政**은 **闢丑**이니라.
천정 개자 지정 벽축
丑運은 **五六**이오 **子運**은 **一八**이니라.
축운 오육 자운 일팔

○ 天(하늘 천) 政(정사 정) 開(열 개) 地(땅 지) 闢(열 벽) 丑(지지 축) 運(돌 운)

하늘의 정사는 자子에서 열리고, 땅의 정사는 축丑에서 열리니라.
축丑의 운수는 오육五六이고, 자子의 운수는 일팔一八이니라.

개요概要

선후천先后天 정사政事인 천개어자天開於子(선천先天)과 지벽어축地壁於丑

(후천后天)에 대한 설명이다.

각설各說

1) 천정개자天政開子 지정벽축地政闢丑

①천정天政은 선천先天이고, ②개자開子는 후천后天이다. 그러므로 하늘에 정사는 자子에서 열리고, 땅의 정사는 축丑에서 이루어짐이라 ③선천先天은 자운子運이 되고 ④후천后天은 축운丑運이 된다는 것이다. 하늘은 땅이 있어 열리고, 땅은 만물이 있음에 열린다는 것이다.

2) 축운오육丑運五六

후천 월정사를 말한다. 축운丑運은 후천에서는 땅의 정사가 축丑에서 이루어지므로 후천后天은 축운丑運이 된다. 오육五六은 포오함육包五含六을 말한다. 『정역正易』에서는 ①선천先天의 오황극五皇極은 오五이고, ②후천后天의 오황극五皇極은 오五·육六으로 본다. 그러므로 황중월체성수皇中月體成數도 오五·육六이고, 무무위육십수无无位六十數 일육궁一六宮도 오五·육六이다. 『정역正易』에서의 황극皇極은 선천先天의 오五와 후천后天의 육六을 내포內包하고 있는 것으로 본다.

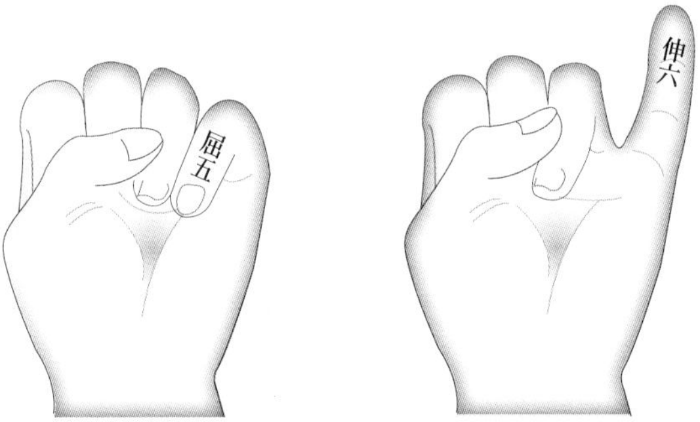

포오함육包五含六과 수지상수手支象數

3) 자운일팔子運一八

선천의 월정사를 말한다. 자운子運의 수數가 일팔一八이라 ①일一은 초일도의 초하루를 의미한다. ②팔八은 초팔일의 상현上弦을 의미한다.

一八은 **復上月影生數**오 **五六**은 **皇中月體成數**니라.
일 팔 복 상 월 영 생 수 오 육 황 중 월 체 성 수
九七五三一은 **奇**니라. **二四六八十**은 **偶**니라.
구 칠 오 삼 일 기 이 사 육 팔 십 우

○ 復(돌아올 복) 影(그림자 영) 皇(임금 황) 體(몸 체) 奇(홀 기, 기이할 기) 偶(짝 우)

일팔一八은 복상월復上月에 빛이(영影) 생生하는 수數요,
오육五六은 황중월皇中月의 체體가 이루어지는 수數니라.
구칠오삼일九七五三一은 기수奇數니라.
이사육팔십二四六八十은 우수偶數니라.

개요概要

정역팔괘도와 달정사에 대한 말이다.

각설各說

1) 일팔一八 복상월영생수復上月影生數

일팔一八은 갑을병정무甲乙丙丁戊로 시작하는 복상復上의 천심월天心月 자리를 의미하는 영생수影生數이다. ①일一은 처음 시작의 의미로서 초하루가 시작되는 선천월先天月의 시작을 말한다. ②팔八은 상현上絃을 의미

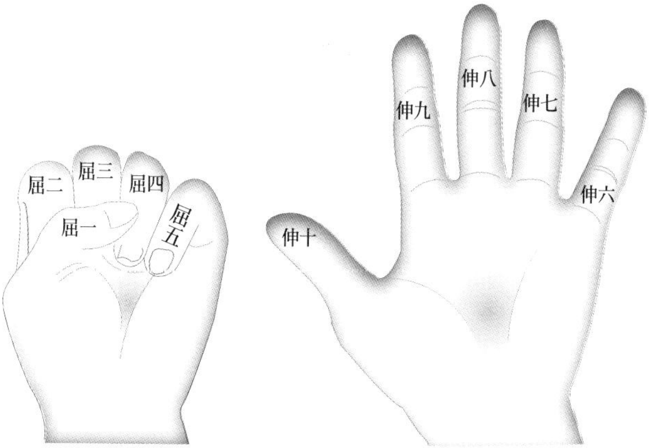

하므로 복상復上에서 일어나는 천심월天心月의 영생수影生數라는 것이다. 수지상수手支象數로 보면 생수生數인 일이삼사오一二三四五는 손가락을 굴屈하는 수數로서 영影이 되고, 손가락을 신伸하는 육칠팔구십六七八九十은 체體가 된다. 그러므로 영생수影生數는 손가락을 굴屈하는 생수生數의 일一자리를 의미한다.

2) 오육五六 황중월체성수皇中月體成數

『정역正易』에서 오五는 포오함육胞五含六이다. 왜냐하면 선천수先天數는 역생逆生하는데 비해 후천수后天數는 도생倒生하기 때문이다. 역생逆生의 경우는 오五가 일구一九의 중中으로서 오황극皇極數에 해당하나, 도생倒生의 경우는 수지상수상手支象數上 오五이면서 육六이다. 그러므로 오육五六은 황중월皇中月의 자리를 말하는 체성수體成數이다.

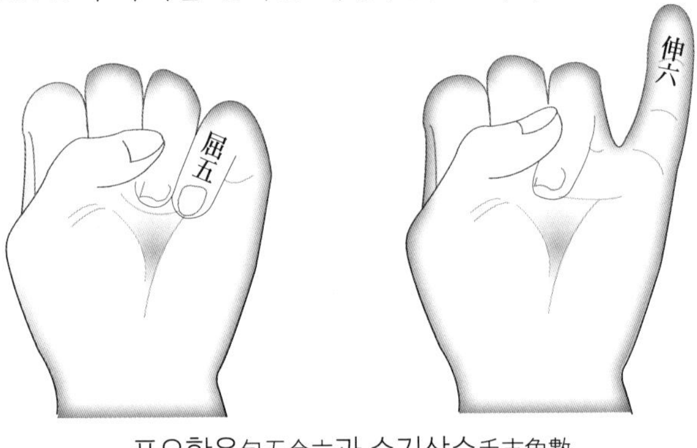

포오함육包五含六과 수지상수手支象數

3) 구칠오삼일九七五三一 기奇 이사육팔십二四六八十 우偶

구칠오삼일九七五三一은 기수奇數로서 천수天數이며, 이사육팔십二四六八十은 우수偶數로서 지수地數이다. 그러므로 천수天數도 다섯이요, 지수地數도 다섯이라는 것이다.

기수奇數	一三五七九	天數/25	합55 ⇨ 소이성변화所以成變化, 이행귀신야以行鬼神也
우수偶數	二四六八十	地數/30	

二十二張-後

奇偶之數는 **二五**니 **先五**는 **天道**요 **后五**는 **地德**이니라.
기우지수 이오 선오 천도 후오 지덕
一三五次는 **度天**이요 **第七九次**는 **數地**니 **三天兩地**니라.
일삼오차 도천 제칠구차 수지 삼천양지
天地地天이니 **后天先天**이니라.
천지지천 후천선천
先天之易은 **交易之易**이니라.
선천지역 교역지역
后天之易은 **變化之易**이니라.
후천지역 변화지역

○ 奇(홀 기, 기이할 기) 偶(짝 우) 德(덕 덕) 兩(두 양(량)) 變(변할 변)

기수奇數와 우수偶數의 수는 다섯이 둘이니, 먼저 다섯은 천도요, 뒤의 다섯은 땅의 덕이니라. 일삼오一三五의 차례는 하늘의 도수요, 칠구七九의 차례는 땅의 도수이니, 세 하늘(삼천三天)과 두 땅(양지兩地)이니라.

천지天地가 지천地天이 되니 선천과 후천이니라. 선천역은 교역의 역이니라.

후천의 역은 변하고 바뀌는 역이니라.

개요槪要

선천先天의 교역交易과 후천后天의 변역變易에 대한 설명이다.

각설各說

1) 기우지수이오奇偶之數二五, 선오천도先五天道 후오지덕后五地德

홀수와 짝수의 수는 하늘의 수가 다섯이요, 땅의 수가 다섯이라는 것이다. 먼저 다섯인 일一·삼三·오五·칠七·구九는 기수奇數로써 천도天道를 표상表象하고, 나중 다섯인 이二·사四·육六·팔八·십十은 우수偶數로써 땅의 덕德이라는 것이다.

2) 일삼오차도천一三五次度天, 제칠구차수지第七九次數地 삼천양지三天兩地

①일삼오一三五는 생수生數 중에 양수陽數로서 만물을 낳는 수數이니, 하늘의 법도라고 한 것이다. ②칠구七九는 성수成數 중에 양수陽數로서 만물을 이루는 수數이니 땅의 수이다. 그러므로 『정역』에서는 삼천양지三天兩地라고 한 것이다. 반면에 『주역周易』에서 삼천양지參天兩地란 겸삼재양지兼三才兩之원리에 따라 천지인 삼재三才가 각각 음양陰陽과 강유剛柔, 인의仁義로 양지兩之하여 육효중괘六爻重卦가 형성된다고 본다.

『주역周易』의 겸삼재양지원리兼三才兩之原理

천天	천天	➡ 양지兩之	--	음陰	상효上爻	천天·천天
			—	양陽	오효五爻	인人·지地
지地	인人	➡ 양지兩之	--	음陰	사효四爻	지地·인人
			—	양陽	삼효三爻	천天·천天
인人	지地	➡ 양지兩之	--	음陰	이효二爻	인人·지地
			—	양陽	초효初爻	지地·인人

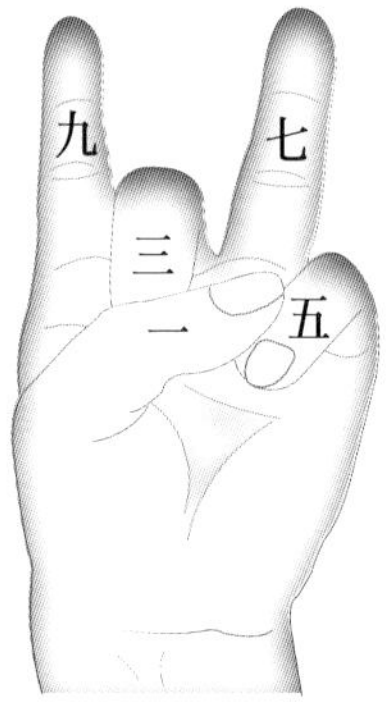

정역의 삼천양지三天兩地

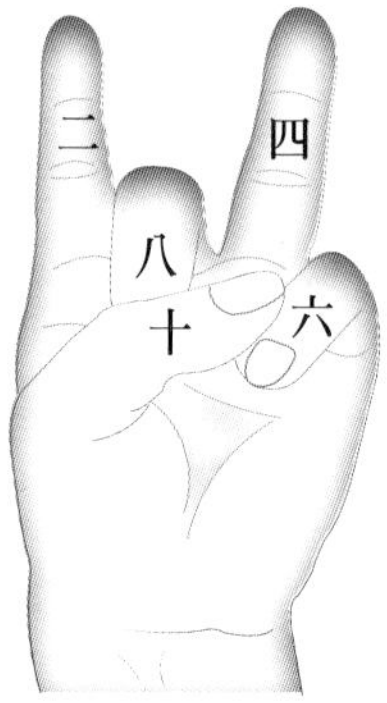

정역의 삼지양천三地兩天

3) 천지지천天地地天 후천선천后天先天

천지天地는 선천先天으로 천지비天地否(䷋)요, 지천地天은 후천后天으로 지천태地天泰(䷊)이다.

4) 선천지역先天之易 교역지역交易之易

교역지역交易之易은 화금火金의 위치적位置的인 변화變化를 나타낸 것이다. 『주역周易』에서는 이간易簡, 변역變易, 불역不易의 세 가지의 뜻이 있다. 그러나 『정역正易』에서는 360일 정력正曆을 기준으로 비역匪易, 불역不易, 호역互易, 변역變易, 교역交易 등으로 구분한다. ①360일이 되지 않으면 역易이 역易이 될 수 없다 하여 비역匪易이라고 하고, ②360일이 되면 다시 바뀌지 않는 것을 불역不易이라고 한다. ③360일이 된 정력正曆을 금화金火가 서남南西에서 서로 뒤바뀐 것을 호역互易이라고 하며, ④365¼이 360도로 변화한 것을 변역變易이라 하고, ⑤복희선천역伏羲先天易에서 문왕후천역文王后天易으로 괘卦의 위치位置만을 바뀌는 것을 교역交易이라 한다.

5) 후천지역后天之易 변역지역變易之易

변역變易은 금화金火의 근원적인 변화變化를 나타낸 『정역正易』 후천력后天曆을 말한다.

易이 **易九宮**하고 **易**이 **易八卦**니라. 역 역구궁 역 역팔괘 **卦之離乾**은 **數之三一**이니 **東北正位**니라. 괘지이건 수지삼일 동북정위 **卦之坎坤**은 **數之六八**이니 **北東維位**니라. 괘지감곤 수지육팔 북동유위

○ 卦(걸 괘) 離(떼놓을 이(리)) 乾(하늘 건) 數(셀 수) 北(북녘 북) 位(자리 위) 卦(걸 괘) 坎(구덩이 감) 坤(땅 곤) 數(셀 수) 東(동녘 동) 維(바 유)

역易이 구궁九宮으로 바뀌고 역이 팔괘八卦로 바뀌니라. (복희괘에서는) 이離와 건乾이 수數로는 삼三과 일一이니, (문왕괘에서는) 동東과 북北이 바르게 자리하니라(마주 보고 있니라). (복희괘에서는) 감坎과 곤坤은 수數로는 육六와 팔八이니 (문왕괘에서는) 북北과 동東이 귀퉁이에 자리하니라.

개요概要

복희팔괘도伏羲八卦圖와 문왕팔괘도文王八卦圖의 변역變易에 대한 설명이다.

각설各說

1) 역易 역구궁易九宮 역易 역팔괘易八卦

복희팔괘역伏羲八卦易이 문왕팔괘역文王八卦易으로 교역交易됨을 말한다. 그러므로 『정역正易』에서는 복희선천역伏羲先天易과 문왕후천역文王后天易이 선천先天이 되는 것이다.

2) 괘지이건卦之離乾 수지삼일數之三一 동북정위東北正位

복희팔괘도伏羲八卦圖에서는 이삼離三, 건일乾一이나, 문왕팔괘도文王八卦圖에서는 동東과 북北으로 마주 보고 있는 것을 동북정위東北正位라고 한 것이다.

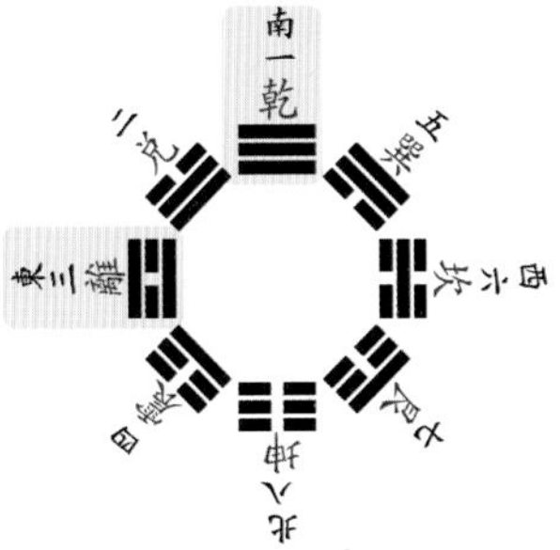

복희팔괘도伏羲八卦圖

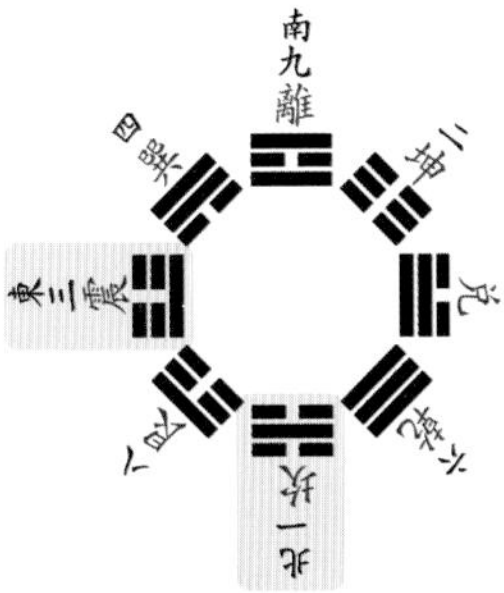

문왕팔괘도文王八卦圖

3) 괘지감곤卦之坎坤 수지육팔數之六八 북동유위北東維位

복희팔괘도伏羲八卦圖의 육감수六坎數가 문왕팔괘도文王八卦圖의 서북유위西北維位인 건육乾六으로 가고, 복희팔괘도伏羲八卦圖의 팔곤지八坤地가 문왕팔괘도文王八卦圖의 동북유위東北維位인 간팔艮八로 바뀌는 것을 북동유위北東維位라고 한 것이다.

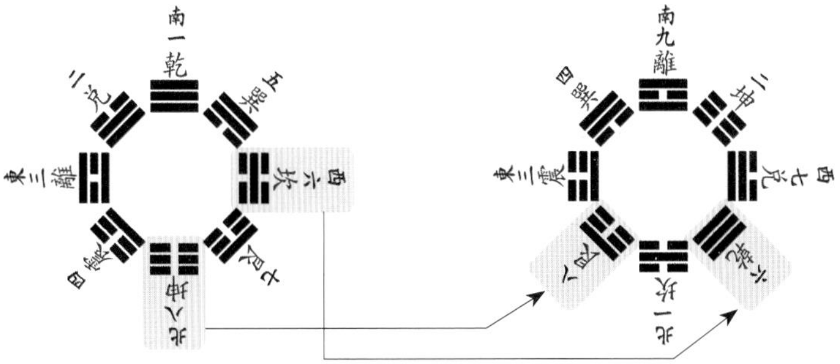

복희팔괘도伏羲八卦圖　　　　문왕팔괘도文王八卦圖

69 講

二十三張-前

卦之兌艮은 **數之二七**이니 **西南互位**니라.
괘지태간 수지이칠 서남호위
卦之震巽은 **數之五十**이니 **五行之宗**이요
괘지진손 수지오십 오행지종
六宗之長이니 **中位正易**이니라.
육종지장 중위정역
干之庚辛은 **數之四九**이니 **南西交位**니라.
간지경신 수지구사 남서교위

○ 卦(걸 괘) 兌(빛날 태) 艮(머물 간) 數(셀 수) 互(서로 호) 位(자리 위) 卦(걸 괘) 震(벼락 진) 巽(손괘 손) 行(갈 행) 宗(마루 종) 庚(천간 경) 辛(천간 신) 南(남녘 남) 西(서녘 서) 交(사귈 교)

(복희괘의) 태兌와 간艮은 수數로는 이二와 칠七이니 (문왕괘에서는) 남南에서 서쪽으로 바뀌서 자리하니라. (복희괘에는) 진震과 손巽은 수數로는 십오十五이니 오행五行의 종宗(밑둥)이요. 육남매六男妹의 어른이니 중위中位에 정역正易을 이루니라. 천간天干의 경庚과 신辛은 수數로는 구사九四이니 (문왕괘에서는) 서西에서 남南으로 바뀌 자리하니라.

개요概要

복희伏羲·문왕괘文王卦圖와 서남호위西南互位에 관한 설명이다.

각설各說

1) 괘지태간卦之兌艮 수지이칠數之二七 서남호위西南互位

복희괘伏羲卦의 태兌와 간艮은 수數로는 이二와 칠七이니 이칠화二七火가 서쪽에서 사구금四九金의 남쪽에 있던 낙서洛書가 하도河圖로 변하면서 사구이칠四九二七이 서남西南에서 호위互位한다.

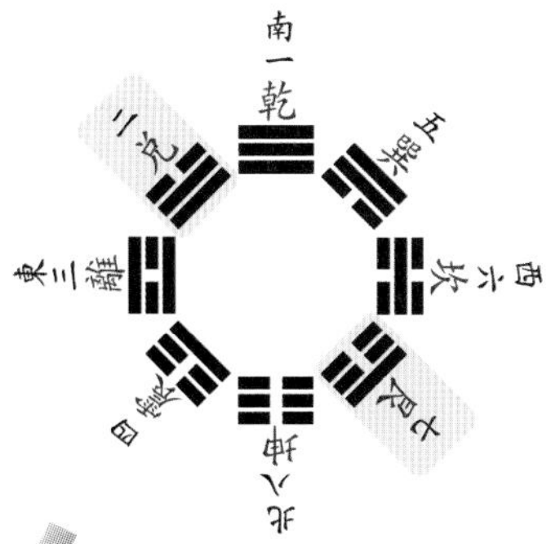

복희팔괘도伏羲八卦圖

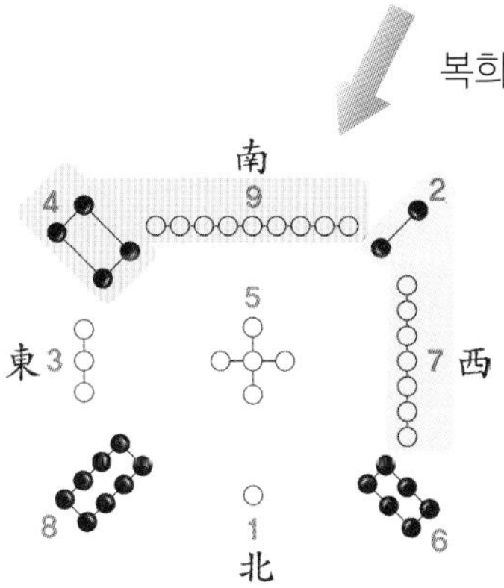

낙서

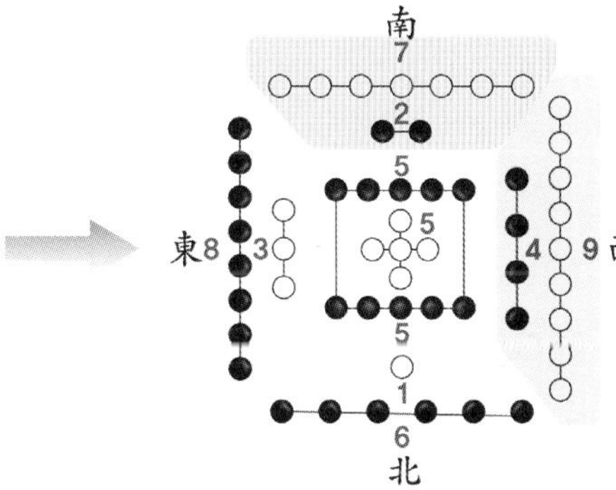

하도

2) 괘지진손卦之震巽 수지십오數之十五

십오十五는 복희괘도伏羲卦圖에는 구九와 십十이 없으므로 십진十震 대신에 사진四震이 되어 오손五巽과 마주하고 있으나 『정역正易』에서는 십수十數가 열렸으므로 십진오손十震五巽이 된다.

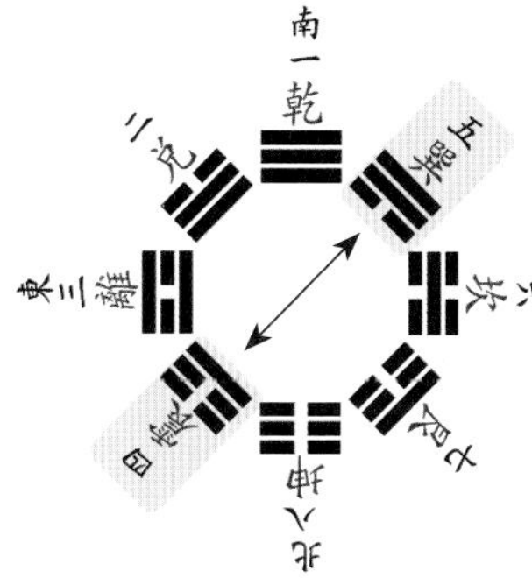

복희팔괘도伏羲八卦圖

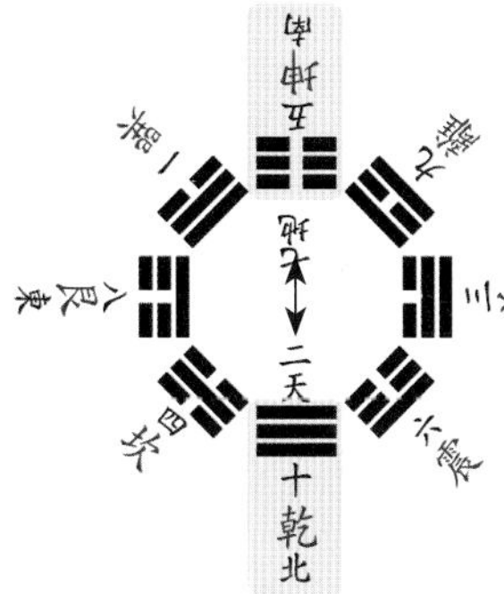

정역팔괘도正易八卦圖

3) 오행지종五行之宗

뇌풍雷風이 십오十五인 중앙토中央土로서 오행五行의 종宗을 이룬다는 것이다.즉 십오十五는 오행지종五行之宗이 된다는 것이다.

4) 육종지장六宗之長

육종지장六宗之長은 『주역周易』의 건곤육자녀乾坤六子女를 말한다. 육종六宗의 장長은 진손震巽(장남長男 장녀長女)이다. 진震은 육자녀六子女의 장남長男이므로 육종지장六宗之長이라고 한 것이다.

5) 중위정역中位正易

육종지장六宗之長은 진손震巽으로 십오十五 중앙의 좌우에 위치하지만 진손震巽은 십오건곤十五乾坤의 대행代行이니 이것을 중위정역中位正易이라고 한다.

6) 간지경신干之庚辛 수지구사數之九四 남서교위南西交位

하도낙서에서 이칠二七과 사구四九가 서남西南으로 가서 자리를 교위交位하는 금화교역金火交易을 말한다.

○낙서구궁생성수洛書九宮生成數

天一生壬水하고 **地一成子水**니라.
천 일 생 임 수　　지 일 성 자 수
天三生甲木하고 **地三成寅木**이니라.
천 삼 생 갑 목　　지 삼 성 인 목
天七生丙火하고 **地七成午火**니라.
천 칠 생 병 화　　지 칠 성 오 화

○ 壬(천간 임) 寅(지지 인) 丙(천간 병) 午(지지 오)

하늘의 일一은 임수壬水를 생하고, 땅의 일一은 자수子水를 이루니라.
하늘의 삼三은 갑목甲木을 생하고, 땅의 삼三은 인목寅木을 이루니라.
하늘의 칠七은 병화丙火를 생하고, 땅의 칠七은 오화午火가 되니라.

개요概要

선천先天은 낙서구궁洛書九宮으로 생성生成함에 대한 설명이다.

각설各說

1) 낙서구궁洛書九宮 생성수生成數

선천의 낙서구궁수洛書九宮數는 생성生成을 하고, 그 수가 일一에서 구九까지 이루어지니 구궁수라고 한 것이다. 낙서洛書의 선천용수先天用數는 일삼오칠구一三五七九이다. ①하도는 천간天干을 생生하고, ②낙서는 십이지지十二地支를 성成함으로 천생지성天生地成하는 원리를 말하고 있다.

2) 천일생임수天一生壬水 지일성자수地一成子水

천일임수天一壬水는 하도河圖의 북방일수北方一水로서 만물萬物의 시생始生을 뜻하며, 지일성자수地一成子水는 낙서洛書의 북방일수北方一水로서 하도河圖의 일임수一壬水의 기氣를 계승하여 자수子水를 이루는 것이다.

그러므로 천일생임수天一生壬水하면 지일성자수地一成子水하는 천지합덕을 통해 만물이 생성生成을 의미한다.

地支	寅	卯	辰	巳	午	未	申	酉	戌	亥	子	丑
月	3	4	5	6	7	8	9	10	11	12	1	2
陰陽	陽	陰	陽	陰	陽	陰	陽	陰	陽	陰	陽	陰
五行	木		土	火		土	金		土	水		土
天干	甲	乙	戊	丙	丁	戊	庚	辛	己	壬	癸	己

3) 천삼생갑목天三生甲木 지삼성인목地三成寅木

①천삼생갑목天三生甲木은 하도河圖의 원리原理이며, ②지삼성인목地三成寅木은 낙서洛書의 원리이니 하늘이 생생한 것을 땅이 이루는 것은 만물萬物의 생성원리生成原理이다. 그러므로 천삼생갑목天三生甲木하면 지삼성인목地三成寅木등의 만물생성을 말한다.

4) 천칠생병화天七生丙火 지칠성오화地七成午火

천칠생병화天七生丙火는 하도河圖의 생성수生成數인 병정이칠화丙丁二七火의 원리이며, 지칠성오화地七成午火는 지일자수地一子數에서 제칠위第七位가 오화午火이므로 천칠변화天七變火의 기氣를 받아 오화午火를 이루는 것이다.

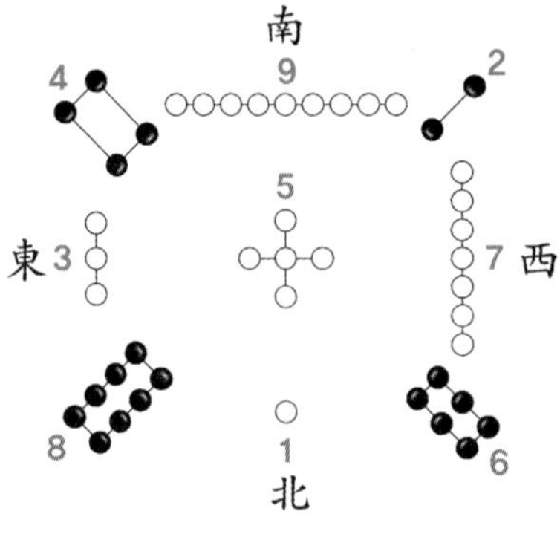

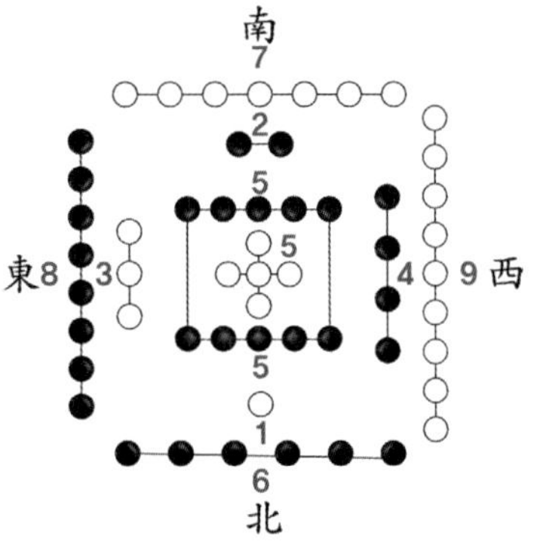

地支	寅	卯	辰	巳	午	未	申	酉	戌	亥	子	丑
月	3	4	5	6	7	8	9	10	11	12	1	2
陰陽	陽	陰	陽	陰	陽	陰	陽	陰	陽	陰	陽	陰
五行	木		土	火		土	金		土	水		土
天干	甲	乙	戊	丙	丁	戊	庚	辛	己	壬	癸	己

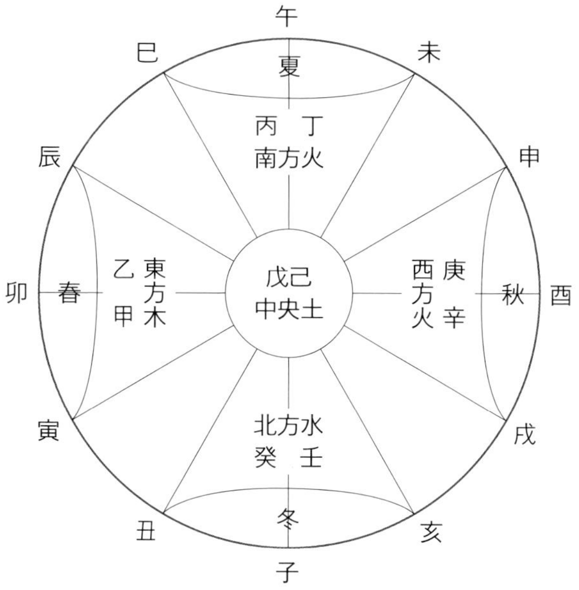

71 講

二十三張-後

天五生戊土하고 **地五成辰土**하니 **戊五**는 **空**이니라.
천오생무토 지오성진토 무오 공
天九生庚金하고 **地九成申金**이니라.
천구생경금 지구성신금

○ 戌(개 술) 空(빌 공) 辰(지지 진) 庚(천간 경) 申(지지 신)

하늘의 오五는 무토戊土가 되고, 땅의 오五는 진토辰土가 되니, 무오戊五는 공空이니라. 하늘의 구九는 경금庚金이 되고, 땅의 구九는 신금申金을 이루니라.

개요概要

낙서구궁생성수洛書九宮生成數와 선후천 순환에 대한 설명이다.

각설各說

1) 천오생무토天五生戊土 지오성진토地五成辰土 술오戌五 공空

선천先天은 양수陽數를 용用하므로 지일자수地一子水에서 시始하여 제오위第五位가 진토辰土이므로 지오진토地五辰土를 용用하는 것이다. 그러므로 ①천오무토天五戊土의 기氣를 받아 ②지오진토地五辰土를 이루는 것이다. ③술오무토戌五戊土는 제십일위第十一位로서 십일귀체지위十一歸體之位이며, 오午에서 시始하는 후천后天의 무토戊土로서 선천先天에서는 불용不用하므로 존공尊空한다.

『정역正易』에서 공空은 단순히 비어있는 것이 아니라 무엇에 의해서 대용되어 본 자리가 비어있는 것을 말한다. 그러므로 술오공戌五空의 술戌은 진辰으로 대용代用된다는 의미이다.

地支	寅	卯	辰	巳	午	未	申	酉	戌	亥	子	丑
月	3	4	5	6	7	8	9	10	11	12	1	2
陰陽	陽	陰	陽	陰	陽	陰	陽	陰	陽	陰	陽	陰
五行	木		土	火		土	金		土	水		土
天干	甲	乙	戊	丙	丁	戊	庚	辛	己	壬	癸	己

2) 천구생경금天九生庚金 지구성신금地九成申金

선천先天은 천도위주天道爲主이므로 복희팔괘도伏羲八卦圖에 건남곤북乾南坤北으로 건천乾天이 남방南方의 주궁主宮으로 정위正位한 것이며, 후천后天은 지도地道 위주爲主이므로 정역팔괘도正易八卦圖에 곤남건북坤南乾北으로 곤지坤地가 남방주궁南方主宮에 위位하는 것이다.

그러므로 선천先天은 천일생임수天一生壬水를 시두始頭로 하여 역생逆生(양진陽進)하여 천구생경금天九生庚金에서 극極에 이르며, 후천后天은 원천하생지십기토原天下生地十己土를 시두始頭로 하여 도생倒生(음퇴陰退)하는 것이니, 선후천先后天의 순환循環은 곧 음변위양陰變爲陽(진進)하고 양화위변陽化爲陰(퇴退)하는 음양변화陰陽變化의 반복反復인 것이다.

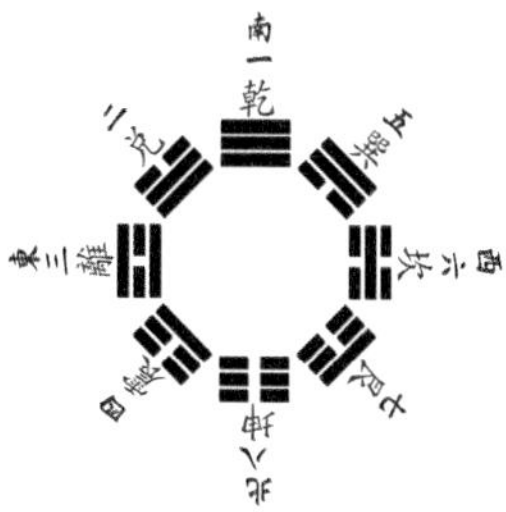

복희팔괘도

문왕팔괘도

정역팔괘도

○삼오착종삼원수三五錯綜三元數

甲己夜半에	**生甲子**하니	**丙寅頭**니라.
갑 기 야 반	생 갑 자	병 인 두
乙庚夜半에	**生丙子**하니	**戊寅頭**니라.
을 경 야 반	생 병 자	무 인 두
丙辛夜半에	**生戊子**하니	**庚寅頭**니라.
병 신 야 반	생 무 자	경 인 두
丁壬夜半에	**生庚子**하니	**壬寅頭**니라.
정 임 야 반	생 경 자	임 인 두
戊癸夜半에	**生壬子**하니	**甲寅頭**니라.
무 계 야 반	생 임 자	갑 인 두

○ 甲(천간 갑) 己(자기 기) 夜(밤 야) 半(반 반) 丙(천간 병) 寅(지지 인) 頭(머리 두) 庚(천간 경) 戊(천간 무) 辛(천간 신) 癸(천간 계)

갑기야반은 갑자甲子에서 생하니 병인丙寅으로 머리하니라.

을경야반은 병자丙子에서 생하니 무인戊寅으로 머리하니라.

병신야반은 무자戊子에서 생하니 경인庚寅으로 머리하니라.

정인야반은 경자庚子에서 생하니 임인壬寅으로 머리하니라.

무계야반은 임자壬子에서 생하니 갑인甲寅으로 머리하니라.

개요概要

①선천책력과 순환에 대한 설명이다. ②선천先天에서 낙서洛書가 양陽을 사용하는 이치를 말한다.

각설各說

1) 삼오착종三五錯綜 삼원수三元數

삼오착종三五錯綜은 장長 시운時運의 달이 태궁胎宮에서 자라는 상象을 말한 것이다. 선천先天의 복상월復上月은 동방진東方震에서 생生하니 ①낙서洛書 동방東方은 삼수三數요, 복상월復上月은 태궁胎宮인 중궁中宮에서 자라고 있는데 ②낙서洛書 중궁中宮은 오수五數이니 이는 삼三이 오五로 변變하는 것으로서 곧 삼오착종三五錯綜이다. 『주역』의 삼오착종參伍錯綜은 설시의 과정을 설명하는 것이니, 그 의미가 다르다.

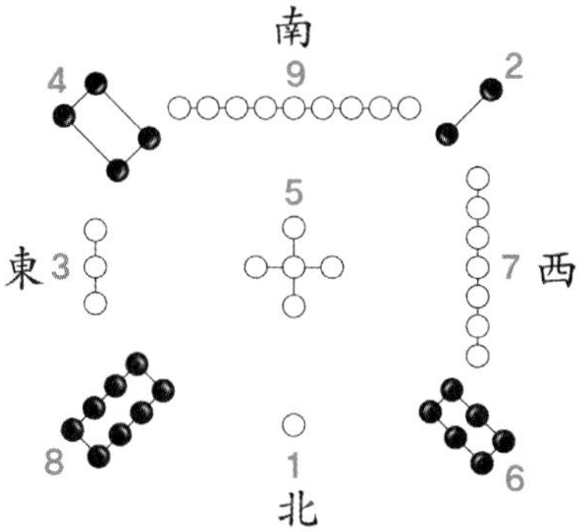

2) 갑기야반甲己夜半 생갑자生甲子 병인두丙寅頭

야반夜半은 자정子正으로 날짜 변경선이요, 생生은 시時이다. 그러므로 갑일甲日과 기일己日의 야반지지夜半地支는 항상 갑자시甲子時로 시작되고, 갑년甲年과 기년己年의 정월正月은 갑자甲子에서 3도를 나아가 병인월丙寅月로 시작한다는 것이다.

①갑자甲子➡ ②을축乙丑 ➡ ③병인丙寅

3) 을경야반乙庚夜半 생병자生丙子 무인두戊寅頭

을일乙日과 경일庚日의 야반지지夜半地支는 항상 병자시丙子時로 시작되고, 을년乙年과 경년庚年의 정월正月은 3도를 나아가 항상 무인월戊寅月로 시작한다는 것이다.

①병자丙子➡ ②정축丁丑 ➡ ③무인戊寅

4) 병신야반丙辛夜半 생무자生戊子 경인두庚寅頭

병일丙日과 신일辛日의 야반지지夜半地支는 항상 무자시戊子時로 시작되니, 병년丙年과 신년辛年의 정월正月은 항상 무자戊子에서 3도를 나아가 경인월庚寅月로 시작한다는 것이다.

①무자戊子➡ ②기축己丑 ➡ ③庚寅경인

5) **정임야반丁壬夜半 생경자生庚子 임인두壬寅頭**

정일丁日과 임일壬日의 야반지지夜半地支는 항상 경자시庚子時로 시작되니, 정년丁年과 임년壬年의 정월正月은 항상 경자庚子에서 3도를 나아가 임인월壬寅月로 시작한다는 것이다.

①경자庚子➡ ②신축辛丑 ➡ ③임인壬寅

6) **무계야반戊癸夜半 생임자生壬子 갑인두甲寅頭**

무일戊日과 계일癸日의 야반지지夜半地支는 항상 임자시壬子時로 시작되니, 술년戊年과 계년癸年의 정월正月은 항상 임자壬子에서 3도를 나아가 갑인월甲寅月로 시작한다는 것이다.

①임자壬子➡ ②계축癸丑 ➡ ③갑인甲寅

二十四張-前

○하도팔괘생성수河圖八卦生成數

地十生己土하고 **天十成丑土**니라.
지 십 생 기 토　　천 십 성 축 토
地四生辛金하고 **天四成酉金**이니라.
지 사 생 신 김　　천 사 성 유 김
地六生癸水하고 **天六成亥水**니라.
지 육 생 계 수　　천 육 성 해 수
地八生乙木하고 **天八成未木**하니 **卯八**은 **空**이니라.
지 팔 생 을 목　　천 팔 성 미 목　　묘 팔　공
地二生丁火하고 **天二成巳火**니라.
지 이 생 정 화　　천 이 성 사 화

○ 天(하늘 천) 成(이룰 성) 丑(지지 축) 地(땅 지) 生(날 생) 辛(천간 신) 金(성 김(쇠 금)) 酉(지지 유) 癸(천간 계) 亥(지지 해) 乙(천간 을) 木(나무 목) 天(하늘 천) 未(지지 미) 卯(지지 묘) 空(빌 공) 丁(천간 정) 火(불 화) 巳(지지 사)

땅의 십十은 기토己土를 생하고, 하늘의 십十은 축토丑土를 이루니라.
땅의 사四는 신금辛金을 생하고, 하늘의 사四는 유금酉金을 이루니라.
땅의 육六은 계수癸水를 생하고, 하늘의 육六은 해수亥水를 이루니라.
땅의 팔八은 을목乙木을 생하고, 하늘의 팔八은 미목未木을 이루니, 묘八는 공이니라.
땅의 이二는 정화丁火를 생하고, 하늘의 이二는 사화巳火를 이루니라.

개요概要

후천后天의 책력과 순환원리를 통한 생성의 원리에 대한 설명이다. 선천先天은 술오戌午가 공空이고, 후천后天은 묘팔卯八이 공空이다.

각설各說

1) 하도팔괘河圖八卦 생성수生成數

하도河圖는 십수팔괘十數八卦를 생성生成한 괘도卦圖이다. 즉 하도河圖는 음수陰數의 극極(十)으로 지생이천성地生而天成하는 것이다.

2) 지십생기토地十生己土 천십성축토天十成丑土

십수十數는 하도河圖와 정역팔괘正易八卦에서 출현한 수數이다. 하도河圖 십수十數의 생성生成 원리는 ①선천先天은 일一에서 십十으로 역생도성逆生倒成하므로 천일생임수天一生壬水로 시작해서 지구성신금地九成辛金으로 종終한다. 반면에 ②후천后天은 십十에서 일一로 도생역성倒生逆成하니, 지십기토地十己土에서 시작하여 하늘의 십수十數는 丑土에서 이루어진다.

생성원리와 간지도수

五行	木		火		土		金		水	
陰陽	陽	陰	陽	陰	陽	陰	陽	陰	陽	陰
天干	甲	乙	丙	丁	戊	己	庚	辛	壬	癸
	3	8	7	2	5	10	9	4	1	6
地支	寅	卯	巳	午	辰·戌	丑·未	申	酉	亥	子

3) 지사생신금地四生辛金 천사성유금天四成酉金

지地의 사수四數는 신금辛金을 생生하고, 천天의 사수四數는 유금酉金을 이룬다는 것이다.

4) 지육생계수地六生癸水 천육성해수天六成亥水

지地의 육수六數는 계수癸水를 생生하고, 천天의 육수六數는 해수亥水에서 성成한다는 것이다.

생성원리와 간지도수

五行	木		火		土		金		水	
陰陽	陽	陰	陽	陰	陽	陰	陽	陰	陽	陰
天干	甲	乙	丙	丁	戊	己	庚	辛	壬	癸
	3	8	7	2	5	10	9	4	1	6
地支	寅	卯	巳	午	辰·戌	丑·未	申	酉	亥	子

5) 지팔생을목地八生乙木 천팔성미목天八成未木 묘팔공卯八空

지地의 팔수八數는 을목乙木을 생生하고, 천天의 팔수八數는 미목未木를 이루며, 묘팔卯八은 존공尊空된다. 선천先天은 역생逆生하니, 지일성자수地一成子水에서 구도九度를 나아가 지구성신금地九成申金에서 종終한다. 후천后天은 도생倒生하니 천십성축토天十成丑土에서 구도九度를 물러나 천이성사화天二成巳火에서 종終한다. 그러므로 후천后天은 묘월卯月에서 세수歲首를 하는 것이다.

6) 지이생정화地二生丁火 천이성사화天二成巳火

지地의 이수二數는 정화丁火를 생生하고, 천天의 이수二數는 사화巳火를 이루니라.

생성원리와 간지도수

五行	木		火		土		金		水	
陰陽	陽	陰	陽	陰	陽	陰	陽	陰	陽	陰
天干	甲	乙	丙	丁	戊	己	庚	辛	壬	癸
	3	8	7	2	5	10	9	4	1	6
地支	寅	卯	巳	午	辰·戌	丑·未	申	酉	亥	子

73 講

○구이착종오원수九二錯綜五元數

己甲夜半에 **生癸亥**하니 **丁卯頭**니라.
기 갑 야 반 　생 계 해 　　정 묘 두

○ 錯(섞일 착) 綜(모을 종) 夜(밤 야) 半(반 반) 癸(천간 계) 亥(지지 해) 卯(지지 묘) 頭(머리 두)

기갑야반에는 계해가 나니 정묘로 머리한다.

개요概要

후천后天에서 구이착종九二錯綜을 통해서 금화金火의 문이 열리는 이치를 설명하고 있다.

각설各說

1) 구이착종오원수九二錯綜五元數

①후천에서는 사구금四九金과 이칠화二七火가 교역交易되는 상으로 금화교역이 이루어진다. 그러므로 구이착종九二錯綜은 천구경금天九庚金과 지이정화地二丁火가 착종錯綜됨을 말한다. ②수지상수手支象數로는 신구辛九와 정이丁二가 한 곳에서 뒤섞임을 말한다.

③오원수五元數는 『정역正易』에서 삼원三元은 선천수先天數이고, 오원五元은 후천수后天數를 말한다.

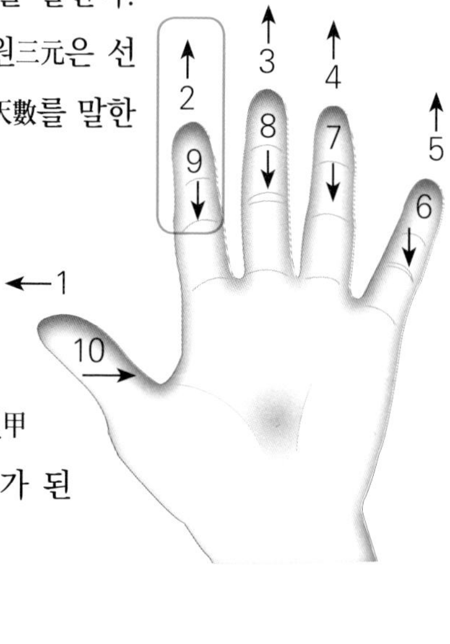

2) 기갑야반己甲夜半 생계해生癸亥 정묘두丁卯頭

기일己日과 갑일甲日의 야반夜半은 계해시癸亥時가 되고, 기년己年과 갑년甲年의 월건月建인 정월正月은 정묘丁卯가 된다.

二十四張-後

庚乙夜半에 **生乙亥**하니 **己卯頭**니라.
경 을 야 반 　생 을 해 　기 묘 두

辛丙夜半에 **生丁亥**하니 **辛卯頭**니라.
신 병 야 반 　생 정 해 　신 묘 두

壬丁夜半에 **生己亥**하니 **癸卯頭**니라.
임 정 야 반 　생 기 해 　계 묘 두

癸戊夜半에 **生辛亥**하니 **乙卯頭**니라.
계 무 야 반 　생 신 해 　을 묘 두

○ 庚(천간 경) 夜(밤 야) 半(반 반) 生(날 생) 亥(지지 해) 己(천간 기) 卯(지지 묘) 頭(머리 두) 辛(지지 신) 丙(남녘 병) 夜(밤 야) 半(반 반) 壬(천간 임) 丁(천간 정) 己(천간 기) 癸(천간 계) 癸(천간 계) 戊(천간 무)

경을야반에는 을해가 생하니 기묘로 머리하니라.

신명야반에는 정해가 생하니 신묘로 머리하니라.

임정야반에는 기해가 생하니 계묘로 머리하니라.

계무야반에는 신해가 생하니 을묘로 머리하니라.

개요概要

후천책력后天冊曆에 대한 설명이다.

각설各說

1) 경을야반庚乙夜半 생을해生乙亥 을묘두己卯頭

경일庚日과 을일乙日의 야반夜半은 을해시乙亥時가 되고, 경년庚年과 을년乙年의 월건月建인 정월正月은 기묘己卯가 된다.

2) 신병야반辛丙夜半 생정해生丁亥 신묘두辛卯頭

신일辛日과 병일丙日의 야반夜半은 정해시丁亥時가 되고, 정년丁年과 해년亥年의 월건月建인 정월正月은 신묘辛卯가 된다.

3) 임정야반壬丁夜半 생기해生己亥 계묘두癸卯頭

임일壬日과 정일丁日의 야반夜半은 기해시己亥時가 되고, 임년壬年과 정년丁年의 월건月建인 정월正月은 계묘癸卯가 된다.

4) 계무야반癸戊夜半 생신해生辛亥 을묘두乙卯頭

계일癸日과 무일戊日의 야반夜半은 신해시辛亥時가 되고, 계년癸年과 무년戊年의 월건月建인 정월正月은 을묘乙卯가 된다.

○ 십일귀체시十一歸體詩

火入金鄕金入火요 **金入火鄕火入金**을
화 입 금 향 금 입 화　금 입 화 향 화 입 금
火金金火原天道라 **誰遣龍華歲月今**인고
화 금 금 화 원 천 도　수 견 용 화 세 월 금

○ 火(불 화) 金(성 김{쇠 금}) 鄕(시골 향) 誰(누구 수) 遣(보낼 견) 龍(용 룡) 華(꽃 화) 歲(해 세) 月(달 월) 今(이제 금)

화火가 금金의 고을에 들어감이 금金이 화火에게 들어감이요,
금金이 화火의 고을에 들어감이 화火가 금金에게 들어감을
화금火金이 금화金火로 되는 것이 원천原天의 도道라.
누가 용화龍華의 세월을 이제야 보냈는고.

개요槪要

십일귀체十一歸體는 하도십수河圖十數의 도생역성倒生逆成하는 순환의 이치를 시詩로 말하고 있다.

각설各說

1) 십일귀체시十一歸體詩

○ 십일귀체원리도十一歸體原理圖

기己 십十	➡	십일귀체十一歸體 십오존공十五尊空	⬅	일一 임壬
신辛 구九	➡	구이착종九二錯綜 삼오이변三五以變	⬅	이二 정丁
갑甲 팔八	➡	삼팔동궁三八同宮 간태합덕艮兌合德	⬅	삼三 을乙
병丙 칠七	➡	사칠용중四七用中	⬅	사四 경庚
계癸 육六	➡	오운육기五運六氣 십일귀체十一歸體	⬅	오五 술戌

십일귀체十一歸體는 하도河圖의 수數에 있어서 기수奇數인 구칠오삼일九七五三一과 우수偶數인 이사육팔십二四六八十의 오위五位 기우수奇偶數가 귀체歸體됨을 말한다. 즉 하도적 작용과 낙서적인 작용이 오황극五皇極을 중심으로 생성귀체生成歸體되는 이치를 말한다. 수數로는 ①구이九二, ②칠사七四, ③오육五六, ④삼팔三八, ⑤일십一十이 모두 십일十一에 귀체歸體됨을 의미한다. 『정역正易』「하편」은 작용중심으로 십일十一원리이다. 십일十一원리는 십일귀체원리로서 ①오운육기五運六氣의 십일귀체十一歸體 ②십일귀체시十一歸體詩, ③십일음十一吟과 십일귀체十一歸體 등이 있다.

2) 화입금향금입화火入金鄕金入火 금입화향화입금金入火鄕火入金

화금火金은 선천先天이요, 금화金火는 후천后天이다. 향鄕이란 본래 있던 곳을 말한다. 즉 화火의 고향은 금金이고, 금金의 고향은 화火라는 것이다.

3) 화금금화원천도火金金火原天道 수견용화세월금誰遣龍華歲月今

화금火金이 금화金火하는 것이 원천原天의 도道이다. 이것은 금화교역의 이치를 불가佛家의 용화세월龍華歲月에 비유하여 설명한 것으로 보인다. 용화세월龍華歲月은 미륵세월, 즉 당래불인 용화미륵이 출세出世하여 교화敎化하는 세상을 말한다. 『정역正易』에서는 뇌풍雷風이 정위正位하여 정사政事를 하는 것이 상제上帝께서 친정親政하여 유리세계琉璃世界를 조림照臨하는 세상을 칭한 것이다.

政令은 **己庚壬甲丙**이요 **呂律**은 **戊丁乙癸辛**을 정 령 기 경 임 갑 병 려 율 무 정 을 계 신 **地十爲天天五地**하니 **卯兮歸丑戌依申**이라. 지 십 위 천 천 오 지 묘 혜 귀 축 술 의 신

○ 政(정사 정) 令(영 령{영}) 己(천간 기) 庚(천간 경) 壬(천간 임) 甲(천간 갑) 丙(천간 병) 呂(음률 려{여}) 律(법 율{률}) 戊(천간 무) 丁(천간 정) 乙(천간 을) 癸(천간 계) 辛(천간 신) 地(땅 지) 爲(할 위) 五(다섯 오) 卯(지지 묘) 兮(어조사 혜) 歸(돌아갈 귀) 丑(지지 축) 戌(지지 술) 依(의지할 의) 申(지지 신)

정령政令은 기경임갑병己庚壬甲丙이요, 려율呂律은 무정을계신戊丁乙癸辛을, 지십地十은 천天이 되고, 천天의 오五는 지地가 되니,

묘卯의 자리에 축丑이 돌아오니 술戌의 자리에 신申이 의지함이라.

개요概要

후천后天의 천지정사天地政事인 정령政令과 려율呂律에 대한 설명이다.

각설各說

1) 정령기경임갑병政令己庚壬甲丙 려율무정을계신呂律戊丁乙癸辛

①정령政令은 기경임갑병己庚壬甲丙이다. 즉 기위己位인 무극无極의 하늘의 장사를 의미한다. 그리고 해와 달의 표면작용이 만물萬物에 미치는 것을 말한다. 갑병甲丙은 태양太陽으로 칠화지기七火之氣와 팔목지체八木之體를 말한다. ②려율呂律은 무정을계신戊丁乙癸辛이다. 즉 무위戊位인 황극皇極의 땅의 정사를 의미한다. 그리고 해와 달의 이면작용이 만물萬物에 미치는 영향을 말한다.

정령도수政令度數	려율도수呂律度數
기己 ➡ 경庚임壬 갑甲병丙(작용도수) 사四 일一 팔八 칠七 (數) 금金 수水 목木 화火 (五行)	무戊 ➡ 정丁을乙 계癸신辛(작용도수) 이二 삼三 육六 구九 (數) 화火 목木 수水 금金 (五行)

• 정령政令 : 기위己位 태양太陽 ⇨ 삼십육도三十六度 성도成度

무기지정戊己之政 = 일월지정日月之政

• 려율呂律 : 무위戊位 태음太陰 ⇨ 삼십도三十度 성도成度

↓

일월지정日月之政

↓

사시운행四時運行

↓

영허소장盈虛消長과 굴신진퇴屈伸進退 반복反復

2) 지십위천地十爲天 천오지天五地

후천后天의 천지설위天地設位를 말한다. 정역팔괘도正易八卦圖의 십건천十乾天이 북방北方의 위치에 자리하므로 지십위천地十爲天이며, 오곤지五坤地가 남방천위南方天位에 자리하므로 천오지天五地라고 한 것이다. 지십위천地十爲天은 지십기토地十己土가 올라가서 하늘이 되고, 천오天五가 내려와서 땅이 된다. 선천先天에서 후천后天으로 변하는 중심이다.

3) 묘혜귀축술의신卯兮歸丑戌依申

묘卯는 축丑으로 돌아가고, 술戌은 신申에 의지한다는 말이다. ①천도天道는 일수자궁一水子宮에서 좌선이진左旋而進하면 술궁戌宮에 이르러 십일귀체十一歸體가 되므로 술토戌土는 귀공歸空하여 선천先天의 본체수本體數 구수九數인 신궁申宮에 귀의歸依하고, ②지도地道는 십토축궁十土丑宮에서 좌선이퇴右旋而退하면 묘궁卯宮에 이르러 십일귀체十一歸體가 되므로 묘목卯木은 귀공歸空하여 후천后天의 본체本體인 십토축토十土丑土로 돌아가는 이치理致를 밝힌 것이다.

二十五張-前

十은 **十九之中**이니라.
십 십구지중

九는 **十七之中**이니라.
구 일칠지중

八은 **十五之中**이니라.
팔 십오지중

십十은 십十과 구의 중이니라

구九는 십十과 칠의 중이니라.

팔八은 십十과 오의 중이니라.

개요概要

천지만물의 중심체위 중에서 십十에서 팔八까지의 중中으로 설명하고 있다.

각설各說

1) 십十 십구지중十九之中

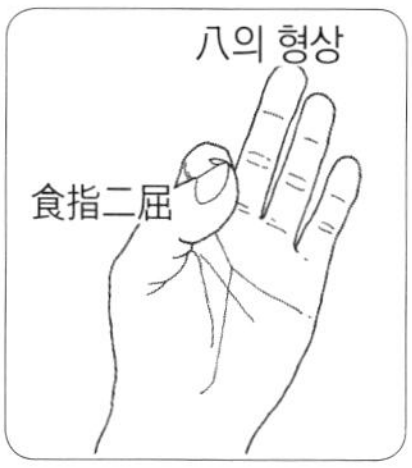

하도河圖의 십수十數와 낙서洛書의 구수九數를 합合한 수數가 십구十九이다. 이것은 천지天地 만물의 총수總數이다. 그러나 낙서洛書의 구수九數는 하도河圖에 포함되어 있는 수數로서 하도河圖의 용수用數에 불과하므로 천지만물의 원수原數는 십수十數이다. 그러므로 십十 십구지중十九之中이란? 선천용수先天用數 구九와 후천용수后天用數 십十의 합수合數인 십구十九의 중수中數라는 것이다.

2) 구九 십칠지중十七之中

구九는 후천수后天數 십十과 선천수先天數 칠七의 중수中數이다. 수지상

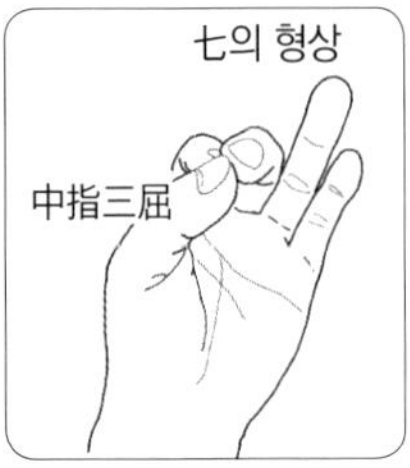

수手指象數로는 구九인 식지食指 두번째 자리를 굴屈하면 나머지가 팔수八數을 형상하므로 합하면 십칠十七이니 십칠지중十七之中이라 한다.

3) 팔八 십오지중十五之中

팔八은 후천수后天數 십十과 선천수先天數 오五의 중수中數이다. 수지상수手指象數로는 팔八 자리인 중지中指 세 번째 자리를 굴屈하면 나머지가 칠수七數을 형상하므로 합하면 십오十五이니 십오지중十五之中이라 한다.

七은 **十三之中**이니라.
칠 십삼지중
六은 **十一之中**이니라.
육 십일지중
五는 **一九之中**이니라.
오 일구지중
四는 **一七之中**이니라.
사 일칠지중

칠은 십과 삼의 중이니라. 육은 십과 일의 중이니라.
오는 일과 구의 중이니라. 사는 일과 칠의 중이니라.

개요概要

천지만물의 중심체위 중에서 칠七에서 사四까지의 중中을 설명하고 있다.

각설各說

1) 칠七 십삼지중十三之中

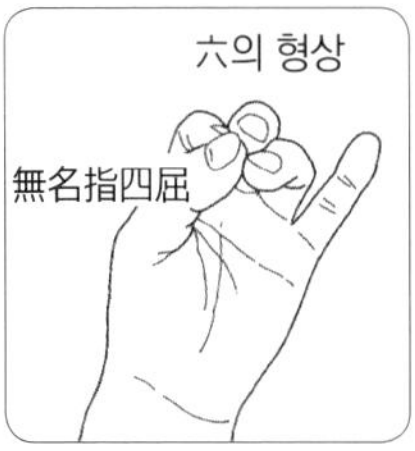

칠七은 후천수后天數 십十과 선천수先天數 삼三의 중수中數이다. 수지상수手指象數로는 칠七 자리인 무명지無名指 네 번째를 굴屈하면 나머지가 육수六數를 형상하므로 합하면 십삼十三이니 십삼지중十三之中이라 한다.

2) 육六 십일지중十一之中

육六은 후천수后天數 십十과 선천수先天數 일一의 중수中數이다. 수지상수手指象數로는 소지小指 다섯 번째를 굴屈하면 나머지가 오수五數를 형상하므로 합하면 십일十一이니 십일지중十一之中이라 한다.

3) 오五 일구지중一九之中

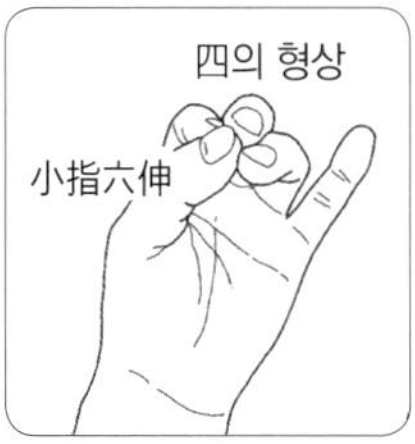

오五는 선천수先天數 일一과 후천수后天數 구九의 중수中數이다. 수지상수手指象數로는 오五 자리인 소지小脂 다섯 번째를 펴면 나머지가 사수四數를 형상하므로 합하면 구九이니 일구지중一九之中이라 한다.

4) 사四 일칠지중一七之中

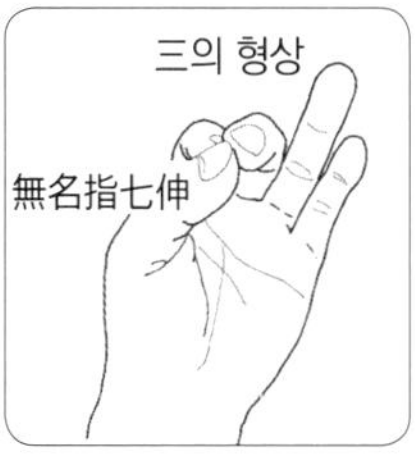

사四는 선천수先天數 일一과 후천수后天數 칠七의 중수中數이다. 수지상수手指象數로는 사四이고, 무명지無名指 칠七 자리를 펴면 나머지가 삼수를 형상한다. 합하면 칠이니, 일칠지중一七之中이라 한다.

76 講

二十五張-後

三은 一五之中이니라.
삼　일오지중
二는 一三之中이니라.
이　일삼지중
一은 一一之空이니라.
일　일일지중

삼三은 일一과 오五의 중이니라. 이二는 일一과 삼三의 중이니라. 일一은 일一 일一의 중中이다.

개요概要

천지만물의 중심체위 중에서 삼三에서 일一까지의 중中을 설명하고 있다.

각설各說

1) 삼三 일오지중一五之中

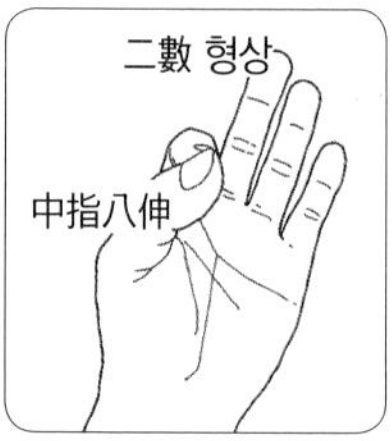

삼三은 선천수先天數 일一과 후천수后天數 오五의 중수中數이다. 수지상수手指象數로는 삼三 하고, 중지中指 팔八 자리를 펴면 나머지가 이수二數를 형상한다. 합하면 오수五數이니, 일오지중一五之中이라 한다.

2) 이二 일삼지중一三之中

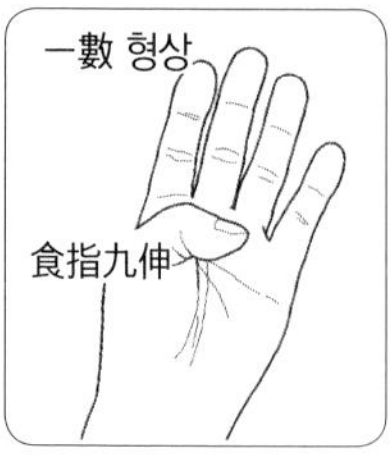

이二는 선천수先天數 일一과 후천수后天數 삼三의 중수中數이다. 수지상수手指象數로는 이二 하고, 식지食指 구九 자리를 펴면 나머지가 일수一數를 형상한다. 합하면 삼수三數이니, 일삼지중一三之中이라 한다.

3) 일一 일일지중一一之中

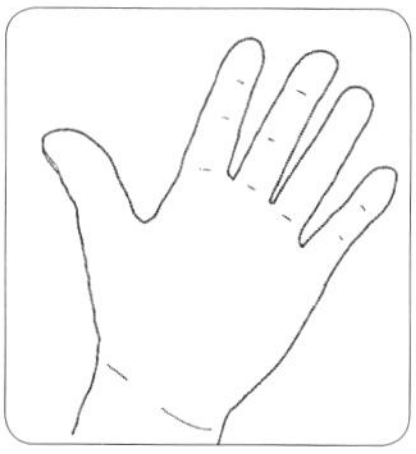

일一은 시작의 근원이 되는 수數로서 십일귀체十一歸體하는 본체수本體數이니 곧 태극太極의 수數이다. 일태극一太極은 전체를 뜻하는 일一로서 태극太極 일수一數에는 음양陰陽과 오행五行의 수數를 내포하고 있다. 그러므로 일一은 일一의 중中이라고 한 것이다. 또한 수지상수手指象數로는 일一하고, 모지母指 십十 자리를 펴면 수지를 다 편 형상이라 공空이 된다. 그러므로 일일지중一一之中이라고 한 것이다.

中은 **十十一一空**이니라 중 십십일일공 **堯舜之厥中之中**이니라. 요순지궐중지중 **孔子之時中之中**이니라. 공자지시중지중

○ 堯(요임금 요) 舜(순임금 순) 厥(그 궐) 夫(지아비 부) 所(바 소) 謂(이를 위)

중中이란 십십十十과 일일一一의 공空이니라

요순의 궐중의 중이니라. 공자의 시중의 중이니라.

개요概要

요순지궐중堯舜之厥中과 공자孔子의 시중지중時中之中에 대한 설명이다.

각설各說

1) 중中 십십일일공十十一一空

앞 구절은 십十에서 일一까지의 중수中數를 밝혔다면, 이 구절은 중中

의 뜻을 밝힌 것이다.

① 십十은 수의 전체로서 무극지수无極之數이므로 만물의 수렴收斂을 주재主宰하는 무형지중無形之中이다.

② 일一은 수의 시작으로 태극지수太極之數이므로 만물의 생장生長을 주재하는 유형지중有形之中을 뜻한다.

그러므로 십십일일十十一一은 중中이면서 공空이 되는 것이다. 왜냐하면 십진일퇴十退一進를 반복하는 순환체循環體의 중中으로서 십十은 전체(십十)의 중中이므로 공간空間의 중中을 뜻하며, 일一은 일시一始의 중中이므로 시간時間의 중中을 뜻하기 때문이다. 십십일일十十一一은 무극无極과 태극太極의 체위體位이다.

2) 요순지궐중지중堯舜之厥中之中 공자지시중지중孔子之時中之中

궐중闕中의 중中은 일일一一의 중中이고, 시중時中의 중中은 십십十十의 중中이다. 그러므로 중中을 십십일일十十一一의 중中이라고 한 것이다.

一夫所謂包五含六十退一進之位니라.
일 부 소 위 포 오 함 육 십 퇴 일 진 지 위
小子는 **明聽吾一言**하라 **小子**야.
소 자 명 청 오 일 언 소 자

○ 包(포용할 포) 含(머금을 함) 退(물러날 퇴) 進(나아갈 진) 位(자리 위) 明(밝을 명) 聽(들을 청) 吾(나 오) 言(말씀 언)

일부一夫가 이른바 오五를 싸고 육六을 머금어 십十은 물러나고 일一이 나오는 자리니라. 제자들아 이 말씀을 밝혀서 들어라 제자들아.

개요槪要

포오함육包五含六과 십진일퇴十進一退에 대한 설명이다.

각설各說

1) 포오함육包五含六 십진일퇴지위十退一進之位

포오함육胞五含六과 십진일퇴十退一進의 연관성을 설명하고 있다.

① 포오함육胞五含六은 오황극 속에 내포되어 중심체를 삼는 동시에 육六작용으로 머금게 된다는 것이다. 수지상수手指象數로 보면 오五를 펴면 육六이라. 육六에는 오五를 포함包含하고 있다는 것이다.

② 십진일퇴十退一進는 십무극十无極이 물러가 본체本體가 되면서 일一의 작용이 나타나게 되는 것이 십일귀체十一歸體원리이다. 다시 말하면 십일十一자리인 간태艮兌에 위치하는 하는 것이다. 오五를 싸고 육六을 머금은 것은 손巽의 일육궁一六宮 자리에 십十은 물러가고, 일一이 나아가는 것은 오십토五十土 자리에 위치했다는 것을 의미한다.

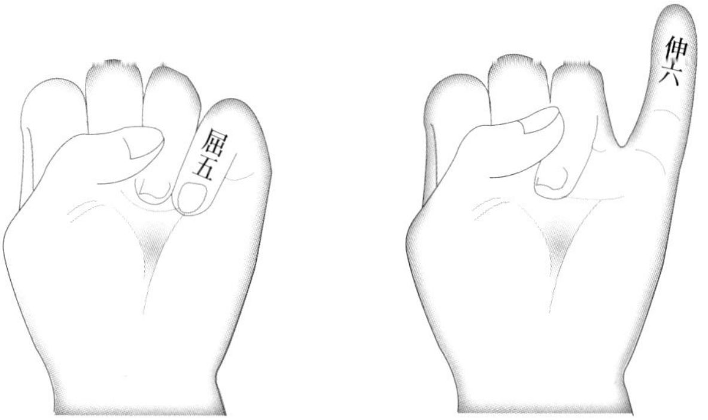

포오함육包五含六과 수지상수手支象數

십진일퇴十退一進와 포오함육胞五含六의 확충擴充

체體 용用	체體 용用
십퇴일진十退一進	포오함육胞五含六
구퇴이진九退二進	포사함칠胞四含七
팔퇴삼진八退三進	포삼함팔胞三含八
칠퇴사진七退四進	포이함구胞二含九
육퇴오진六退五進 즉卽 포오함육胞五含六	포일함십胞一含十 즉卽 십퇴일진十退一進

2) 소자小子 명청오일언明聽吾一言 소자小子

소자小子는 제자弟子들을 의미한다. 일부선생一夫先生이 제자들에게 포오함육包五含六과 십진일퇴十退一進의 한마디를 들어보라는 것이다.

二十六張-前

○뇌풍정위용정수雷風正位用政數

己位는 **四金一水八木七火之中**이니 **无極**이니라.
기위 사금일수팔목칠화지중 무극
无極而太極이니 **十一**이니라.
무극이태극 십일

○ 雷(우레 뇌(뢰)) 風(바람 풍) 正(바를 정) 位(자리 위) 用(쓸 용) 政(정사 정) 數(셀 수) 己(자기 기) 无(없을 무) 極(다할 극) 太(클 태)

기위己位는 사금四金, 일수一水, 팔목八木, 칠화七火의 중中이니, 무극无極이니라. 무극无極이 태극太極이니, 십十이며 일一이다.

개요概要

뇌풍雷風은 육진뢰六震雷와 일손풍一巽風를 의미하며, 후천后天에서 건곤십오乾坤十五를 대행하는 정위용정수正位用政數에 대한 설명이다.

각설各說

1) 뇌풍정위용정수雷風正位用政數

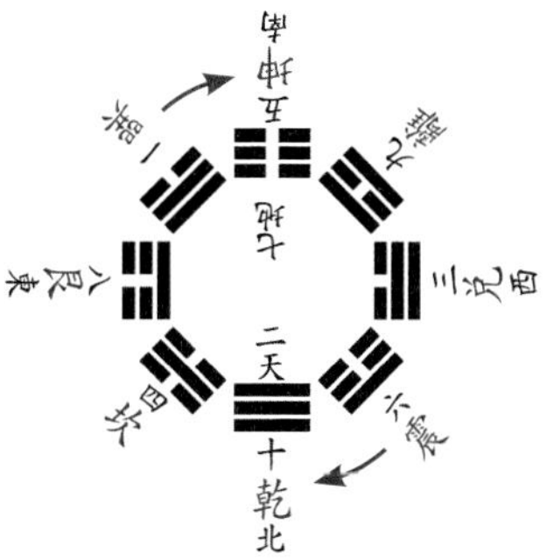

정역팔괘도正易八卦圖의 오곤지五坤地(무戊)와 십건천十乾天(기己)은 중위에 존공尊空하고, 육진뢰六震雷와 일손풍一巽風이 대리용정代理用政을 하여 천도天道와 지도地道의 정령政令을 행하는 것을 뇌풍정위용정수雷風正位用政數라고 한 것이다.

십오十五란 기위己位의 십수十數와 무위戊位의 오수五數를 말한다. ①복희괘伏羲卦의 진손震巽은 그 수數가 사오

四五인데, ②정역팔괘도에서 십오十五라 하는 것은 중대한 의미가 있다. 진손震巽은 건곤乾坤의 장남長男·장녀長女로서 이른바 수지십오數之十五요 오행지종五行之宗이니 마땅히 십오十五에 머물 것이다. 복희괘伏羲卦가 자라서 문왕文王의 구궁괘도九宮卦圖를 거쳐서 일부一夫의 정역괘도正易卦圖에 이르면 괘도卦圖도 자라고 건곤乾坤 육자녀六子女도 다 각득기소各得其所하여 전일前日에 사진오손四震五巽의 뇌풍雷風이 십진오손十震五巽으로 자기의 수數와 위位를 찾아드는 동시에 비로소 건곤부모乾坤父母 대신에 정위용정正位用政하게 됨을 말한다. 그러므로 중위中位가 아니라 정위正位라고 한 것이다.

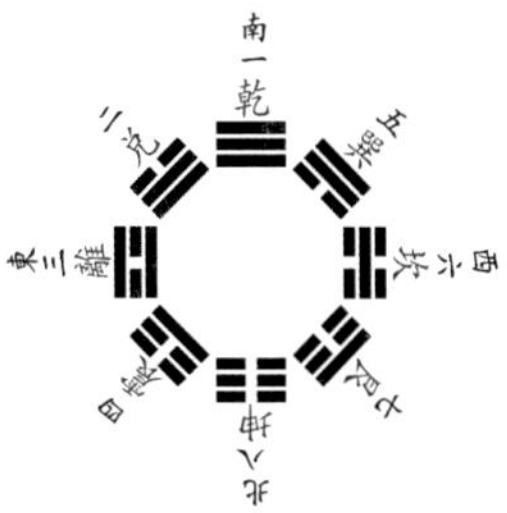
복희팔괘도

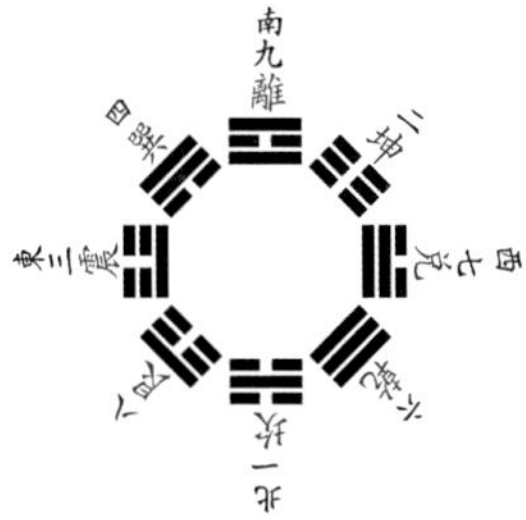
문왕팔괘도

정역팔괘도

2) 기위己位 사금일수팔목칠화지중四金一水八木七火之中 무극无極

기위己位는 후천을 주재하는 중위中位로서 무극체위이다. 사금일수四金一水는 태음지정으로 가을과 겨울의 수렴收斂 계절이요, 팔목칠화八木七火는 태양지정으로 봄과 여름의 생장生長시기이다. 기위己位가 태음과 태양의 가운데서 도생역성倒生逆成을 주관하니 무극无極이라고 한 것이다.

3) 무극이태극无極而太極 십일十一

무극无極이 태극太極이라는 것은 수지상수手支象數로는 십十이 일一이요, 일一이 십十이라는 것이다.

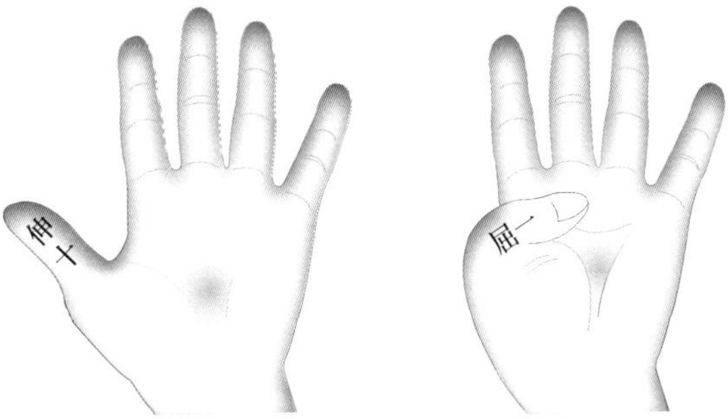

十一은 **地德而天道**이니라.
십 일 　 지 덕 이 천 도
天道는 **圓**하니 **庚壬甲丙**이니라.
천 도 　 원 　 경 임 갑 병

○ 德(덕 덕) 圓(둥글 원) 庚(천간 경) 壬(천간 임) 甲(천간 갑) 丙(천간 병)

십十과 일一은 지덕이로되 천도니라.

천도天道는 둥글다 하니 경임갑병庚壬甲丙이니라.

개요概要

천도天道의 경임갑병庚壬甲丙을 설명하고 있다.

각설各說

1) 십일十一 지덕이천도地德而天道

①십무극十无極은 지십기토地十己土의 체體이므로 지덕地德이며, ②일태극一太極은 천일임수天一壬水이니 천도天道이다. 지십地十은 음수陰數이고, 천일天一은 양수陽數이니 양진음퇴陽進陰退하는 음양변화陰陽變化의 원리에 따라 도생倒生과 역생逆生의 진퇴순환進退循環을 반복反復하는 것이다. 천도天道는 지덕地德을 뿌리로 하여 성상成象하고, 지덕地德은 천도天道를 받아들여 성형成形하는 것이다. 그러므로 십일十一은 지덕이천도地德而天

道인 것이다.

2) 천도天道 원圓 경임갑병庚壬甲丙

천도天道가 둥글다 함은 그 순환이 무한하다는 의미이다. 경임갑병庚壬甲丙은 천정天政으로서 사금四金, 일수一水, 팔목八木, 칠화七火이다. 그러나 하도의 간지도수干支度數로는 일一(壬水), 삼三(甲八), 칠七(丙火), 구九(庚金)이다. 일삼칠구一三七九(임갑병경壬甲丙庚)와 사일팔칠四一八七(경임갑병庚壬甲丙)을 살펴보면 선천의 화금火金이 후천의 금화金火가 교역되는 이치를 천간도수天干度數로 밝히고 있다.

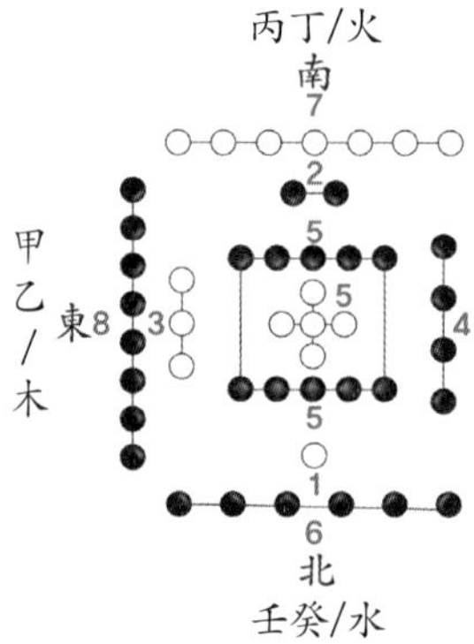

하도河圖

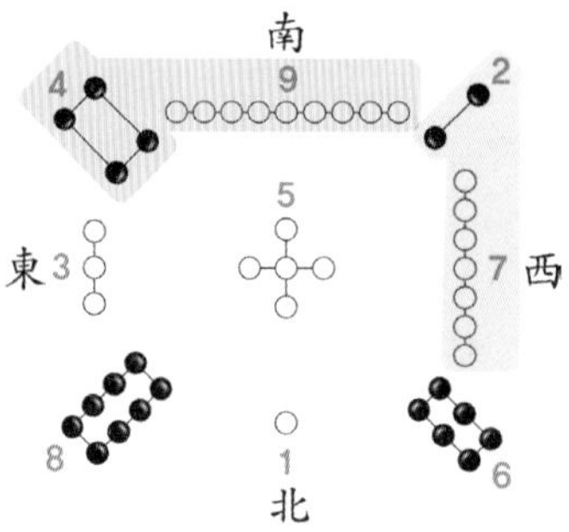

낙서

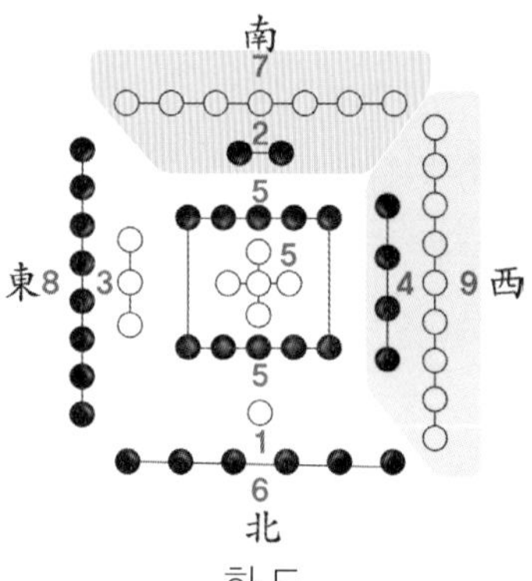

하도

地德은 **方**하니 **二四六八**이니라.
지덕 방 이사육팔
戊位는 **二火三木六水九金之中**이니 **皇極**이니라.
무위 이화삼목육수구김지중 황극
皇極이 **无極**이니 **五十**이니라.
황극 무위 오십

○ 戊(천간 무) 位(자리 위) 皇(임금 황) 極(다할 극) 而(말 이을 이) 无(없을 무)

지덕地德이라 방정하니 이사육팔二四六八이니라. 무위戊位는 이화二火 삼목三木과 육수六水 구금九金의 중中이니 황극皇極이니라. 황극皇極이로되 무극无極이니 오五이며, 십十이니라.

개요概要

지덕地德의 수위數位가 황극이무극皇極而无極인을 밝히고 있다.

각설各說

1) 지덕방地德方 이사육팔二四六八

천도天道는 체體요, 지도地道는 용用이다. 그러므로 지덕地德은 천도天道를 받아들이는 수위數位를 말한 것이다. ①천도天道가 원圓함은 그 순환이 무한한데 비해서 지덕地德이 방方함은 한계가 있다. ②천天은 능동적能動的이고 지地는 수동적受動的이다. ③지덕地德이 이사육팔二四六八이다. 천도天道인 경임갑병庚壬甲丙을 받아들이는 수위數位로서 정이화丁二火, 경사금庚四金, 계육수癸六水, 을팔목乙八木이며, 천도天道를 받아서 성형成形하므로 지덕地德이라고 한 것이다.

2) 무위戊位 이화삼목육수구금지중二火三木六水九金之中 황극皇極

무위戊位는 정역팔괘도正易八卦圖의 오곤지五坤地로 이화삼목二火三木과 육수구금六水九金의 중위中位에 있으니 곧 오황극五皇極이다. 오五는 일태극一太極과 십무극十无極의 중위中位로서 생수生數(일이삼사一二三四)와 성수成數(육칠팔구六七八九)를 거중居中 조절調節하는 중위지극수中位之極數이므로 황극皇極이라고 한 것이다.

順逆原理와 三極之道

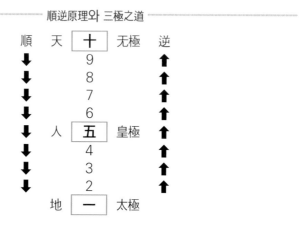

順	天	十	无極	逆
↓		9		↑
↓		8		↑
↓		7		↑
↓		6		↑
↓	人	五	皇極	↑
↓		4		↑
↓		3		↑
↓		2		↑
	地	一	太極	

3) 황극이무극皇極而无極 오십五十

정역正易의 오곤지五坤地(황극皇極)와 십건천十乾天(무극无極)이 남북南北으로 정위正位하여 팔괘八卦의 중中을 이루니 이것이 황극이무극皇極而无極이며, 그 수數는 오五와 십十이다. 수지상수로 보면 오五가 진進하여 십十에 이르면 황극이무극皇極而无極이라는 것이다. 십十이 퇴退하여 오五에 이르면 무극이황극无極而皇極이 된다.

정역팔괘도

십十 ⬅ 구九 ⬅ 팔八 ⬅ 칠七 ⬅ 육六 ⬅ 오五(진進)	황극이무극皇極而无極
십十 ➡ 구九 ➡ 팔八 ➡ 칠七 ➡ 육六 ➡ 오五(퇴退)	무극이황극无極而皇極

二十六張-後

五十은 **天道而地數**이니라.
오 십 천 도 이 지 수
地數는 **方**하니 **丁乙癸辛**이니라.
지 수 방 정 을 계 신
天道는 **圓**하니 **九七五三**이니라.
천 도 원 구 칠 오 삼

○ 天(하늘 천) 度(법도 도) 癸(천간 계) 辛(천간 신) 數(셀 수) 圓(둥글 원)

오五와 십十은 하늘의 도수이며, 지수地數이니라.
지수地數는 방정方正하니, 정을계신丁乙癸辛이니라.
천도天道는 둥글다 하니, 구칠오삼九七五三이니라.

개요概要

음체양용陰體陽用과 양체음용陽體陰用을 천지지수天地之數와 결부시켜 설명하고 있다.

각설各說

1) 오십五十 천도이지수天度而地數

오五는 오황극五皇極으로서 양수陽數이므로 하늘의 도수이며, 십十은 십무극十无極으로서 음수陰數이므로 지수地數이다. 천지天地는 음양陰陽의 체體이며, 음양陰陽은 천지天地의 용用이다.

2) 지수방地數方 정을계신丁乙癸辛

앞 구절에서는 지덕地德은 방方하니 이사육팔二四六八이라 하고, 이 구절에서는 지수地數가 방方하니 정을계신丁乙癸辛이라 한다. 이것은 앞 구절은 천도위주天道爲主로 설명한 것이기 때문에 지덕地德은 수위數位로 말한 것이다. 그러나 이 구절은 지도地道 위주이기 때문에 천간도수天干

度數로 말한 것이다. 하도의 도상으로 보면 이사육팔二四六八은 천天의 사상(경임갑병庚壬甲丙)과 배합되는 수위數位이고, 지수地數(정을계신丁乙癸辛)는 천天의 사상四象과 배합配合하여 성형成形한 지사地四의 상象이다.

3) 천도원天度圓 구칠오삼九七五三

①천도天道인 구칠오삼九七五三은 양수오위陽數五位에서 일一(태극太極)을 존공尊空한 수數이고, ②지덕地德 이사육팔二四六八은 음수오위陰數五位에서 십十(무극无極)을 존공尊空한 수數이다. 이 양수兩數를 배합配合하면 구이九二, 칠사七四, 오육五六, 삼팔三八의 십일귀체十一歸體가 성립成立한다. 이것은 무위황극无位皇極이 일태극一太極과 십무극十无極의 중위中位에서 십일귀체十一歸體를 조절調節하는 것을 수數로써 밝힌 것이다.

십일귀체원리도十一歸體原理圖

기己 십十	➡	체용일월體用一元 십일귀체十一歸體 십오존공十五尊空	⬅	일一 임壬
신辛 구九	➡	구이착종九二錯綜 삼오이변三五以變	⬅	이二 정丁
갑甲 팔八	➡	삼팔동궁三八同宮 간태합덕艮兌合德	⬅	삼三 을乙
병丙 칠七	➡	사칠용중四七用中	⬅	사四 경庚
계癸 육六	➡	오운육기五運六氣 십일귀체十一歸體 공덕무량公德无量	⬅	오五 술戌

○사정칠수용중수四正七宿用中數

先天은 **五九**니 **逆而用八**하니 **錯**이라 **閏中**이니라.
선천 오구 역이용팔 착 윤중
后天은 **十五**니 **順而用六**하니 **合**이라 **正中**이니라.
후천 십오 순이용육 합 정중

○ 逆(거스를 역) 而(말 이을 이) 用(쓸 용) 錯(섞일 착) 閏(윤달 윤) 后(뒤 후) 順(순할 순) 合(합할 합)

선천先天은 오五에서 구九이니 거스르는 것이요(역逆), 팔八을 사용한다고 하니 착錯한 것이라. 윤력閏曆으로 맞추니라. 후천后天은 십十에서 오五니 순順하였고, 육六을 쓰니 합당한지라 정력正曆에 맞추니라.

개요概要

이십팔수二十八宿가 동서남북 사방四方으로 칠수七宿씩 배열된 것을 중성中星에 맞추어 쓰는 도수를 말한다. 선천先天은 천도天道를 따라 역행逆行하고, 후천后天은 지도地道를 따라 순행順行한다.

각설各說

1) 사정칠수용중수四正七宿用中數

사정칠수용중수四正七宿用中數란 일一(북北), 팔八(동東), 칠七(남南), 사四(서西)의 사정방四正方에 사정칠수四正七宿를 결부시켜 사정방四正方에 배열한 방房·허虛·묘昴·성星을 말한다. 그리고 일방一方에 각 칠수七宿씩 배열한 것이다.

2) 선천오구先天五九 역이용팔착逆而用八錯

선천先天은 낙서구궁洛書九宮을 용用하므로 오五에서 구九로 역성逆生하는 오五를 육六자리에서 거슬러서(逆) 팔八을 쓰니 구수九數에 미치지 못함이라 윤에 맞추어서 쓴다는 것이다. 즉 오황극五皇極이 조절調節하여 극수極數인 구九에 이르는 용정用政을 함이나, 구수九數에 미치지 못하는 팔八을 사용하므로 그 수數가 구궁수九宮數와 상착相錯하니, 윤달을 두어 중수中數에 맞춘다는 것이다.

先天逆生倒成	一	二	三	四	五	六	七	八	九	十
洛書九數		1	2	3	4	5	6	7	8	9
						역이용팔逆而用八				閏中

3) 후천십오后天十五 순이용육합順而用六合 정중正中

후천后天은 하도河圖의 십十·오五를 사용한다. 십오十五는 하도중궁수河圖中宮數이다. 후천后天은 하도河圖 십수十數에서 도생역성倒生逆成하는 용정用政이므로 십十에서 오五로 순행順行하면 선천역생先天逆生의 육六자리에 이르게 되므로 곧 포오함육胞五含六한다. 그러므로 순이용육順而用六하며, 육六이 오五를 합하면 과불급過不及이 없는 삼십三十(6×5=30)이 되므로 정중正中이 되는 것이다.

后天倒生逆成	十	九	八	七	六	五	四	三	二	一
	1	2	3	4	5	6	7	8	9	10
河圖의中宮數十五	•────	────	────	────	────►	⇧順而用六合=30(正中)				

五九는 **太陰之政**이니 **一八七**이니라.
오구 태음지정 일팔칠
十五는 **太陽**의 **政**이니 **一七四**니라.
십오 태양 정 일칠사

○ 太(클 태) 陰(응달 음) 之(갈 지) 政(정사 정) 太(클 태)

오五에서 구九는 태음太陰의 정사政事이니 일팔칠一八七이니라.

십十에서 오五는 태양太陽의 정사政事이니 일칠사一七四이니라.

개요概要

선후천先后天의 태음太陰·태양지정太陽之政에 대한 설명이다.

각설各說

1) 오구五九 태음지정太陰之政 일팔칠一八七

낙서구궁洛書九宮의 오구용사五九用事는 태음지정太陰之政이니, 초일일初一日을 삭朔으로 하는 팔八(상현上弦)과 칠七(망望)은 선천용정사先天用政事이다. 오五에서 구九로 거스르는 일팔칠一八七이다.

달정사와 일팔칠一八七

초하루(삭朔) ⇨ 초팔일(상현上弦) ⇨ 15일(망望) ⇨ 27일(그믐/회晦)

2) 십오十五 태양지정太陽之政 일칠사一七四

하도십수河圖十數의 십오용사十五用事는 후천后天의 태양지정太陽之政이다. 십十에서 오五로 순행하는 수이니 일칠사一七四이다. 일칠사一七四는 금화교역金火交易과 결부되어 있다.

도역원리와 일칠사一七四

도역원리 倒逆原理	도倒	10	9	8	⑦	6	5	④	3	2	1
	역逆	1	2	3	④	5	6	⑦	8	9	10

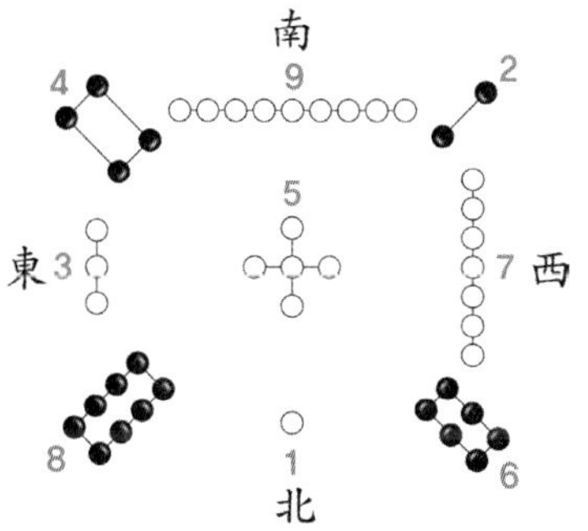

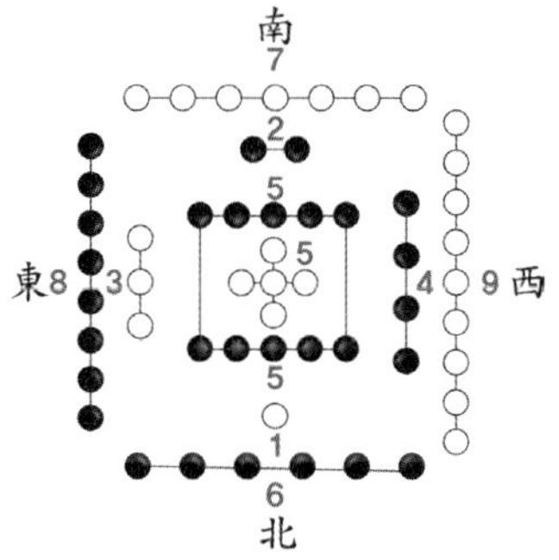

80 講

二十七張-前

易은 **三**이니 **乾坤**이요, **卦**는 **八**이니
역 삼 건곤 괘 팔

否泰損益咸恒旣濟未濟니라.
비 태 손 익 함 항 기 제 미 제

嗚乎라, **旣順旣逆**하여 **克終克始**하니 **十易萬曆**이로다.
오 호 기 순 기 역 극 종 극 시 십 역 만 력

○ 乾(하늘 건) 坤(땅 곤) 否(아닐 비) 泰(클 태) 損(덜 손) 益(더할 익) 咸(다 함) 恒(항상 항) 旣(이미 기) 未(아닐 미) 濟(건널 제) 嗚(탄식 소리 오) 呼(부를 호) 旣(이미 기) 順(순할 순) 逆(거스를 역) 克(능할 극) 終(끝날 종) 始(처음 시) 易(바꿀 역) 萬(일만 만) 曆(책력 력(역))

역은 삼三이니 건과 곤이요, 괘는 팔八이니 비·태와 손·익과 함·항과 기제·미제니라.

오호라 기순旣順하고 기역旣逆하야 능히 종終하고 능히 시始하니

십수역十數易이 만세력萬歲曆이로다.

개요概要

26장 후면을 이어서 선후천변화원리先后天變化原理와 정역팔괘도正易八卦圖가 만세萬世의 십수역十數曆이라는 것을 밝히고 있다.

각설各說

1) 역삼易三 건곤乾坤

역易에는 삼변三變이 삼효단괘三爻單卦를 이루는 이치이며, 삼효단괘三爻單卦와 육효중괘六爻重卦의 기본괘基本卦가 건乾(☰)과 곤坤(☷)이라는 것이다. 그러므로 『주역周易』에서 '건곤역지문乾坤易之門'이라고 한 것이다.

2) 괘팔卦八 비태否泰·손익損益·함항咸恒·기제미제旣濟未濟

『주역』의 64괘중에서 『정역』의 선후천변화원리先后天變化原理의 의미를 가지고 있는 괘卦가 비태괘否泰卦, 손익괘損益卦, 함항괘咸恒卦, 기제미

제괘既濟未濟卦 등 팔괘八卦라는 것이다,

3) 오호嗚呼 기순기역既順既逆

순역順逆과 종시終始의 이치理致에 따라서 기순既順은 하도河圖의 도생역성倒生逆成작용이며, 기역既逆은 낙서洛書의 역생도성逆生倒成작용이니 태양太陰·태음太陽이 성도成道됨을 말한다.

4) 극종극시克終克始 십역만력十易萬曆

①극종극시克終克始는 마친 자리에서 시작된다는 말이다. ㉠극종克終은 선천先天이니 갑기야반甲己夜半 생갑자生甲子에서 계해癸亥로 종終하고, ㉡극시克始는 후천后天의 시작으로 기갑야반己甲夜半 계해癸亥로 시작하므로 극종克終은 계해癸亥요, 극시克始도 계해癸亥라는 것이다. ②십역十易은 십무극十无極 력曆으로 만세萬世까지 사용하게 될 삼백육십도三百六十度이 정력正曆이라는 것이다.

81 講

○십일음十一吟

十一歸體兮여 **五八尊空**이로나.
십 일 귀 체 혜　　오 팔 존 공
五八尊空兮여 **九二錯綜**이로다.
오 팔 존 공 혜　　구 이 착 종

○ 吟(읊을 음) 歸(돌아갈 귀) 體(몸 체) 兮(어조사 혜) 尊(높을 존) 空(빌 공) 錯(섞일 착) 綜(모을 종)

십十과 일一이 귀체歸體(한 몸)됨이여, 오五와 팔八이 존공尊空됨이로다.

오五와 팔八이 존공尊空됨이여, 구九와 이二가 착종錯綜이로다.

개요槪要

십일일언十一一言에 대한 공덕을 노래한 것이 십일음十一吟이다.

각설各說

1) 십일귀체혜十一歸體兮 오팔존공五八尊空

십일귀체十一歸體는 하도의 십수十數가 도생역성하여 순환하는 원리를 말한다. ①십일귀체十一歸體로 무극无極이 태극太極임을 말하는 것이다. ②오팔존공五八尊空이란 십과 일이 체로 돌아가니, 술오戌五와 묘팔卯八이 존공尊空됨을 말한다.

2) 오팔존공혜五八尊空兮 구이착종九二錯綜

오팔존공五八尊空과 구이착종九二錯綜에 대한 설명이다. ①오팔존공五八尊空은 무오토戊午土와 묘팔卯八이 존공尊空되니, ②구금九金과 이화二火가 서로 착종錯綜하여 선천先天의 화금火金이 후천后天의 금화金火로 금화교역金火交易이 이루어짐을 말한다.

십일귀체원리도十一歸體原理

기己 십十	➡	십일귀체十一歸體 십오존공十五尊空	⬅	일一 임壬
신辛 구九	➡	구이착종九二錯綜 삼오이변三五以變	⬅	이二 정丁
갑甲 팔八	➡	삼팔동궁三八同宮 간태합덕艮兌合德	⬅	삼三 을乙
병丙 칠七	➡	사칠용중四七用中	⬅	사四 경庚
계癸 육六	➡	오운육기五運六氣 십일귀체十一歸體	⬅	오五 술戌

九二錯綜兮여 **火明金淸**이로다.
구 이 착 종 혜　화 명 금 청
火明金淸兮여 **天地淸明**이로다.
화 명 금 청 혜　천 지 청 명
天地淸明兮여 **日月光華**로다.
천 지 청 명 혜　일 월 광 화

○ 錯(섞일 착) 綜(모을 종) 兮(어조사 혜) 火(불 화) 明(밝을 명) 金(성 김{쇠 금}) 淸(맑을 청) 光(빛 광) 華(꽃 화)

구이九二가 착종錯綜함이여, 화火는 밝고 금金은 맑음이로다.

화火는 밝고 금金은 맑음이여, 천지天地도 맑게 빛남이로다.

천지天地가 맑고 밝음이여, 일월日月이 (꽃처럼) 아름답게 빛남이로다.

개요槪要

구이착종九二錯綜과 금화교역金火交易에 대한 설명이다.

각설各說

1) 구이착종혜九二錯綜兮 화명금청火明金淸

정역팔괘도正易八卦圖의 구이화九離火가 문왕팔괘도文王八卦圖의 이곤지二坤地로 바꾸어 자리하여 구이九二가 착종錯綜하고, 금화문金火門이 열리니 후천세계后天世界가 빛나는 것이다.

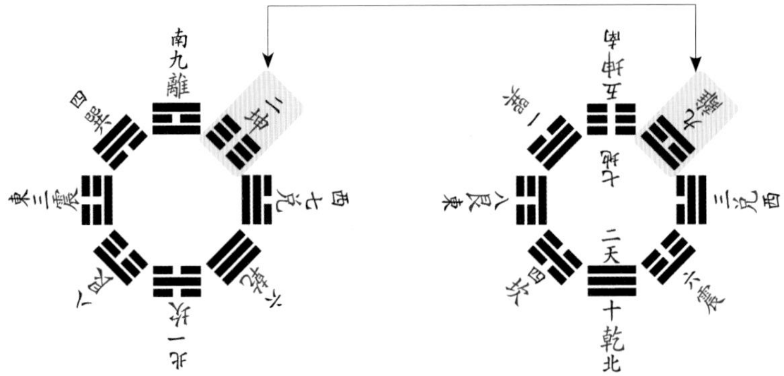

문왕팔괘도文王八卦圖 정역팔괘도正易八卦圖

2) 화명김청혜火明金淸兮 천지청명天地淸明

금화교역金火交易으로 화火와 금金이 청명하게 됨에 따라서 천지天地도 청명淸名하게 되었음을 말한다.

3) 천지청명혜天地淸明兮 일월광화日月光華

천지天地가 청명하게 되니, 해와 달이 아름답게 빛남을 말한다.

二十七張-後

日月光華兮여 **琉璃世界**로다.
일월광화혜 유리세계
世界世界兮여 **上帝照臨**이로다.
세계세계혜 상제조림

○ 光(빛 광) 華(꽃 화) 兮(어조사 혜) 琉(유리 유{류}) 璃(유리 리{이}) 帝(임금 제) 照(비출 조) 臨(임할 임{림})

일월日月이 아름답게 빛남이여, 유리琉璃와 같은 세상이 됨이로다.
유리와 같은 세상이 됨이여, 상제上帝께서 임하여 비춤이로다.

개요槪要

십일음十一吟 내용을 이어서 유리琉璃의 세계가 후천后天의 인간 세계임을 말한다.

각설各說

1) 일월광화혜日月光華兮 유리세계琉璃世界

①일월광화혜日月光華兮란 일월지도日月之道의 아름다운 빛남으로 유리세계琉璃世界를 이룬다는 것이다. ②유리세계琉璃世界는 불교佛敎에서 나온 말이다. 약사유리광여래藥師琉璃光如來가 지배하는 밝고 깨끗한 세계를 말한다. 『정역正易』에서도 밝고 깨끗한 평화의 세계世界이며, 천하天下대동大同의 사회를 말한다.

2) 세계세계혜世界世界兮 상제조림上帝照臨

후천后天의 세계世界에는 반드시 상제上帝의 덕德이 비쳐짐을 말한다. 그리고 상제上帝께서 임하시어 덕德이 드러남에 지경地疆이 없음을 말한다.

上帝照臨兮여 **于于而而**로다.
상 제 조 림 혜　우 우 이 이
于于而而兮여 **正正方方**이로다.
우 우 이 이 혜　정 정 방 방
正正方方兮여 **好好无量**이로다.
정 정 방 방 혜　호 호 무 량

○ 帝(임금 제) 照(비출 조) 臨(임할 임{림}) 兮(어조사 혜) 好(좋을 호) 无(없을 무) 量(헤아릴 량{양})

상제上帝께서 조림하시니 기쁘고 또한 즐거움이로다.

기쁘고 즐거움이여 바른 것은 바르고 방方한 것은 방方하도다.

정정하고 방정함이여 좋고 좋음이 한량없도다.

개요槪要

상제上帝께서 임臨함을 찬미讚美하는 내용이다.

각설各說

1) 상제조림혜上帝照臨兮 우우이이于于而而

상제上帝께서 임하시어 덕화를 비추니 즐겁고 즐겁다는 것이다. 달리 말하면 그 기쁨이 지경地境이 없다는 것이다.

2) 우우이이혜于于而而兮 정정방방正正方方

상제上帝께서 임하시어 덕화德化를 베푸시는 섭리는 정당하고 방대하다는 것이다.

3) 정정방방혜正正方方兮 호호무량好好无量

하늘의 섭리가 정당하고 방대하니, 세상 사람들의 그 기쁘고 즐거워함이 한량이 없다는 것이다.

乙酉歲 癸未月 乙未日 二十八에 不肖子
을유세 계미월 을미일 이십팔 불초자
金恒은 謹奉書하노라.
김항 근봉서

83講 二十八張-前

○하도河圖·낙서洛書

낙서洛書	하도河圖
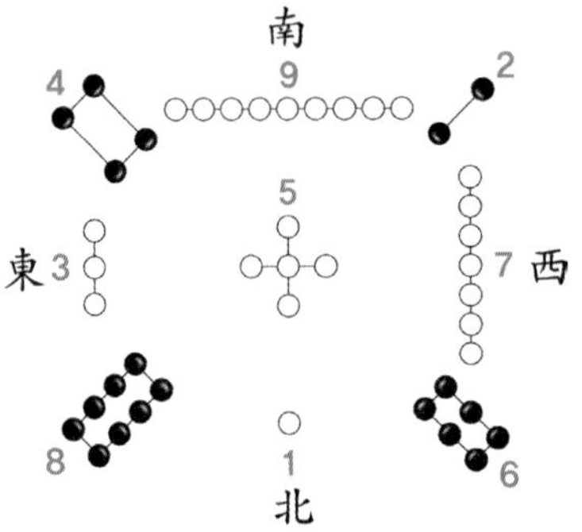	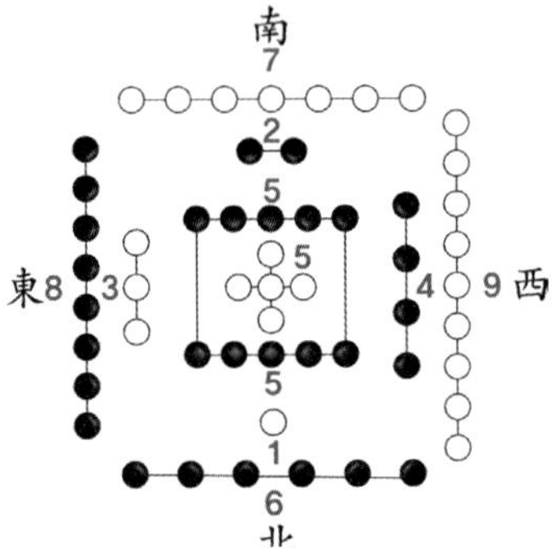
• 음양생장원리陰陽生長原理 기본으로 한 구수원리九數原理➡ 십수十數지향	• 음양합덕성도원리陰陽合德成道原理 기본으로 한 십수원리十數原理
• 낙서洛書는 오五를 체體로 해서 십오十五로 작용하면서 사상작용四象作用의 근거	• 하도河圖는 십오十五를 체體로 해서 오五로 작용하면서 역수변화曆數變化의 근거
• 낙서洛書는 오수五數를 기본으로 일이삼사一二三四를 육칠팔구六七八九로 생성生成시키는 생성生成 위주 원리이다.	• 하도河圖는 십수十數를 기본으로 구팔칠육九八七六을 사삼이일四三二一과 합덕合德시키는 성도成道 위주의 원리이다.
• 사상四象의 생성변화生成變化는 오황극五皇極을 중심으로 십무극十无極이 1·9, 2·8, 3·7, 4·6으로 형상화形象化하는 작용을 한다. • 미래적 이상을 상징하는 십무극수十无極數가 없다.	• 사상수四象數와 체수體數가 1·6, 2·7, 3·8, 4·9가 상징하는 모두 음양합덕으로 이루어진다. • 생수生數와 성수成數가 음양조화를 이루면서 사상四象의 위位인 사방四方에 위치하고 중앙의 체體의 상징인 오五와 십十이 위치하여 오행을 이룬다.

二十九張-前

○복희팔괘도伏羲八卦圖

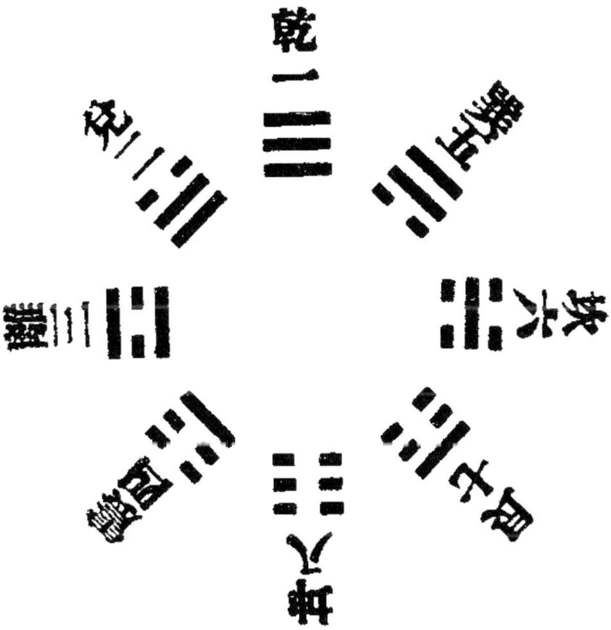

○ 복희팔괘도伏羲八卦圖의 특징

복희팔괘도伏羲八卦圖는 일태극一太極을 근원으로 한 만물萬物 생성生成 원리를 표상하고 있다. 「설괘」편 제3장에서는 천지天地와 산택山澤, 뇌풍雷風, 수화水火 팔괘八卦를 도상화하여 역학적인 의미를 밝히고 있다.

1) 일태극一太極원리 위주의 시생始生을 표상하는 팔괘도八卦圖이다.

2) 복희팔괘도伏羲八卦圖의 사상四象 작용수는 삼십육三十六이다.

3) 복희팔괘도伏羲八卦圖는 구수九數를 지향指向하는 일팔계열一八系列의 팔수팔괘도八數八卦圖이다.

二十九張-後

○문왕팔괘도文王八卦圖

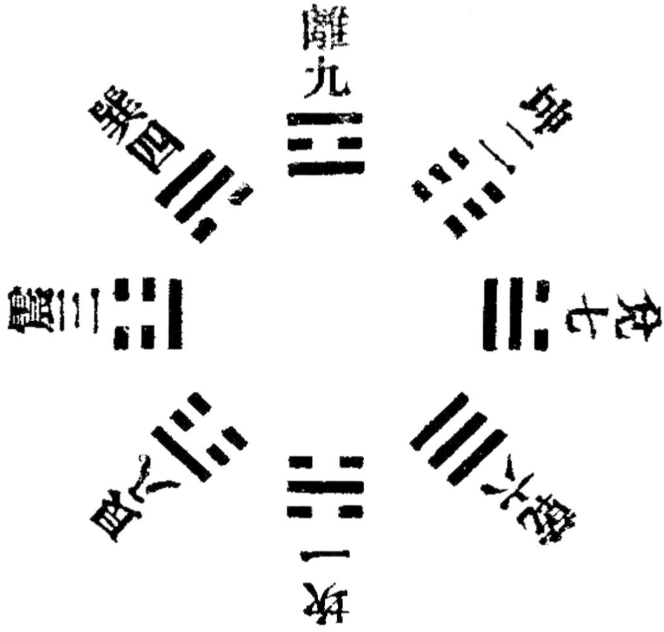

○문왕팔괘도의 특징

첫째, 문왕팔괘도文王八卦圖는 낙서洛書와 같이 구궁수九宮數와 오황극五皇極 원리를 표상表象하고 있으며 십수十數를 지향指向하고 있다.

둘째, 생장生長의 원리를 표상하고 있다.

셋째, 「설괘」편 5장을 근거를 작성되었고, 문왕팔괘도文王八卦圖의 팔괘八卦는 외향적外向的인 모습을 보이고 있다.

넷째, 생장生長의 과정으로 음양합덕陰陽合德이 이루어지지 못하고 있다. 소강절은 현상세계現象世界의 생장원리生長原理를 이유로 문왕팔괘도文王八卦圖를 후천后天 팔괘도八卦圖로 칭하였다.

○정역팔괘도正易八卦圖

1. 정역팔괘도正易八卦圖의 특징

첫째, 복희伏羲·문왕팔괘도文王八卦圖를 형성하고 있는 팔괘八卦가 모두 밖을 향하고 있는 것과 달리 정역팔괘도正易八卦圖의 팔괘八卦는 모두 안을 향하고 있다. 그것은 복희伏羲·문왕팔괘도文王八卦圖는 동일한 세계世界를 표상하고 있으나 정역팔괘도正易八卦圖는 다른 세계를 표상하고 있음을 보여준다. 앞의 두 팔괘도八卦圖는 음양陰陽이 분리分離되어 합덕合德을 목표로 생장生長하는 원리를 표상한 팔괘도인데 비하여, 정역팔괘도正易八卦圖는 분생分生한 음양陰陽이 장성長成하여 합덕合德된 세계를 나타내고 있다.

둘째, 정역팔괘도正易八卦圖의 성격은 앞의 두 팔괘도八卦圖를 구성하는 팔괘八卦가 음양陰陽이 분리되어 있는데 비해 정역팔괘도正易八卦圖에서는 모두 음양陰陽이 합덕合德되어 있다.

셋째, ①복희팔괘도伏羲八卦圖에서는 건곤괘乾坤卦가 건남곤북乾南坤北의 상하上下에 위치하여 천지비天地否를 표상하고 있는 반면 ②정역팔괘도正易八卦圖에서는 곤남건북坤南乾北의 상하上下를 이루면서 건곤괘乾坤卦에 각각 현상적 천지天地가 합덕合德이 됨으로써 지천태地天泰의 만국萬國 함녕咸寧의 세계를 나타내고 있다.

넷째, 수數에 있어서도 건곤乾坤을 십오十五로 하여 이천二天과 칠지七地가 기강경위紀綱經緯를 이루고, 나머지 여섯 괘卦도 모두 하도河圖의 수數와 일치하고 있다. 오직 정역팔괘도正易八卦圖만이 수數와 상象이 일치하고 있다.

이상과 같이 정역팔괘도正易八卦圖는 십무극十无極의 성도成道와 천지만물天地萬物의 완성원리完成原理를 표상表象하고 있다.

2. 삼역팔괘도三易八卦圖의 비교

삼역팔괘도三易八卦圖는 인격적 존재存在인 성인聖人과 군자君子의 합덕合德에 의한 성도成道원리를 표상表象한 세 가지 괘도卦圖이다.

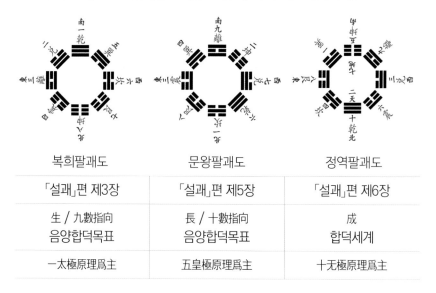

복희팔괘도	문왕팔괘도	정역팔괘도
「설괘」편 제3장	「설괘」편 제5장	「설괘」편 제6장
生 / 九數指向 음양합덕목표	長 / 十數指向 음양합덕목표	成 합덕세계
一太極原理爲主	五皇極原理爲主	十无極原理爲主

三十張-後

○십간원도수十干原度數

십간원도수十干原度數는 천간天干으로, 십간十干은 즉 '갑을병정무기경신임계甲乙丙丁戊己庚辛壬癸'이니 이는 지지地支의 차례로 맞추어 인사人事의 변화운용變化運用에 쓰인다.

십간十干	기己	경庚	신辛	임壬	계癸	갑甲	을乙	병丙	정丁	무戊
차서도	1	2	3	4	5	6	7	8	9	10
원도수原度數	십十	사四	구九	일一	육六	팔八	삼三	칠七	이二	오五

87講

三十一張-前後~三十二張-前

○ 십이월十二月 이십사절二十四節 기후도수氣候度數

십이월十二月 이십사절二十四節 기후도수氣候度數는 선천先天 24절기와는 달리 조화造化를 상징하는 정역正易의 후천後天 역법曆法을 말한다. 정역正易에서는 정력기수正曆朞數를 삼백육십일三百六十日로 규정하면서 선후천정윤도수先后天正閏度數에서 "선천先天은 체體는 방方하고 용用은 원圓하니 이십칠二十七 삭朔으로서 윤역閏曆이 되고, 후천后天은 체體는 원圓하고 용用은 방方하니 삼백육십三百六十으로서 정력正曆이 된다."라고 하여 선후천先后天으로 비교하여 설명하고 있다.

정역正易에서는 금화金火가 교역交易하여 정력正曆으로 변역變易하는 것은 불역不易의 역易의 이치理致요, 역수변역曆數變易에 의해서 영원히 불변하는 완전한 세상을 이루는 것이라고 한다.

정역正易의 세계에서는 달의 회삭현망晦朔弦望과 영허소식盈虛消息 및 일월日月의 운행도수와 이십사절二十四節 기후도수氣候度數, 즉 일월역수日月曆數가 완전히 삼백육십도三百六十度로 조화·일치되어 역법曆法이 종래의 윤역閏曆처럼 수시로 변하는 것이 아니라 영원히 확정 불변不變하는 것이므로 우주사적 섭리, 즉 정력원리正曆原理를 천명闡明해 내는 것이 천시天時와 천명天命에 의한 정역正易의 역사적 사명임을 강조하면서 일부一夫께서 정역正易의 말미에 후천 십이월十二月 이십사절二十四節 기후도수氣候度數를 확정해 놓은 것이다.

1월 묘월卯月 초삼일初三日 을유유정일각乙酉酉正一刻 십일분十一分 원화元和
십팔일十八日 경자자정일각庚子子正一刻 십일분十一分 중화中化
2월 진월辰月 초삼일初三日 을묘묘정일각乙卯卯正一刻 십일분十一分 대화大和
십팔일十八日 경오오정일각庚午午正一刻 십일분十一分 포화布化
3월 사월巳月 초삼일初三日 을유유정일각乙酉酉正一刻 십일분十一分 뇌화雷和

십팔일十八日 경자자정일각庚子子正一刻 십일분十一分 풍화風化

4월 오월午月 초삼일初三日 을묘묘정일각乙卯卯正一刻 십일분十一分 입화立和

십팔일十八日 경오오정일각庚午午正一刻 십일분十一分 행화行化

5월 미월未月 초삼일初三日 을유유정일각乙酉酉正一刻 십일분十一分 건화建和

십팔일十八日 경자자정일각庚子子正一刻 십일분十一分 보화普化

6월 신월申月 초삼일初三日 을묘묘정일각乙卯卯正一刻 십일분十一分 청화淸和

십팔일十八日 경오오정일각庚午午正一刻 십일분十一分 평화平化

7월 유월酉月 초삼일初三日 을유유정일각乙酉酉正一刻 십일분十一分 성화成和

십팔일十八日 경자자정일각庚子子正一刻 십일분十一分 입화入化

8월 술월戌月 초삼일初三日 을묘묘정일각乙卯卯正一刻 십일분十一分 함화咸和

십팔일十八日 경오오정일각庚午午正一刻 십일분十一分 형화亨化

9월 해월亥月 초삼일初三日 을유유정일각乙酉酉正一刻 십일분十一分 정화正和

십팔일十八日 경자자정일각庚子子正一刻 십일분十一分 명화明化

10월 자월子月 초삼일初三日 을묘묘정일각乙卯卯正一刻 십일분十一分 지화至和

십팔일十八日 경오오정일각庚午午正一刻 십일분十一分 정화貞化

11월 축월丑月 초삼일初三日 을유유정일각乙酉酉正一刻 십일분十一分 태화太和

십팔일十八日 경자자정일각庚子子正一刻 십일분十一分 체화體化

12월 인월寅月 초삼일初三日 을묘묘정일각乙卯卯正一刻 십일분十一分 인화仁和

십팔일十八日 경오오정일각庚午午正一刻 십일분十一分 성화性化

참고문헌

1. 경전류

· 『주역』·『정역』·『시경』·『서경』·『논어』

2. 도서류

· 권병원, 『정역관지』, 한일출판사, 1986.
· 권영원, 『정역과 천문력』, 상생출판, 2013.
· 권영원, 『정역구해』, 경인출판사, 1983.
· 김재홍, 『주역 소통의 인문학(상·하)』, 상생출판, 2014.
· 김재홍, 『천지역수와 중정지도』, 상생출판, 2014.
· 김주성, 『정역집주보해』, 태훈출판사, 1999.
· 유남상, 『주역정역합본편』, 연경원, 2009.
· 이정호, 『정역과 일부』, 아세아문화사, 1984.
· 이정호, 『정역연구』, 국제대학인문사회과학연구소, 1976.
· 하상역, 『정역명의正易明義』, 진명사, 1911.
· 하상역, 『정역원의正易原義』, 동문관, 1913.
· 한장경, 『주역정역』, 삶과 꿈, 2001.

3. 논문류

· 김만산, 「역학상 용어개념정의에 관한 연구(Ⅰ)」, 『동양철학연구』 제17집, 동양철학연구회, 1998.
· 김만산, 「한송대의 구십수론과 하도낙서 도상의 정립」, 『동서철학연구』 제12호, 한국동서철학회, 1995.
· 김재홍, 「정역의 천지역수에 대한 소고」, 『철학논총』 제61집, 새한철학

회, 2010.
· 김재홍, 『역학의 중정지도에 관한 연구』, 박사학위논문, 충남대학교 대학원, 2007.
· 김재홍, 「정역의 금화교역에 관한 연구」, 『한국동서철학연구』 제83집, 2017.
· 유남상, 「정역의 도서상수원리에 관한 연구」, 『논문집』 제8권 제2호, 충남대학교 인문과학연구소 1981.
· 유남상, 「역학의 역수성통원리에 관한 연구」, 『논문집』 제11권 제1호, 충남대학교 인문과학연구소, 1983.
· 유남상, 「정역사상의 연구」, 『철학연구』 제23집, 한국철학회, 1976.
· 유남상, 「정역의 근본문제」, 『논문집』 제4권 제2호, 충남대학교 인문과학연구소, 1980.
· 유남상, 「하락상수론에 관한 연구」, 『논문집』 제4권 제1호, 충남대학교 인문과학연구소, 1978.
· 유남상, 신동호, 「주체적 민족사관의 체계화를 위한 한국 역학적 연구」, 『논문집』 제13권 제1호, 충남대학교 인문과학연구소, 1974.
· 이현중, 「역학의 삼역팔괘도 원리」, 『대동철학』, 제11집, 대동철학회, 2000.

찾아보기

ㄴ

ㄷ

ㅇ

ㅈ

ㅊ